세계
민담
전집

세계
민담
전집

06

태국 | 미얀마 편

김영애 | 최재현 엮음

황금가지

세계 민담 전집을 펴내면서

민담이란 한 민족이 수천 년 삶의 지혜를 온축하여 가꾸어 온 이야기들입니다. 그 민족 특유의 자연관, 인생관, 우주관, 사회 의식이 속속들이 배어 있는 민담은 진정 그 민족이 발전시켜 외부와 교통해 온 문화를 이해하는 곳간입니다. 세계화 시대를 맞아 국경의 의미가 나날이 퇴색되고 많은 사람들이 인류 공통의 문제를 피부로 느끼는 지금, 한편으로는 국가와 민족, 인종 간의 몰이해로 인한 충돌이 더욱 빈번해져 가고 있습니다. 서로의 문화를 진정으로 이해해야 할 필요성이 더욱 커진 오늘, 한 민족의 문화에서 민담이 갖는 중요성을 생각할 때, 우리나라에 아직 믿고 읽을 만한 민담 전집을 갖지 못했다는 것은 여러 모로 불행한 일이 아닐 수 없습니다.

지금까지 세계 여러 민족의 옛이야기들이 전혀 출판되지 않았던 것은 아니지만, 개별적으로 나와 망실되고 절판된 데다가 영어나 일본어 판에서 중역된 것이 대부분이었고, 그나마 아동용으로 축약 변형되어 온전한 모습으로 소개되지 못했습니다. 황금가지에서는 각 민족의 고유 문화를 이해하는 실마리가 될 민담을 올바르게 소개하고자 다음과 같은 원칙에 따라 편집을 진행하였습니다.

첫째, 근대 이후에 형성된 국가의 구분에 얽매이지 않고 더 본질적인 민족의 분포와 문화권을 고려하여 분류하였습니다. 국가적 동질성과 문화적 동질성이 반드시 일치하지는 않기 때문입니다.

둘째, 각 민족어 전공자가 직접 원어 텍스트를 읽은 후 이야기를 골라 번역했습니다. 영어 판이나 일본어 판을 거쳐 중역된 이야기는 영어권과 일본어권 독자들의 입맛에 맞도록 순화되는 과정에 해당 민족 고유의 사유를 손상시켰을 우려가 높습니다. 황금가지 판 『세계 민담 전집』은 해당 언어와 문화권을 잘 이해하고 있는 전공자들이 엮고 옮겨 각 민족에 가장 널리 사랑받는 이야기, 그들의 문화 유전자가 가장 생생하게 드러나는 이야기들을 가려 뽑도록 애썼습니다.

셋째, 기존에 알려져 있던 각 민족의 대표 민담들뿐 아니라 그동안 접하기 힘들었던 새로운 이야기들을 여럿 소개합니다. 또한 이미 들은 적이 있는 이야기일지라도 축약이나 왜곡이 심했던 경우에는 원형에 가까운 형태로 재소개했습니다.

황금가지 판 『세계 민담 전집』은 또한 작은 가방에도 들어가는 포켓판 형태로 제작되어 간편하게 들고 다니며 읽을 수 있게 하였습니다. 세계를 여행하면서 그 지역에 뿌리를 두고 자라난 이야기들을 읽고 확인하는 것도 이 전집을 읽는 또다른 즐거움이 될 것입니다.

세계 민담 전집 편집부

차례

황금가지 세계 민담 전집 태국 | 미얀마 편

태국 편

상아사 할아버지와 상아시 할머니 ●●● 11
매숩 이야기 ●●● 13
야 루엉 ●●● 15
메칼라와 라마순 ●●● 17
왜 호랑이는 줄무늬가 있고 코끼리는 눈이 작은가? ●●● 18
요술 망고 ●●● 21
요술 접시 ●●● 25
진흙 공양 ●●● 28
닛너이의 요술 피리 ●●● 33
배우자는 이렇게 찾는다 ●●● 36
말만 잘하면 천 냥 빚도 갚는다 ●●● 40
외할머니와 외할아버지 ●●● 43
부자가 며느리를 고르는 법 ●●● 46
사위 고르기 ●●● 48
거짓말에는 거짓말로 ●●● 51
수수께끼 다섯 가지 ●●● 56
쿨라 족이 흐느끼던 벌판 ●●● 59
두 친구 ●●● 61
잔 노인의 운수 ●●● 66
프라야 콩 프라야 판 ●●● 81
사이남풍 왕자와 서이덕막 공주 ●●● 85
우타이테위 ●●● 89
카위 ●●● 95

문조 부부 ●●● 106
잔타코롭 ●●● 116
낭 마노라 ●●● 129
카키 ●●● 135
향기로운 머리카락의 여인 ●●● 142
문절망둑 ●●● 148
마니피차이 ●●● 162
쿨루 왕과 우어 부인 ●●● 168
젯카논 ●●● 174
수리얀과 잔타라 ●●● 181
프라 루엉 ●●● 189

미얀마 편

감기 든 토끼 ●●● 199
포 소년과 호랑이 ●●● 201
토끼 재판관 ●●● 206
어리석은 세 동물 ●●● 209
토끼가 코를 옴죽거리는 이유 ●●● 211
호랑이가 고양이에게 모질게 구는 이유 ●●● 214
가마우지에게 꼬리가 없는 이유 ●●● 217
까마귀와 굴뚝새 ●●● 220
새들의 우정의 시작 ●●● 224
까마귀의 몸집이 작아진 이유 ●●● 227
쥐 처녀의 신랑 ●●● 229
병아리와 늙은 고양이 ●●● 232
갈로웅이 소금구이가 된 이유 ●●● 236
물소에게 윗니가 없는 이유 ●●● 238
사슴이 짖는 이유 ●●● 241
작은 개구리 처녀 ●●● 244
개구리 처녀 ●●● 248
황금 까마귀 ●●● 255
머리님 ●●● 260

큰 거북이 ●●● 264
비구름 악어 ●●● 278
무지개 ●●● 283
달 속의 할아버지 ●●● 288
월식 ●●● 290
세 개의 용 알 ●●● 295
술고래와 아편쟁이 ●●● 298
아편쟁이와 네 괴물 ●●● 302
네 청년 ●●● 306
네 귀머거리 ●●● 312
꼬부라짐 씨와 뒤틀림 씨 ●●● 314
에나웅 왕자와 풋사바 공주 ●●● 320
마웅 카카와 마 카카 이야기 ●●● 327
왕의 시련 ●●● 332

해설 | 태국 민담을 소개하며 ●●● 343
해설 | 미얀마 민담을 소개하며 ●●● 349

태국편

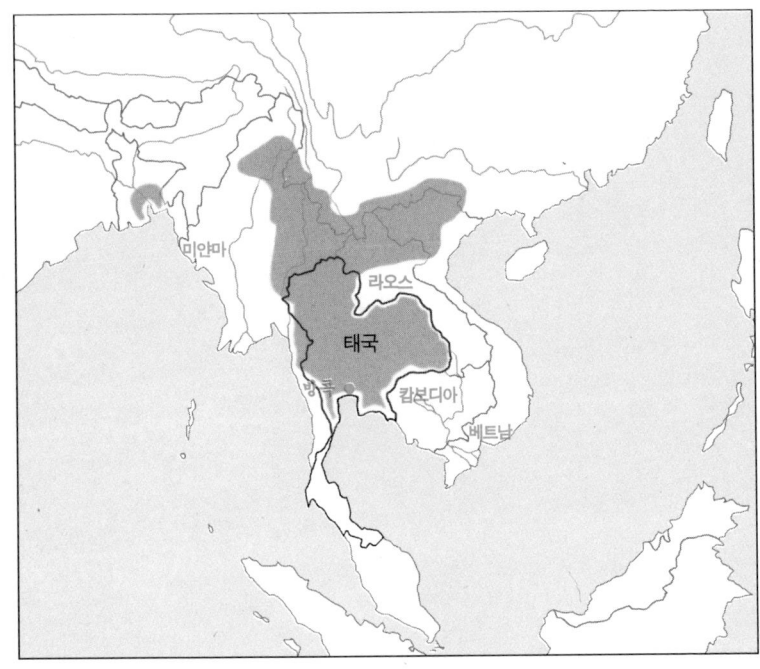

● —— 중국 서남부에서 살던 타이 족은 12-13세기경 칭기즈 칸의 확장 정책에 밀려 남쪽으로 이동했다. 오늘날 타이 족은 인도의 북동부에서 미얀마, 중국 남부, 태국의 북부와 동북부, 라오스 북부, 베트남 북부 등지에 분포하고 있다. 이 책에 실은 태국 민담은 이들이 인도차이나 반도에 정착하기 이전부터 지녀 온 설화들을 바탕으로 하였다.

상아사 할아버지와 상아시 할머니

아주 먼 옛날 하늘에 파야텐이라는 신이 살았다. 당시에는 아직 태양이 없어서 빛이 없었다. 땅도 매우 작았는데 사슴의 발자국보다도 작았다. 나무는 발삼나무 꽃송이보다도 작았다. 사방에는 오로지 물만 있었다. 가재는 물소처럼 컸고, 송어는 코끼리만 했다. 아직 종교도 없었다. 석가모니도 아직 오지 않았다. 동물도 없었고 지옥도 없었으며 달도 빛나지 않았다. 지구를 받치는 기둥도 없었고 바위도 없었다. 있는 것은 텅 빈 공간뿐이었고 바람만 불었다. 간간이 지혜로운 분의 가르침이 바람결을 따라 들려왔다. 바람이 물을 따라 흘렀고 바람 따라 물고기와 대지가 생겨났다.

다시 바람이 불어 남자가 생겼고, 그 후에 여자가 생겼다. 바람이 계속 불자 땅덩이 두 조각이 떠올랐는데 하나에는 남자가, 또 하나에는 여자가 서 있었다. 다시 바람이 불자 이 두 대지는 합쳐졌고, 남자가 여자에게로 가 부부가 되었다. 그들이 바로 최초의 부부인 상아사 할아버지와 상아시 할머니이다. 그들은 나무와 풀을 심고 진흙으로 동물을 만들었다. 그런데 어떤 동물들은 서로 잡아먹었다. 남자와 여자는 서로 도와 가며 열심히 일해 많은 것을 만들어 냈다. 아들과 딸도 낳았으나 쌀이 없어서 기를 수 없었다.

한편 사나운 짐승이 지키고 있는 밀림에선 거인이 벼를 재배하고 있었다. 할아버지는 거인에게 사람을 보내 쌀을 나누어 달라고 간청했다. 밀림을 지키고 있던 무서운 짐승들은 할아버지가 보낸 사람을 통과시켰고, 거인은 사람에게 남자 어른의 팔뚝만 한 쌀을 한 톨 주었다. 할아버지는 쌀을 진흙탕에 심었는데 그 쌀에서 싹이 돋아나 벼가 되었다.

이런 연유로 쌀이 이 세상에 소개되었고 사람들이 식량으로 사용하게 된 것이다. 그 쌀을 먹고 할아버지와 할머니의 후손들이 자랐다. 그들은 아이를 일곱 두었는데, 성장한 후 각기 나라를 찾아 다스리게 했다. 나라는 일곱으로 나뉘었고 식구도 나날이 불어났다.

한편 석가모니가 이 세상에 출현했을 때 상아시 할머니가 석가모니를 사랑하여 그를 나쁜 길로 유도했다. 이런 죄로 할머니는 저주를 받고 낭 터라니(땅의 신)가 되었다. 상아사 할아버지는 할머니와 가까이 있고 싶어 황새가 되어 지금도 물가를 걷고 있다.

매솝^{매의신} 이야기

옛날에 힌두·불교 세계의 수호신인 프라야 위룹파카의 정원에선 벼가 저절로 자랐는데, 그 크기가 인간 주먹의 일곱 배나 되었다. 프라자오 쿠쿠산터^{첫 번째 부처}는 3만 년 동안 이 쌀을 먹었다.

프라 고나감마노^{두 번째 부처} 때는 벼의 크기가 인간 주먹의 네 배로 줄었다. 그때 늙은 과부가 한 사람 있었는데, 이 할머니는 일곱 번이나 결혼한 여인이었다. 그녀는 커다란 광을 짓고 그 안에서 벼를 기르다가 귀찮아서 몽둥이로 벼를 내리쳤다. 벼는 산산 조각이 났고, 그 부서진 조각들은 사방으로 흩어졌다. 그 중 어느 조각은 카우더이^{밭벼}가 되었고, 어느 것은 물에 빠져 낭 프라코숍^{논벼}이 되었다.

벼는 이런 인간들에게 분노를 느끼고 인간들을 떠났다. 그 결과 사람들은 1000년 동안 기근으로 고통받았다.

어느 날 한 부잣집 아들이 밀림에서 길을 잃고 울고 있었다. 물고기가 그 젊은이의 울음소리를 듣고 낭 프라코숍을 데려와 그를 배불리 먹게 해 주었다. 그 젊은이는 낭 프라코숍에게 돌아가서 불쌍한 인간들을 도와 달라고 애원했으나 거절당했다.

당시 불교의 신인 테와다가 둘 있었는데, 그들은 각각 황금 사슴과 앵무새로 변신하여 달콤한 말로 낭 프라코숍을 설득했다.

"낭 프라코숍이시여, 제발 고향으로 돌아가시옵소서. 밀림 속에 살지 마시옵소서. 부디 고향에 가셔서 생명과 종교를 번영케 하소서."

결국 낭 프라코숍은 테와다들의 요청을 받아들여 그를 따라가기로 했다. 마을로 돌아온 낭 프라코숍은 땅의 향기를 맡고 사람과 종교를 번영케 했다.

프라자오 카사포[세 번째 부처] 시대에는 쌀알이 인간 주먹의 세 배로 줄어들었다. 프라자오 카사포는 4000년간 살다가 해탈하였다. 프라자오 사카야무니 고돔[네 번째 부처] 시대에는 쌀알이 다시 한 배 반으로 줄어들었다.

1000년을 살다가 해탈한 프라자오 사카야무니 고돔의 시대가 지나 욕심 많고 시기심 강한 고위 계층이 백성들을 지배했다. 탐욕스러운 그는 백성들에게 커다란 창고를 짓게 한 다음 쌀을 저장했다가 내다 팔았다. 낭 프라코숍은 자신이 팔리는 것을 수치스럽게 생각하고 다시 밀림으로 가 버렸다. 그녀가 없는 동안 사람들은 기근으로 굶어 죽었는데, 이런 상태가 320년이나 계속되었다.

그리하여 테와다는 굶주림으로 고생하고 있는 늙은 부부에게 신성한 시구를 가르쳐 주었다. 시구를 듣고 깨달음을 느낀 낭 프라코숍은 노부부를 따라가기로 마음먹고 자신의 몸을 카우 캄[흑미], 카우 카우[백미], 카우 니어우[찹쌀] 같은 여러 가지 곡식으로 바꾼 다음 숨을 거두었다. 노부부는 여러 가지 벼를 재배하여 사람들에게 나누어 주었다. 그때부터 벼를 재배하는 방법이 사람들에게 널리 알려지게 되었다.

야 루 엉[1]

옛날 하늘에 있는 우두머리 신이 병들자 신들은 근심이 태산같았다. 마크룻(태국에서 나는 과일의 일종), 마나우(라임), 말라카(파파야), 솜(귤), 리치(荔枝), 람아이(龍眼), 바나나, 사탕수수 같은 온갖 과일의 즙을 내어 마시게 했으나 도무지 차도가 없었다.

그러던 어느 날 밤 높은 신 중 하나가 꿈에서 우두머리 신의 병을 치료할 수 있는 과일을 보았다. 이 과일은 신들이 노니는 힘마판[2] 밀림 속 단 한 그루밖에 없는 나무에 열린 단 하나의 열매였다. 나무는 잎과 가지가 무성해서 멀리까지 그늘을 드리우고 있었고 그 열매는 노랬다.

신들이 그 꿈 이야기를 듣고 다투어 밀림으로 날아가 그 열매를 따다 먹게 하니 우두머리 신의 병이 감쪽같이 나았다.

한편 그 나무는 유일한 열매를 빼앗기고 품안에서 자식을 빼앗긴 어머니처럼 섧게 울었다. 그 후 수백 년이 지나 그 나무는 다시 열매를 한 개 맺게 되었다. 하지만 이제 나무는 너무 늙어 거의 죽어

가고 있었다. 열매는 만일 나무가 죽으면 자신도 살아남지 못할 것이라고 여기고 씨를 땅에 뱉었다. 그 씨가 땅에서 다시 움이 터서 큰 나무로 자라 주기를 기원하면서.

이때 마침 하늘의 신이 아래를 내려다보다가 이 모습을 보고는 씨가 땅에 떨어지기 직전에 "야 루엉,$^{떨어지지 마라}$"이라고 고함을 쳐 말렸다. 신의 와자싯$^{마음먹은 대로 이루어지는 신이력}$으로 그 씨는 땅에서 도로 올라와 열매의 맨 바깥에 붙게 되었다. 그 후 이 나무는 야 루엉이라 불리게 되었다.

●—주

1 우리나라의 곡욕처럼 생겼으며 고소한 맛이 난다. 다른 식물들은 열매가 단단한 껍질 안에 숨어 있게 마련인데, 이 식물은 열매가 겉에 노출되어 있어서 이러한 민담이 생긴 것이다.
2 태국 민담에 나오는 상상의 산으로 신들이 때때로 드나드는 신성한 곳이다. 그 정상에는 호수가 있어서 선녀들이 물놀이를 오기도 하며, 그 물은 성수로 쓰인다.

메칼라와 라마순

봄이 되자 하늘의 신과 선녀들은 축제 준비에 들어갔다. 랏타나 궁에 살고 있는 메칼라는 바다의 신으로, 나라이 신[힌두교의 비슈누에서 유래된 창조와 파괴의 신]으로부터 받은 구슬을 늘 몸에 지니고 다녔다.

하루는 메칼라가 축제에 참여하기 위하여 궁을 나와 하늘을 나는데, 마침 하늘과 땅 밑 세계를 휘젓고 다니는 난폭한 천둥의 신 라마순이 구슬의 밝은 빛을 보고는 그 구슬을 얻고자 메칼라를 따라왔다. 메칼라는 잡힐 듯 잡힐 듯 피해 다니면서 라마순을 약 올렸다. 화가 머리끝까지 난 라마순은 메칼라를 겨냥해 도끼를 던졌다. 그러나 메칼라가 구슬을 라마순의 얼굴에 비추자 그는 눈이 부셔서 도끼를 엉뚱한 데 던지고 말았다. 도끼는 구름에 부딪쳤고, 그 소리는 온 하늘을 울렸다. 그래서 하늘에서 메칼라와 라마순이 만날 때마다 땅에서는 천둥 번개가 친다고 한다.

왜 호랑이는 줄무늬가 있고 코끼리는 눈이 작은가?

아직 밀림이 우거지고 동물들이 서로 싸우지 않고 평화롭게 살 무렵의 이야기이다. 그때도 인간은 동물 중에서 가장 영특한 동물이었다.

그런데 어느 날 호랑이가 자신이 밀림의 왕이라고 우기며 돌아다니고 있었다. 호랑이는 자기처럼 용맹한 동물이 있으면 어디 한번 나와 보라며, 인간도 자기한테는 못 당할 거라고 했다. 그렇게 한참 돌아다니던 호랑이는 코끼리가 풀을 뜯고 있는 것을 보고 이게 웬 떡이냐 하고 얼른 달려들어 덥석 물려고 했다. 그러자 코끼리가 호랑이를 보며 말했다.

"한 발 늦었어, 호랑이야. 넌 나를 잡아먹지 못해. 나는 지금 인간의 포로거든."

호랑이는 코끼리가 거짓말을 한다고 생각했다.

"뭐라고? 넌 그렇게 큰데 어쩌다가 그 힘도 약하고 체구도 작은 인간의 포로가 되었니? 너 지금 거짓말하는 거지?"

"네가 뭘 모르는구나. 내 다리를 좀 봐."

코끼리는 상아를 들어 자기의 다리를 묶고 있는 쇠사슬을 보여 주었다.

"이게 보여? 인간들이 지혜로 날 잡아서 이런 일 저런 일에 부려 먹는 거란다."

"인간의 지혜가 어떻기에?"

호랑이는 부쩍 의심이 들기 시작했다.

"나는 인간의 지혜가 어떤 건지 정말 보고 싶어. 나를 좀 도와주지 않겠니?"

"그거야 아주 쉽지."

코끼리가 말했다.

"네가 이 사슬을 좀 풀어 줘. 그럼 내가 너를 인간에게 데리고 갈게. 이 기회에 인간이 얼마나 똑똑한지 잘 보아 두렴."

호랑이는 인간을 보고 싶은 마음에 코끼리의 사슬을 풀어 주었다. 코끼리는 호랑이에게 잡아먹히지 않게 된 것을 다행으로 여기며 부지런히 호랑이를 안내하여 주인인 팃 암의 집까지 갔다.

팃 암은 마침 부엌에서 밥을 먹고 있다가 밀림에 매어 둔 코끼리가 집 앞에서 어슬렁거리는 것을 보고 무슨 일인가 하고 층계로 나와 밖을 내다보았다. 호랑이는 얼른 인간 팃 암을 덮쳤다.

"오! 이 송사리 같은 인간아."

호랑이가 으르렁거리며 말했다.

"내 친구 코끼리가 말하길 네가 아주 지혜롭다고 했는데, 내가 단 한 번 덮친 것으로 너를 잡을 수 있다니 네 지혜라는 것도 아무짝에도 쓸모가 없구나."

그 말을 들은 팃 암은 그제야 상황을 짐작하고 천연덕스럽게 대꾸했다.

"호랑이야, 왜 넌 처음부터 내게 지혜로운 사람을 보고 싶다고 하지 않았니? 내가 가서 데리고 올게."

"그게 뭔데?"

호랑이가 고개를 길게 빼고 물었다.

"넌 그 지혜로운 애를 집에다 두고 있니? 왜 밖으로 데리고 나오지 않니? 정말 보고 싶은데……."

"인간이 보고 싶으면 일단 나를 놔줘. 그래야 가서 데리고 나오지. 그런데 그 지혜로운 것이 나보다 심장이 약해서 너를 보면 단박에 산으로 도망갈 거야. 그애를 안심시키려면 아무래도 너를 묶어 두는 게 더 좋을 것 같은데……."

호랑이는 인간 중에서도 가장 영특하다는 놈을 보고 싶어서 순순히 묶였다. 툇 암은 집 안에서 기다란 채찍을 하나 가지고 나와 호랑이 몸에 빨간 줄이 생기도록 세게 내리쳤다.

"아니, 인간들은 거짓말쟁이야! 왜 때리는 거야?"

호랑이가 소리 질렀다.

툇 암은 더 세게 채찍을 휘두르며 말했다.

"이게 바로 그 지혜란다. 아래도 모르겠니?"

코끼리는 그 사나운 호랑이가 꼼짝 못하고 인간의 채찍에 맞으며 신음하는 것을 보고 배꼽을 쥐고 웃어 댔다. 쉴새없이 웃느라고 코끼리의 눈은 점점 가늘어져서 덩치에 어울리지 않게 작아져 버렸다. 호랑이는 회초리가 끊어질 때까지 맞아 온몸이 피투성이가 되어 밀림으로 도망갔다. 그때부터 호랑이의 몸에는 줄무늬가 생겼다.

요술 망고

　옛날에 가난한 아주머니가 오두막집에서 살고 있었다. 그녀에겐 딸이 셋 있었는데, 그 중에서도 큰딸을 제일 예뻐했다. 큰딸의 커다란 두 눈은 샛별같이 빛났고 코는 오뚝했으며 피부는 달빛처럼 뽀얗게 빛났다. 그래서 아주머니는 혹시 밖에 나갔다가 햇볕에 탈까봐 밖에도 나가지 못하게 하며 애지중지 큰딸을 키웠다.
　작은딸은 예쁘지는 않았지만 목소리가 아름다웠고 또 애교도 많았다. 아주머니는 작은딸의 말을 듣고 있는 것이 행복하여 항상 곁에 두고 아꼈다.
　막내딸은 예쁘지도 않고 애교도 없었지만 부지런했다. 어머니를 도와 오리를 기르고 채소를 가꾸는 일은 늘 그녀 차지였다. 아침마다 오리 떼를 몰고 오두막 옆에 있는 시내나 샛강으로 나가는 탓에 얼굴이 가무잡잡했고 옷에도 흙이나 물이 튀어 지저분했지만 항상 웃는 얼굴이었다. 두 언니와는 달리 항상 지저분한 막내딸을 두고 어머니는 깜둥이라고 부르며 놀렸다.

하루는 막내딸이 오리 떼를 몰고 늘 가던 시내로 나갔다. 그런데 그날따라 물이 말라 있었다. 물을 찾아 위쪽으로 올라가니 산기슭에서 시냇물이 졸졸졸 흐르고 있었다. 오리들은 첨벙첨벙 물 속으로 들어가 먹이를 찾았고, 막내는 시냇가에 있는 커다란 나무 밑에 앉았다. 나무에 기대고 앉아 고개를 들어 보니 나뭇가지 사이에 노란 방울이 달린 작고 빨간 모자가 걸려 있는 것이 보였다. 모자는 색깔도 선명하고 예쁜 것이 반짝반짝 빛이 났다. 깜둥이는 얼른 나무 위로 올라가 그 모자를 집었다. 모자가 마음에 든 막내딸은 모자를 집으로 가지고 가기로 마음먹었다. 모자를 흔들자 노란 방울이 딸랑딸랑 울리며 맑은 소리가 났다. 막내딸은 기분이 좋아졌다.

바로 그때 웬 난쟁이가 나타나 그녀 앞에 서더니 그 모자가 자기 것이라고 했다. 막내딸의 무릎에도 차지 않을 정도로 키가 작은 난쟁이였다. 그는 낚시질을 하고 있을 때 갑자기 바람이 불어 모자가 날려 물에 빠지는 바람에 젖은 모자를 나무 가지에 걸어 말리고 있는 중이었다고 했다. 막내딸이 난쟁이에게 모자를 돌려줄 수 없노라고 하자 난쟁이가 말했다.

"나는 구멍에 사는 난쟁이란다. 그 모자가 없으면 집에 돌아갈 수 없어."

"그러면 아저씨네 집은 어디 있어요?"

"여기서 멀단다. 만일 내가 그 모자를 쓰지 않으면 구멍을 지키는 병졸들이 문을 열어 주지 않을 거야. 나를 좀 도와 다오."

막내딸은 모자가 정말 이 난쟁이 아저씨의 것일지도 모른다는 생각이 들었다. 왜냐하면 모자는 아주 작았고, 난쟁이의 머리도 그 모자에 쏙 들어갈 만큼 작았던 것이다. 막내딸은 난쟁이에게 모자를 돌려주었다.

난쟁이 아저씨는 감사의 표시로 막내딸에게 망고 씨를 주었다.

"아가야, 이 씨앗을 심어라. 망고 나무가 자라서 열매를 맺을 텐데 한 번에 한 개씩만 열린단다. 열매를 딸 수 있는 사람은 너 한 사람뿐이다. 열매를 따면 곧 또 하나가 열리고, 따면 또 열린단다."

말을 마친 난쟁이는 모자를 쓰더니 소리도 없이 사라져 버렸다. 집에 돌아온 막내딸은 망고 씨를 오두막 앞에 심었다. 다음 날 집안 식구들은 깜짝 놀랐다. 어제까지만 해도 아무것도 없던 집 앞에 커다란 망고 나무가 서 있었기 때문이다. 게다가 그 나무에는 노랗게 익어서 황금처럼 빛나는 열매 하나가 달려 있었다.

사람들은 황금 망고가 탐이 나서 나무에 손을 뻗었다. 하지만 망고를 따려고 손을 내밀기만 하면 열매가 달린 나뭇가지는 도망치듯 높이높이 올라가 버렸다. 그런데 막내딸이 손을 내밀면 나무는 나뭇가지를 내려 황금 망고를 그녀의 손에 쥐어 주었다.

동네 사람들은 이 망고 나무가 신기한 나무이고, 막내딸의 나무라고 믿었다. 막내딸이 심은 나무이고 그녀 혼자만이 열매를 딸 수 있었기 때문이다.

어느 날 왕자가 그 마을을 지나다가 아름다운 황금 망고를 보고 먹고 싶어져서 시종을 시켜 그 열매를 사 오게 했다. 그런데 마침 막내딸이 집에 없어서 열매를 딸 수가 없었다.

보다 못한 왕자가 직접 열매를 따려고 나섰지만 열매를 따려고 손을 뻗으면 뻗을수록 나뭇가지는 더 높이 올라가기만 했다. 마침내 망고 따는 것을 포기한 왕자는 누구든 그 망고를 따 오는 자에게 후히 상을 내리겠다고 말하고 궁으로 돌아갔다. 아주머니는 상이란 말에 귀가 번쩍 뜨였다.

왕자가 돌아간 후 아주머니는 막내딸에게 망고를 따도록 한 다음, 망고를 아름다운 천에 싸서 큰딸을 시켜 왕자에게 바치게 했다. 그런데 왕자가 천을 열어 보니 안에는 큼지막한 망고 대신 돌이 들어 있었다. 망신을 당한 언니는 울면서 집으로 돌아왔다. 정말 망고가 먹고 싶어진 왕자는 누구든 신기한 망고를 바치는 사람을 왕의 양자로 삼겠다고 했다.

어머니는 막내딸에게 망고를 따도록 해서 역시 아름다운 천에 싼 후 둘째딸에게 들려 왕궁으로 보냈다. 그런데 천을 열어 보니 둘째 딸이 바친 망고는 진흙 덩어리로 변해 있었다. 왕자는 이번에도 망고를 받지 못하자 매우 화를 냈다.

결국 어머니는 막내딸에게 직접 망고를 들고 가도록 했다. 왕자는 막내딸을 보자마자 첫눈에 사랑에 빠졌다. 그녀가 신기한 망고 나무의 주인임을 알게 되자 더욱더 사랑스러워 보였다. 왕은 그녀를 양녀로 삼아 왕궁에 들어와 살도록 했다.

막내딸은 왕자가 망고를 먹고 남긴 씨를 침실 옆에 심었다. 그러자 다음 날 아침 그녀의 창문 옆에 커다란 망고 나무가 생겼다. 왕자는 매우 기뻐하며 막내딸에게 말했다.

"요술 망고 나무가 너를 따라 왕궁까지 왔구나. 이제 다른 데로 가지 말고 여기서 살자."

그 후 왕자는 막내딸과 결혼해서 행복하게 잘 살았다.

요술 접시

바닷가 낡은 오두막에 가난한 부부가 살고 있었다. 이 부부는 매일 고기를 잡아 시장에 파는 것으로 하루 하루 살아가고 있었다.

부부는 아들을 하나 두었는데, 이름이 분복 짓는 아이이었고 여덟 살이었다. 분은 부모에게 효도했고 마음씨가 어질었다. 불심이 깊은 분은 부모님이 생계를 위해 산 물고기의 생명을 앗는 죄를 짓는 것이 가슴 아팠다. 그래서 그는 매일 부모님이 부자가 되어 산 물고기를 잡아다 파는 죄를 짓지 않게 해 달라고 부처님께 기도했다. 부모님은 이러한 분의 성품을 알고 있었으므로 바다로 나가 고기를 잡는 대신 집에서 청소하고 물을 긷고 죽은 나뭇가지를 주워 잘게 잘라 땔감을 준비하는 일을 맡겼다.

하루는 부모님이 물고기를 잡다가 어두워서야 집에 돌아오게 되었다. 너무 늦어서 시장에 나가지 못하게 되자 부모님은 큰 고기 네댓 마리를 골라 항아리에 넣어 두고 나머지는 배를 가르고 내장을 빼서 소금에 절여 두었다.

분은 항아리에 갇힌 물고기를 연민의 눈으로 바라보았다. 동시에 산 생명을 빼앗는 직업을 가진 부모님이 참으로 불쌍하고 측은했다.

다음 날 아침 부모님이 고기를 잡으러 바다로 나가자 분은 항아리로 가서 안을 들여다보며 말했다.

"네 친구들이 어제 많이 죽었단다. 너희들은 오늘 죽는구나. 우리 아버지 어머니가 오늘은 너희들을 내다 파실 거다."

그 말이 떨어지자 물고기의 말이 들려왔다.

"애야, 나를 좀 놔다오. 내가 바다 밑에 있는 금을 가져다 줄 테니."

분은 물고기가 말하는 것이 신기하기도 하고 기쁘기도 했다.

"난 다른 것을 갖고 싶어."

"무얼 갖고 싶은데?"

"먹을 것만 생각하면 음식이 나오는 요술 접시를 갖고 싶어. 그러면 평생 먹을 것을 걱정하지 않아도 되니까."

"내가 내려가서 찾아볼게. 그런 접시가 없으면 대신 금을 가지고 올게."

분은 물고기를 물동이에 담아 바다에 가져가 놓아주었다. 그리고 그 자리에 앉아서 물고기가 다시 나올 때까지 기다렸다. 좀 있으니까 물고기가 접시를 한 개 물고 나왔다.

"평생 동안 음식이 생기는 요술 접시는 없구나. 이 접시는 3년 동안은 음식이 생기지만 3년이 지나면 보통 접시로 바뀐단다. 그리고 너 말고는 아무도 이 접시를 사용할 수 없어. 그러니 잘 간수하고 사용하도록 해라."

분은 물고기에게 고맙다고 말하고 집으로 돌아왔다. 과연 먹고 싶은 음식을 떠올리기만 해도 접시에 맛있는 음식이 담겼다. 분은 접시에 온갖 맛있는 음식을 만들어 놓고 부모님을 기다렸다.

그날따라 부모님은 아무것도 잡지 못하고 빈손으로 돌아왔다. 낙심해 있는 부모님께 분은 요술 접시로 만든 맛난 음식을 대접했다.

분은 요술 접시를 가지고 밤늦게까지 음식을 많이 만들어 두었다가 다음 날 아침 이웃 사람들을 불러 사이좋게 골고루 나누어 먹었다. 그러고도 남은 음식은 장에 내다 팔았다. 이렇게 해서 동네 사람 모두가 일거리가 생기고 부자가 되었다.

그 후 한 해 동안 분과 동네 사람들은 가게를 차려 음식을 팔았고, 시간이 나면 먹이를 사서 들고 바다에 나가 뿌려 주었다. 물고기들은 기뻐하며 몰려와 먹이를 먹었고, 분이 은혜를 아는 아이라고 칭찬했다. 부유해진 분은 땅을 사서 서당을 짓고 선생님을 모셔다 아이들을 가르치게 했다. 배울 데가 없는 아이들에게 배움의 터를 마련해 주고 부모들의 죄를 덜고자 함이었다. 그런 다음 바닷가에 땅을 사서 정자를 짓고 주민들이 와서 쉬고 놀도록 했다.

마침내 분이 열한 살이 되던 해 요술 접시는 그 힘을 다했다. 분은 그 접시를 응접실 벽에 걸어 두고 걱정 없이 살게 해 준 접시의 은혜를 두고두고 되새겼다.

나이가 되자 분은 출가[1]하여 학문을 닦았다. 환속한 후에는 결혼하여 부모님을 모시고 효도하며 잘 살았다. 나라에서는 분을 이장으로 임명하고 상을 내렸다.

●──주

1   남자만 출가하는 것을 원칙으로 하며, 보통 예닐곱 살 때 넨(사미승)으로 출가하여 사원에서 공부를 하고 환속했다가 스무 살 전후에 다시 출가하여 프라(승려)가 된다. 프라가 되는 것은 성년의 의미를 지녀 이때부터 혼인을 할 수도 나랏일을 할 수도 있다. 일정 기간 출가했다가 환속할 수도 있고 평생 수도할 수도 있다.

진 흙 공 양

    옛날 파란시 왕국에 있는 한 산기슭에 수라판이라는 처녀가 부모님을 모시고 살고 있었다. 수라판은 매일 산에서 땔나무를 해 시장에 내다 팔고 그 돈으로 근근이 어려운 살림을 꾸려 가고 있었다.
    어느 날 아침 수라판은 집에 군데군데 금이 가고 틈이 벌어진 것을 알았다. 벌린 틈으로 독사가 들어와 부모님을 해칠까 봐 걱정이 된 수라판은 산으로 들어가 그 틈을 메울 만한 것을 찾기 시작했다. 한참을 여기저기 헤매던 그녀는 키가 작은 항녹융나무 아래 이르렀다. 그 나무는 진홍빛 꽃이 만발해 있어서 매우 아름다웠다. 그런데 아래를 보니 새까만 개미가 떼를 지어 작은 진흙 덩어리를 입이 물고 그 나무의 가장 낮은 가지로 기어가고 있는 것이었다. 마치 까만 개미로 이루어진 줄 같았다.
    처녀는 이 개미들이 흙을 물어다 무엇을 하는가 의아하게 생각하고 가까이 다가갔다. 알고 보니 개미들은 흙을 물어다 부러진 나뭇가지를 메우고 있었다.

"정말 별나구나. 이젠 알았다. 나도 진흙을 가져다가 우리 집 담벼락을 고쳐야지."

개미가 오는 쪽을 향해 더듬어 가니 늪지가 나왔다. 그곳에서 그녀는 진흙 덩어리를 서너 개 만들어서 깨끗한 바나나 잎으로 싸서 가방에 담았다. 그녀가 막 길로 접어들려는데 마침 스님 한 분이 밀림으로 들어왔다. 그녀는 부모님에게 배운 대로 길 옆에 앉아 공손하게 절을 하며 스님에게 물었다.

"어찌 하여 스님께서는 사람이 없는 밀림으로 탁발을 나오십니까?"

스님이 말했다.

"나는 탁발 때문에 나온 게 아니라 동물을 사랑하는 마음에서 온 것이다."

이 말을 들은 수라판은 스님에 대한 존경심이 일어 진흙 두 덩어리를 스님에게 바쳤다.

"저는 이 세상에 가난하게 태어나 음식을 보시하고 싶어도 보시할 음식이 없습니다. 이 진흙 덩어리를 바치니 받아 주십시오. 그리고 누구든 남자가 제 손끝에만 닿아도 그가 저를 사랑하게 해 주십시오."

스님은 진흙 덩어리를 고맙게 받았다. 그리고 그것을 가지고 가서 자기 처소에 생긴 틈을 메웠다.

한편 파란시 왕국을 다스리는 트라이폽 왕은 백성들이 어떻게 사는지 살펴보고 싶어졌다. 그래서 어느 날 평복으로 갈아입고 왕궁을 떠났다. 혼자서 말을 타고 천천히 구경을 하다 보니 수려한 산천 경개에 매료되어 점점 밀림 깊이 발을 들여놓게 되었다. 날이 어두워지는 것도 모르고 돌아다니다가 뒤늦게 정신을 차려 보니 컴컴한 밀림 한가운데였다. 왕은 근처에 사는 백성의 집에서 하룻밤 묵기로 작정하고 주변을 돌아다녔으나 사방에는 칠흑 같은 어둠뿐이었다. 당황해서 이리저리 말을 달리던 왕은 어느 집 울타리에 부딪치면서 말에서 떨어져 물웅덩이에 빠졌다. 마침 그 집은 수라판이 살고 있는 집이었다.

"사람 살려요! 물에 빠졌어요."

물에 빠진 트라이폽 왕이 물 밖으로 손을 내밀고 허우적대며 소리쳤다. 살려 달라는 비명을 들은 수라판이 집에서 뛰어나와 물에 빠진 왕을 웅덩이에서 끌어올렸다. 그녀의 손을 잡는 순간 왕은 그녀를 사랑하는 마음이 일어 부인으로 얻고 싶어졌다.

수라판은 왕을 집으로 데려와 손님으로 대접하고 잠자리를 마련해 주었다. 그날 밤 왕은 한잠도 자지 못하고 그녀를 궁전으로 데려가 결혼식을 올릴 방법을 찾는 데에 골몰하였다. 그러나 그녀와 그녀의 부모에게 어떻게 입을 떼야 할지 도무지 생각이 나지 않았다. 생각 끝에 왕은 끼고 있던 반지를 빼어 자고 있는 수라판의 옆에 두고는 날이 밝자마자 황급히 그 집을 나갔다.

다음 날 아침, 잠이 깬 수라판은 옆에 반지가 놓여 있는 것을 보았다. 어젯밤에 목숨을 구해 준 낯선 남자를 찾아보았으나 집 안에도 없었고 말을 매어 둔 곳에 말도 보이지 않았다. 그녀는 그 남자가 감사의 표시로 반지를 주고 간 것이라 생각하고 그 반지를 자기 손가락에 끼었다.

파란시 왕국으로 돌아온 왕은 반지를 잃어버렸으니 온 나라를 뒤져서라도 찾아내라고 엄하게 명령을 내리면서, 만일 그 반지를 가지고 있는 자가 있으면 손수 벌을 내릴 테니 궁으로 데리고 오라고 했다.

왕의 병사들은 온 나라를 이 잡듯이 뒤졌고, 마침내 수라판과 그녀의 늙은 부모님은 아무 영문도 모른 채 왕 앞에 끌려오게 되었다.

왕이 수라판에게 말했다.

"네가 어떻게 내 반지를 갖게 되었는지 그 경위를 말하라. 솔직히 말하지 않으면 엄한 벌을 내리겠다."

수라판은 몹시 놀라 벌벌 떨면서 말했다.

"왕이시여, 그 반지는 훔친 것이 아니라 어떤 남자가 놔두고 간 것입니다."

그녀는 그날 밤에 일어났던 이야기를 낱낱이 말했다. 왕은 모르는 척하고 그녀가 자신을 알아보는지 못 알아보는지 알아보기 위해 계속 물었다.

"너는 그 남자의 얼굴을 기억하느냐?"

"저는 기억하지 못합니다. 그가 깜깜한 밤에 왔고 꼭두새벽에 몰래 떠났기 때문입니다. 그러나 그의 손을 만져 보면 기억해 낼 수 있을 것입니다."

"그렇다면 손을 만지게 함으로써 네가 그 도둑을 잡게 하겠다."

왕은 그 나라에 있는 남자란 남자는 모조리 불러 놓고 그 앞에 휘장을 치게 한 다음 수라판에게 휘장 안으로 들어가 앉게 했다. 휘장에는 손이 드나들 수 있도록 구멍이 나 있어서 온 나라의 남자들이 차례차례 그 구멍에 손을 집어넣었다.

수라판은 그곳에 앉아 구멍으로 들어오는 손을 하나도 빠짐없이 다 잡아 보았다. 하지만 도둑은 쉽사리 나타나지 않았다. 그녀는 점점 초조해졌다. 그렇게 꼬박 하루 낮 하루 밤이 지났다. 아침이 되자 왕은 신하들을 모두 멀리 물리고 자신이 직접 휘장 안에 손을 내밀었다. 그 손을 잡는 순간 수라판은 커다란 목소리로 외쳤다.

"도둑을 잡았어요!"

트라이폼 왕은 그녀가 자기를 알아보자 크게 기뻐하며 그제야 그녀에게 사실을 말해 주었다. 왕은 그녀와 혼례를 치르고 왕비로 삼았고 그 부모에게도 벼슬과 재산을 내렸다. 진흙을 공양하고 복을 받은 수라판은 왕비가 되어 행복하게 잘 살았다.

닛너이의 요술 피리

어느 마을에 아버지와 어머니와 어린 딸이 살았다. 어린 딸의 이름은 닛너이였는데, 매일 부모님을 돕는 부지런하고 착한 아이였다.

하루는 아버지가 나무를 하러 산으로 갔다가 실수로 나무에 매달린 벌집을 건드려 벌에 온몸을 쏘이는 사고를 당했다. 간신히 집으로 도망쳐 오긴 했으나 그 후 아버지는 자리에 몸져눕게 되었다. 어머니 역시 여러 해 동안 중풍으로 누워 있어서 일을 할 수 있는 형편이 아니었다. 결국 닛너이가 부모님을 대신하여 일거리를 찾아야 했다.

닛너이는 도시락을 싸서 어깨에 메고 일거리를 찾아 성으로 갔다. 하지만 아무리 저잣거리를 헤매도 사람들은 닛너이가 너무 어리다며 일을 주지 않았다. 저녁이 되자 닛너이는 커다란 나무 아래 앉아 쉬면서 주먹밥을 꺼냈다. 그때 남루한 옷을 입은 꼬부랑 할머니가 지팡이를 짚고 다가오더니 닛너이를 보고 말했다.

"이 할미가 여러 날을 굶었더니 정말 배가 고프구나. 그 밥 좀 나누어 다오."

넛너이는 배가 몹시 고팠지만 그 할머니가 더 불쌍하다는 생각이 들었다. 그녀는 밥이 든 주머니를 할머니에게 내밀면서 말했다.

"할머니 먼저 잡수세요. 할머니가 남기시면 제가 먹을게요."

할머니는 정말 배가 고팠는지 넛너이의 몫은 남기지도 않고 밥을 다 먹어 버렸다. 넛너이는 화가 났지만 아무 내색도 하지 않았다. 할머니가 말했다.

"애야, 너는 아주 착한 애구나. 나 같은 늙은이에게 밥을 주다니 참 인정이 많구나. 그런데 이 할미는 이것밖에 줄 게 없으니 어쩌니?"

할머니는 들고 있던 광주리에서 피리를 꺼내 넛너이에게 주고는 사라졌다. 넛너이는 매우 기뻤다. 처음으로 자기 물건을 갖게 되었기 때문이다.

집으로 오는 길에 넛너이는 나무 밑에 앉아 쉬면서 할머니가 준 피리를 꺼내 불었다. 피리는 매우 아름다운 소리를 냈다. 넛너이는 이 피리 소리에 맞추어 사람들이 춤을 추면 좋겠다고 생각하면서 계속 피리를 불었다. 그러자 신기하게도 넛너이 앞을 지나가던 사람들이 서로 손에 손을 잡고 흥겹게 춤을 추는 것이었다.

피리를 불던 넛너이는 피곤하고 배도 고파졌다. 그래서 춤을 추는 사람들이 50사탕¹씩만 주면 좋겠다고 생각했다. 그러자 춤을 추던 사람들은 넛너이에게 50사탕씩 주고 뿔뿔이 흩어져 갔다. 넛너이는 그 돈으로 먹을 것과 집에서 쓸 물건을 사 가지고 집에 돌아가 부모님을 봉양하였다. 그리고 피리를 얻게 된 경위와 돈을 번 얘기를 부모님께 들려 드렸다.

다음 날 넛너이가 부모님에게 피리를 불어 드리고 있는데, 옆집

---

¹ 사탕은 1바트의 100분의 1

에 강도가 들었다. 강도가 돈주머니를 들고 막 그녀의 집 앞을 지나는 순간 이웃 사람이 소리쳤다.

"도둑 잡아라!"

그 소리를 들은 넛너이는 속으로 강도가 넘어지기를 바랐다. 그러자 도망가던 도둑이 돌부리에 걸려 넘어졌다. 덕분에 이웃 사람은 도둑도 잡고 돈도 도로 찾았다.

넛너이는 그 피리가 소원을 이뤄 주는 요술 피리라는 것을 알고 아버지와 어머니의 병이 낫기를 바라면서 피리를 불었다. 그러자 아버지와 어머니가 씻은 듯이 병이 나아 자리를 털고 일어났다.

어느 날 나라에서 사람들이 나와 북을 치며 동네 사람들을 모아 놓고 왕의 뜻을 알렸다. 공주가 매일 울기만 하는 병에 걸렸는데 아무리 약을 써도 낫지 않는다며, 누구든 공주의 병을 고치는 자에게는 왕이 후히 상을 내릴 것이라고 했다. 넛너이는 부모님의 허락을 받고 공주의 병을 고치러 왕궁으로 갔다.

왕을 찾아간 넛너이는 자기가 공주의 병을 고치도록 왕이 승낙하게 해 달라고 마음속으로 기원하며 피리를 불었다. 넛너이의 피리 소리를 들은 왕은 그녀를 공주가 누워 있는 내전으로 들여보내 주었다. 넛너이는 공주 앞에서 피리를 불면서 공주가 항상 아름다운 일만 생각하고 행복한 기분이 들도록 빌었다. 그러자 공주는 금세 울음을 멈추었고 병도 나았다.

왕은 기뻐하며 넛너이에게 집과 땅을 내려 부모님을 봉양하는 데 부족함이 없도록 했고 공주와도 친구가 되어 서로 왕래하게 했다. 그 후 넛너이는 부모님을 봉양하며 행복하게 잘 살았다.

배우자는 이렇게 찾는다

　아주 옛날 어느 작은 나라의 왕이 갑자기 세상을 떴다. 그런데 왕에게는 예쁜 딸만 하나 있을 뿐 대를 이을 아들이 없었다. 그래서 신하들은 배를 타고 온 나라를 돌아다니며 꽹과리를 치고 피리를 불고 북을 치며 누구든 왕궁의 노인들이 내는 시험을 통과하는 총각이 공주와 결혼하게 된다고 알렸다.
　어느 마을에 삼형제가 있었는데 큰형은 야이, 둘째형은 클랑, 그리고 막내는 닛이라고 했다. 삼형제는 이 소식을 듣고 왕궁에 가서 시험에 응하기로 결심했다.
　막내인 닛은 두 형을 배에 태워 궁으로 데려다 주었다. 좀 있으니 의기양양하게 궁으로 들어갔던 야이와 클랑이 매우 슬픈 낯으로 궁에서 걸어 나왔다. 죽 늘어서 있는 아름다운 여인들 중에 누가 공주인지 알아맞히지 못했기 때문이다.
　막내인 닛도 자신의 운을 시험해 보고 싶었다. 집에 도착하자 닛은 두 형에게 말했다.

"작은형, 나도 가서 내 운을 시험해 보고 싶어요."

그러자 잘생긴 작은형이 비웃었다.

"뭐라고? 너같이 못생긴 애가 어떻게 임금님의 사위가 될 수 있겠니? 너보다 몇백 배나 더 잘생긴 나도 못 됐는데."

옆에서 듣고 있던 큰형이 막내를 두둔했다.

"둘째야, 너무 동생을 윽박지르지 마라. 닛은 운이 좋을지도 모르잖니? 닛아, 너도 가고 싶으면 가도록 해라."

"고마워요, 형님."

닛은 존경의 표시로 큰형에게 엎드려 절을 올렸다. 그런데 문제는 또 있었다.

"형님, 저 나들이옷이 없어요."

"그것 봐라. 입고 갈 옷도 없으면서 주제넘게 가려고 하다니."

작은형이 비웃었다. 큰형이 말했다.

"닛아, 가서 형의 옷 중에서 마음대로 골라서 입고 가거라. 내가 허락하마. 신발도 잊지 말고 골라라."

"큰형님, 대단히 고맙습니다."

닛은 다시 한번 엎드려 큰형에게 절했다.

닛은 서둘러 옷을 차려입고 배를 저어 왕궁으로 향했다. 막내는 매우 겸손하고 예의가 바른 사람이었으므로 왕궁의 문지기로부터 높고 낮은 대신까지 만나는 사람에게는 모두 겸손하게 인사를 하며 왕의 사위가 되기 위한 시험을 치르려면 어디로 가야 하느냐고 물었다. 문지기가 길을 일러 주자 닛은 마음에서 우러나오는 감사의 인사를 올렸다. 궁 안으로 들어가니 노인들이 많았다. 닛은 노인들에게도 일일이 공손하게 절을 올렸다.

궁 안에 있는 노인들은 "나는 곧 공주님과 결혼할 몸이야." 하고 으스대며 잘난 척하는 젊은이들만 보다가 예의바르고 인사성 있는 닛을 보자 도와주고 싶은 마음이 들었다. 그래서 노인들은 닛에게 귓속말로 누가 중요한 사람인가를 귀띔해 주었다. 닛은 어른들 모두에게 감사의 인사를 올렸다.

이윽고 시험이 시작되어, 어여쁘게 꾸민 아가씨들이 일렬로 늘어섰다. 닛은 어른들이 들려준 충고 덕분에 그 중에서 누가 공주인지를 쉽게 알아맞힐 수 있었다. 대기하고 있던 악단들이 일제히 닛에게 축하를 보내는 연주를 시작했고, 모두들 닛이 다음 왕이 되었음을 인정했다. 이어서 결혼식과 즉위식이 이루어졌다.

모든 의식이 끝나자 젊은 왕은 신하들에게 다음 날 아침에 예를 갖추어 맞으러 오라고 이른 다음 집으로 돌아갔다. 그리고 일부러 실망한 낯을 하고는 집에 오르는 층계참에 배를 매어 놓고 안으로 들어갔다.

"그래, 어떻게 됐니?"

작은형이 비웃는 투로 물었다.

"큰형도 미남인 작은형도 못 했는데 제가 어떻게 제대로 할 수 있겠어요?"

닛은 천연덕스러운 얼굴로 평소에 하던 집안일을 했다.

다음 날 아침, 아름답게 꾸민 왕의 배가 풍악을 울리며 형제가 사는 집으로 다가왔다. 삼형제는 문간에 나가 왕의 배의 행차를 구경했다.

"작은형."

닛이 불렀다.

"왜?"

작은형이 못마땅하다는 듯이 대답했다.

"저 배는 제 배예요."

닛이 뽐내며 말했다.

"그럴 리가 없어."

"정말이라니까요. 진실을 말해도 믿지 않네요."

닛이 힘주어 말했다.

"제가 오라고 했거든요."

"거짓말이야. 저 배는 오직 왕만이 탈 수 있는 배라고. 그런데 어떻게 네가 부를 수 있어?"

"만일 제가 저 배를 불렀을 때 배가 이리 와서 저를 태우면 형님은 제 시중을 드시겠어요?"

"그래, 네가 저 배를 불러온다면 내가 네 시종이 될게."

작은형이 말했다.

"큰형이 증인이 되어 주세요."

그런 다음 닛은 품속에서 왕의 힘을 상징하는 깃발을 꺼내 흔들었다. 배가 삼형제가 있는 문간으로 다가오자 닛은 배에 올라탄 후 배 한가운데에 마련된 공주의 옆자리에 앉았다.

이리하여 잘난 척하기 좋아하는 작은형은 동생이 좋아하는 빈랑나무 잎이 든 통을 들고 막내의 뒤를 따라다니게 되었다. 한편 착한 큰형은 동생이 왕이 되도록 도운 공으로 벼슬을 얻어 행복하게 잘 살았다.

●──주

1 태국은 육지보다 강이 더 많으며 크고 작은 운하가 발달했기 때문에 크고 작은 배를 만들어 이동 수단으로 이용한다.

말만 잘하면 천 냥 빚도 갚는다

　옛날에 대머리 영감이 살고 있었다. 그는 자신이 대머리인 것을 매우 부끄러워해서 누가 머리에 대한 이야기만 꺼내도 버럭 화부터 냈다. 그러다가도 누가 머리가 윤이 나게 검다는 둥 마음에도 없는 칭찬을 해 주면 금세 기분이 좋아져서 가지고 있는 돈을 몽땅 털어 주곤 했다.
　대머리 영감에게는 예쁜 딸이 하나 있었는데, 총각들이 그녀와 결혼하고자 애를 썼다. 재산으로 소가 한 쌍 있었는데, 이 소도 제법 잘생겼다. 그래서 사람들이 그 소를 탐내며 사고자 했지만 가서 흥정을 붙일 때마다 번번이 쫓겨나곤 했다. 이야기하다가 자신도 모르는 사이에 그가 싫어하는 말, 이를테면 '대머리', '윤기가 난다', '머리가 반들반들하다', '훤하다' 등의 단어를 썼기 때문이다.
　한편 그 동네에는 겸손하고 예의바른 젊은이가 하나 살고 있었다. 어찌나 상대의 기분을 배려하면서 말을 잘하는지 누구든 그와 한번 만나 얘기하고 나서 유쾌해지지 않는 사람이 없었다.

그러던 어느 날 젊은이가 대머리 영감의 소를 사러 갔다. 그런데 가 보니 다른 사람이 먼저 와서 소 값을 흥정하고 있었다. 먼저 온 사람이 큰소리로 물었다.

"이봐요, 대머리 양반. 당신 소를 얼마에 팔 거요?"

"안 팔아. 얼른 내 집에서 나가."

화가 난 대머리 남자는 소리를 지르면서 소를 몰 때 쓰는 장대를 집어 들었다. 젊은이는 대머리 영감의 화가 가라앉기를 기다렸다가 다시 흥정을 시작했다.

"어깨까지 머리가 자라고 얼굴에서 금을 바른 듯 빛이 나는 영감님, 영감님이 갖고 계신 소를 얼마에 파시겠습니까?"

대머리 영감은 그 말을 듣더니 마음이 흡족해져서 대답했다.

"오, 내 아들 같은 젊은이여, 내가 소 두 마리를 그냥 주겠네."

젊은이는 돈을 한 푼도 내지 않고 소를 받아서는 서둘러 소를 몰고 집으로 돌아갔다. 몹시 기뻤던 것은 두말 할 필요도 없었다.

처음에 소를 사려고 했던 사람은 이 광경을 보고 속이 상하기도 하고 시기심도 발동해서, 영감의 딸에게 젊은이가 소를 몰고 가면서 뒤에서 아버지 욕을 하더라고 있지도 않은 말을 꾸며 댔다. 딸은 그 이야기를 아버지에게 일러바치며 소를 도로 찾아오라고 했다.

딸의 말을 듣고 화가 난 영감은 장대를 쥐고 소리를 지르며 젊은이의 뒤를 쫓아갔다. 영감의 기색이 아까와는 전혀 다르다는 것을 눈치 챈 젊은이가 영감에게 물었다.

"어깨까지 머리가 치렁치렁하신 영감님, 어디를 그리 급하게 가십니까?"

그 말을 듣자마자 대머리 영감은 단박에 화가 누그러져서는 들고 가던 장대를 내밀며 말했다.

"오! 사랑하는 젊은이여, 자네가 이 장대를 잊고 가서 가지고 왔네."

딸은 집에서 아버지를 기다리고 있다가 아버지가 빈손으로 오는 것을 보고 소를 되찾아 오기는커녕 장대까지 주고 온 것을 알았다. 딸은 엉엉 울면서 아버지에게 소를 찾아오지 않으면 죽어 버리겠다고 떼를 썼다. 그래서 영감은 이번에는 젊은이의 말에 넘어가지 않으려고 일부러 딸을 데리고 갔다.

두 사람이 젊은이를 따라잡았을 때는 젊은이가 막 집에 도착해 소를 우리에 넣으려던 참이었다. 영감님이 딸과 함께 오는 것을 보자 젊은이는 친근한 목소리로 말을 걸었다.

"머리가 정수리에 많으신 영감님, 따님하고 같이 오셨네요. 어디 가는 길이세요?"

대머리 영감은 젊은이의 칭찬과 찬양의 말을 듣고 또 금세 기분이 좋아져서 말했다.

"사랑하는 젊은이여, 난 이미 늙었으므로 내 딸을 자네에게 맡기려고 왔다네."

대머리 영감은 딸을 예의바르고 말 잘하는 젊은이에게 주었다. 이리하여 젊은이는 말 한마디로 좋은 소와 예쁜 딸을 얻어 행복하게 잘 살았다.

외할머니와 외할아버지

 옛날에 외할아버지와 외할머니가 콩과 참깨를 심으면서 손자에게 까마귀가 와서 씨를 먹지 않도록 지키라고 일렀다. 그러나 손자는 아직 어려서 노는 데만 정신이 팔려 있었다. 커다란 보리수에 숨어서 기회만 엿보던 까마귀들은 신이 나서 밭에 심은 씨를 모조리 먹어 버렸다.
 이 일을 알게 된 외할머니는 손자를 나무랐고, 외할아버지는 회초리로 때리며 내쫓았다. 어린 손자는 울면서 사냥꾼에게 달려가 활로 까마귀를 쏘아 죽여 달라고 애원했다. 하지만 사냥꾼은 차갑게 아이의 부탁을 거절했다.
 "그건 내가 알 바 아니다."
 사냥꾼은 손자의 애원에는 귀도 기울이지 않고 가 버렸다.
 어린 손자는 쥐를 찾아가 사냥꾼의 활을 갉아 달라고 부탁했다. 그러면 사냥꾼이 까마귀를 활로 쏘아 주리라 믿었기 때문이다. 그러나 쥐도 역시 기분 나쁜 표정으로 가 버렸다.

"그건 내가 알 바 아니야."

속이 상한 아이는 고양이에게 가서 쥐를 물어 달라고 했다. 하지만 고양이 역시 아무 관심도 보이지 않고 울타리로 올라가 버렸다.

"내 일이 아니야."

아이는 엉엉 울며 가다가 개 한 마리를 만났다. 아이는 개에게 고양이를 콱 물어 달라고 했다. 그러나 개는 발로 땅을 뒤져 먹이를 찾기에만 골몰해 있었다.

"내 일이 아니야."

아이는 망치를 찾아가 개를 때려 달라고 했다.

"내 일이 아니야."

아이는 불에게 가서 망치를 태워 달라고 했다. 역시 이번에도 같은 대답이 돌아왔다.

"내 일이 아니야."

아이는 물을 찾아가서 불을 꺼 달라고 애원했다. 하지만 물도 역시 인정머리 없이 딱 잘라 거절했다.

"내 일이 아니야."

아이는 강둑에 가서 물을 밖으로 흘러가지 못하게 해 달라고 애원했다. 하지만 강둑 역시 매몰차게 한마디로 거절했다.

"내 일이 아니야."

그래서 아이는 코끼리를 찾아가 강둑을 무너뜨려 달라고 했다. 코끼리는 무슨 급한 일이라도 있는지 어디론가 도망치듯 뛰어가며 말했다.

"내 일이 아니야."

그래도 아이는 뜻을 굽히지 않고 작은 날벌레를 찾아가 가서 코끼리를 물어 달라고 했다. 날벌레는 아이가 자기에게 말을 걸어 주는 것이 고마워 어린 손자의 청을 들어주기로 했다.

날벌레가 가서 코끼리를 물자 코끼리는 간지러워서 몸을 뒤틀다가 강둑을 부쉈다. 강둑이 무너져 강물이 흐르지 않게 되자 물은 불을 끄겠다고 엄포를 놓았다. 겁을 먹은 불이 망치를 태우려고 하자 망치는 개를 때리겠다고 했다. 그러자 개는 고양이를 물겠다고, 고양이는 쥐를 물겠다고, 쥐는 사냥꾼의 활을 갉겠다고 했고, 마침내 사냥꾼은 까마귀를 쏘겠다고 나섰다. 까마귀는 사냥꾼의 활이 무서워 먹은 씨앗을 모두 돌려주었다.

이렇게 해서 외할아버지와 외할머니는 어린 손자를 용서해 주었고, 아이는 집으로 돌아가 편히 쉴 수 있었다.

부자가 며느리를 고르는 법

옛날 어느 곳에 큰 부자가 살고 있었다. 부자는 어마어마한 재산에 넓은 토지와 귤 농장을 가지고 있었다. 그에게는 고민이 하나 있었는데, 장가들어 가정을 꾸릴 나이가 된 아들이 온 마을을 뒤져도 마음에 드는 며느리감을 찾을 수 없는 것이었다.

어느 날 부자는 아들에게 귤을 주며 집집마다 지붕과 담에 붙어 있는 거미집으로 바꾸어 오라고 했다. 동네 사람들은 이 소문을 듣고 모두 집에 있는 거미집을 모았다가 귤과 바꾸면서 즐거워했다.

저녁때 부자와 아들은 작은 마차에 귤과 거미집 뭉치를 싣고 어느 집 앞을 지나가게 되었다. 그 집에는 예쁜 처녀가 부모님을 봉양하며 살고 있었다.

부자의 아들은 그 처녀가 맘에 들어 그녀에게 말을 걸었다.

"예쁜 아가씨, 아가씨 집에는 벽이나 지붕에 거미가 없나요? 얼른 집에 가서 거미가 있나 보고, 있으면 가지고 나와 귤과 바꿔요."

처녀는 마차 위에 수북이 쌓인 거미집을 물끄러미 쳐다보더니 대답했다.

"말씀은 고맙지만 저희 집에는 거미집이 없답니다. 제가 매일 집 안 청소를 말끔히 하기 때문에 집에 거미가 없어요. 하지만 그 귤은 정말 먹음직스럽네요. 다른 것과 바꾸면 안 될까요?"

처녀의 말을 듣고 부자는 속으로 처녀를 칭찬하며 아들을 대신해 물었다.

"그럼 아궁이에 있는 재와 바꾸면 어떨까?"

"재도 없어요."

처녀가 공손하게 대답했다.

"왜냐하면 밥을 짓기 전에 재를 모두 청소해서 버리라고 어머니가 가르치셨거든요."

부자는 그 집안이 가정 교육이 남달라서 딸이 음식을 잘 만들 뿐 아니라 집 안을 깨끗하게 청소한다는 것을 알았다. 그래서 부자는 그 집으로 들어가 처녀를 며느리로 달라고 청혼하였다.

사위 고르기

옛날에 부자가 한 사람 있었는데 슬하에 아들은 없이 딸만 하나 두었다. 어느덧 딸이 시집 갈 나이가 되자 아버지는 자신이 물려줄 재산을 제대로 간수할 능력이 있는 똑똑한 사위를 얻고 싶었다.

그래서 부자는 자기가 낸 문제를 맞히는 사람에게 딸을 주겠다는 방을 냈다. 부자의 방은 많은 젊은이들의 관심을 끌었다. 지체가 있는 집 아들도, 가난한 집 아들도 모두 관심을 가지고 문제를 맞히기 위해 모여들었다. 그러나 부자가 낸 문제를 보고 청년들은 모두 설레설레 고개를 가로저으며 집으로 돌아가 버렸다. 부자가 낸 문제는 다음과 같았다.

첫째, 오늘 결혼하고,
둘째, 다음 날 딸을 임신시키고,
셋째, 그 다음 날에 아들을 낳을 것.

아무도 맞히는 사람이 없이 세월만 흘러갔다. 그러던 어느 날 젊은이 한 사람이 장사를 하러 그곳에 왔다가 방을 보고 부자를 찾아와 문제를 맞혀 보겠다고 했다. 야무지고 총명해 보이는 젊은이였다. 문제를 받은 그는 다음 날 찾아오기로 하고 돌아갔다.

약속한 시간이 되자 동네 사람이 결과를 보러 모여들었다. 부자가 말했다.

"자네가 약조한 대로 하겠다고 맹세를 해야 하네. 만일 맞히지 못하면 자네 목을 자르겠네."

젊은이는 커다란 소리로 대답했다.

"저는 기꺼이 목숨을 걸겠습니다. 하지만 먼저 한 가지 부탁드릴 게 있습니다."

"자네가 원하는 게 뭔지 말해 보게."

그러자 젊은이는 망설임 없이 말했다.

"내일 제 아들이 태어날 것입니다. 그러나 아직 그 아들이 먹을 바나나가 없습니다. 그래서 말인데, 제가 이 바나나 순을 장인께 드리겠습니다."

젊은이는 바나나 순을 부자에게 내밀며 말했다.

"저는 장인께서 이 바나나 순을 심어 오늘 싹이 자라서 꽃을 피워 열매가 열리고 내일이면 익게 해 주시기 바랍니다. 그러면 제가 그 바나나를 따서 내일 태어날 제 아들에게 먹이겠습니다."

부자가 말했다.

"나는 자네가 말한 대로 할 수 없네."

그러자 젊은이가 기다렸다는 듯이 말했다.

"만일 이 바나나 순을 심어서 바나나가 꽃을 피우고 열매를 맺어 익을 때까지도 제가 아들을 낳지 못하면 그때는 제 목을 치십시오."

부자는 젊은이가 똑똑하고 결단력이 있다고 여겨 딸을 주었다. 그 후 젊은이는 부자의 딸과 결혼해 행복하게 잘 살았다. 부자의 재산을 잘 관리해 더욱 불어나게 한 것은 두말 할 필요도 없었다.

거짓말에는 거짓말로

옛날에 제멋대로인 왕이 살았다. 왕은 자신의 행동이나 명령이 남에게 어떤 해를 주는지는 생각지 않고 매사에 마음 내키는 대로만 했다. 그런데 왕은 옛날 이야기를 무척 즐겼다. 그 나라에서 이야기를 잘한다는 이야기꾼이란 이야기꾼은 모조리 불러들여 이야기를 들었기 때문에 이제 왕이 들어 보지 못한 이야기는 하나도 남아 있지 않을 정도였다.

결국 왕은 대신들을 불러 다음과 같은 내용의 방을 붙이라고 말했다.

"누구든 거짓말 이야기를 잘 해서 짐은 물론 대신 네 명까지도 속인다면 호박만 한 순금 덩어리를 상으로 내리고 부마로 삼겠다."

이 방을 본 많은 사람들이 왕을 찾아가 이야기를 들려주었다. 늙은이, 젊은이, 심지어는 어린아이까지 와서 이야기를 했지만 대신 네 명은 하나같이 거짓말이 아니라 진실이라고 판정했다. 사람들은 모두 실망해서 돌아갔다. 이렇게 된 데에는 다 까닭이 있어서, 왕이 대신들에게 누구든 이야기가 거짓이라고 판정을 내리면 사형에 처하겠다고 협박을 했던 것이다. 그래서 대신들은 어떤 이야기를 듣건 무조건 진실이라고 판정을 내렸다.

한편 그 나라에는 품을 팔며 근근이 끼니를 이어 가는 소년이 있었다. 어느 날 소년은 모를 내다가 사람들이 고개를 옆으로 꼬고 실망하여 집으로 돌아가는 것을 보았다.

소년이 물었다.

"아저씨들은 어디에 갔다 오시기에 그렇게 기운이 없으세요?"

그 중 한 어른이 대답했다.

"나는 왕에게 거짓말 이야기를 하러 갔는데, 그들이 나를 속였단다. 내 얘기가 사실이라는 거야. 그래서 이렇게 힘이 없단다."

"그럼 아저씨가 하신 이야기를 제게 들려주세요. 어쩌면 제가 아저씨들을 도울 수 있을지도 모르잖아요."

어른은 한숨을 내쉬며 소년에게 이야기를 들려주었다. 이야기를 끝낸 어른들은 힘없이 어깨를 늘어뜨린 채 뿔뿔이 집으로 돌아갔다.

일의 전후를 알게 된 소년은 한참 동안 궁리한 끝에 스스로 가서 이야기를 해 봐야겠다고 결심했다.

논일을 다 끝낸 소년은 왕 앞에서 이야기를 하겠다며 노인에게 왕궁으로 데려다 달라고 부탁했다. 노인은 처음에는 거절했으나 소년이 하도 졸라 대는 바람에 결국 허락하고 말았다.

소년이 가 보니 왕궁은 거짓말 이야기를 하러 온 사람들로 북적이고 있었다. 노인이 소년을 데리고 들어가 왕에게 찾아온 목적을 말했다. 왕은 대단히 만족하며 말했다.

"어린 소년아, 이야기를 시작해 보아라."

소년은 자리에 앉아 이야기를 시작했다.

"아주 오래전 일입니다. 얼마나 오래되었는지는 기억이 나지 않습니다. 제가 아직 태어나지도 않았을 때니까요. 물소를 기르는 품팔이꾼 소년이 하나 있었습니다. 그 소년은 돈을 받고 물소를 길러 주기도 하고, 동네 사람들 논일도 도우면서 살았어요. 그런데 어느 날 임금님이 거짓말 이야기를 잘하는 사람에게 상을 준다는 방이 붙었지요. 그래서 소년은 임금님에게 이야기를 들려 드리려고 집을 떠났습니다. 왕궁으로 가는 길은 정말 멀었어요. 한참을 걷던 소년은 다리도 아프고 지치기도 해서 나무 밑에 앉아 쉬었어요. 쉬고 있는데 그 옆에 있는 습지에서 코끼리 다섯 마리가 목욕을 하고 있었어요. 소년은 저 코끼리를 잡아서 타고 가면 다리가 아프지 않을 거라고 생각하고 습지로 내려갔어요. 하지만 코끼리들은 잡히지 않으려고 뿔뿔이 도망쳐 산으로 들어가 버렸어요. 소년은 코끼리들을 따라갔어요. 코끼리들은 소년이 따라오는 것을 보고 나무 위로 올라갔지요. 소년도 나무 위로 올라갔어요. 코끼리들이 나무 꼭대기에서 강으로 뛰어내리면 소년도 따라 뛰어내렸지요. 코끼리들이 바다로 헤엄쳐 나가면 소년도 헤엄치며 따라갔고요. 마침 커다란 배 한 척이 코끼리들을 향해 오고 있었어요. 코끼리들은 사람들에게 붙잡힐까 봐 두려워 배 밑으로 사흘 낮 사흘 밤을 잠수해서 배를 벗어났지요. 소년도 그렇게 했어요. 소년과 코끼리 다섯 마리는 어떤 때는 육지에 오르기도 하고, 또 어떤 때는 물속으로 들어가기도 했어요. 어떤 때는 날기도 했어요. 그렇게 수십 년이나 도망가고 뒤쫓아 가고 있어요. 지금도 그러고 있지요."

소년이 말을 멈추자 그곳에 앉아서 같이 듣던 사람들은 그 이야기가 어떻게 끝날지 궁금했다. 그래서 왕이 소년에게 물었다.

"그러면 그 코끼리들과 소년이 수년간 쫓고 쫓기면서 무엇을 먹었느냐?"

소년은 웃으며 대답했다.

"제가 이 이야기를 하고 있지만 그 이야기가 진짜인지 아닌지는 잘 모르겠어요. 코끼리들은 소년이 반드시 자기를 따라와 붙잡을 것이라고 믿었어요. 오랜 세월 동안 소년은 자라서 청년이 되었고, 이제는 늙어서 더 걸을 기운이 없어 기어가고 있지요. 기어갈 힘이 없을 때는 손자에게 도움을 청한대요. 와서 자기를 업고 코끼리를 따라가자고요. 코끼리들도 역시 지칠 대로 지쳤어요. 게다가 세월이 흐르면서 자식이 생기고 손자가 생겨서 온 밀림에 가득 찼기 때문에 도망갈 곳도 없었어요. 코끼리들은 갈 곳 몰라 하다가 작은 집으로 숨어들었지요. 소년도 따라 들어갔지요. 코끼리들은 달리 갈 데가 없어서, 물 끓이는 주전자 속으로 들어가 숨었어요. 소년도 주전자 속으로 들어갔어요. 그래서 코끼리들은 주전자 주둥이로 도망쳤지요. 그런데 주둥이가 너무 작고 좁았어요. 코끼리 다섯 마리는 서로 빨리 나오려고 싸웠어요. 그 틈을 타서 소년은 코끼리 꼬리를 서로 단단히 묶어서 단번에 다섯 마리를 잡았지요. 소년은 코끼리 다섯 마리를 타고 성으로 들어와 팔려고 했지요. 마침 임금님의 대신 넷이 지나가다 보고 그 코끼리를 사려고 했어요. 소년은 한 사람에게 한 마리씩 팔았는데 마리당 2만 바트였지요. 나머지 한 마리는 임금님에게 팔았어요. 역시 2만 바트에 팔았지요. 다섯 사람은 돈은 나중에 지불한다고 했어요. 그 후 시간이 흘렀어요. 그 소년이 바로 저이고, 이번에 코끼리 다섯 마리 값을 받으려고 온 거예요. 제 코끼리를 사신 분은 여기 계신 대신 네 분과 임금님이세요. 제 이야기는 이게 다예요. 제 이야기를 심사해 주세요."

만일 이 이야기를 진실이라고 한다면 대신들과 임금님은 코끼리

값을 각각 2만 바트씩 주어야 하고, 만일 거짓말이라고 한다면 호박만 한 금덩어리와 공주를 내주어야 하는 처지에 놓였다. 이들은 과연 어떻게 했을까?

수수께끼 다섯 가지

아주 먼 옛날에 유난히 예쁜 여자를 좋아하는 왕이 살았다. 어느 날 왕은 많은 시종과 후궁들을 거느리고 들놀이를 나갔다가 나무꾼을 만났다. 왕은 나무꾼에게 병사를 보내 생활이 편안한지 어떤지를 물었다.

그러자 나무꾼은 벌어 온 돈을 나눌 수 있어 편안하다고 대답했는데, 그는 번 돈을 다섯으로 나누어 하나는 땅에 묻고, 또 하나는 빚을 갚고, 세 번째는 남에게 꾸어 주고, 네 번째는 물에 버리고, 나머지는 적에게 준다고 했다. 왕은 이 대답이 이상하다고 생각하고 나무꾼에게 설명해 보라고 했다.

이에 나무꾼이 대답하길, 땅에 묻는 것은 다른 사람에게 나누어 주거나 절에 시주한다는 뜻으로, 이렇게 하면 모두에게 두루 이로우니 다음 생에서 덕이 되어 되돌아 온다고 했다. 또 빚을 갚는다는 말은 자신을 먹여 주고 입혀 준 부모님을 봉양한다는 뜻이고, 남에게 꾸어 준다는 말은 자식들을 보살피는 데 돈을 쓰면, 장래에 자식들이 부모의 은공을 생각하고 늙었을 때 보살펴 줄 거라는 뜻이란다. 물에 버린다는 말은 술을 마시며 놀거나 도박을 한다는 뜻으로 도무지 이익이 되는 바가 없으니 물에 버리는 것과 매한가지라는 말이었다. 그리고 마지막으로 적에게 주는 것은 아내에게 주는 것이라고 했다.

왕은 나무꾼의 지혜와 다섯 가지 수수께끼에 감탄하여 칭찬을 아끼지 않았으나, 다섯 번째에서 아내를 적에 비유한 것은 옳지 못한 일이라고 했다. 왕은 나무꾼에게 후한 상을 내리고 다섯 가지 수수께끼의 답은 비밀로 하겠다는 약속을 받은 다음 궁으로 돌아왔다.

그런 일이 있고 나서 왕은 나무꾼의 수수께끼가 살아가는 데 매우 보탬이 되는 지혜라는 생각이 들었다. 그래서 그 수수께끼를 사람이 많이 모이는 시장이나 광장에 붙이고는 누구든 수수께끼를 푸는 사람에게는 수박만큼 큰 금덩이를 주겠다고 했다.

한편 나무꾼의 아내는 남편과 함께 나무를 팔러 성으로 갔다가 그곳에서 방을 보고는 금덩이에 욕심을 냈다. 아내는 남편을 졸라 그 답을 알아내려고 했으나 나무꾼은 왕과 한 약속을 떠올리며 가르쳐 주지 않았다. 아내가 처음 만났을 때부터 지금까지 그 동안 살면서 어려웠던 일을 들춰내며 울고불고 해도 아무 소용이 없었다.

결국 아내는 작전을 바꿔 그냥 답이 알고 싶어서 그러는 것뿐이지 금덩어리가 욕심이 난 건 아니라며 남편에게 애교를 부렸다. 아내의 꾐에 넘어간 남편은 답을 말해 주고 말았다.

나무꾼의 아내는 다음 날 남편이 나무를 하러 산으로 가기를 기다렸다가 서둘러 차려입고 왕궁으로 들어가 수수께끼의 답을 말했다. 왕은 약속대로 수박만 한 금덩이를 그녀에게 상으로 내리고는 병사를 시켜 은밀히 그녀의 뒤를 밟도록 했다.

병사가 돌아와 그녀가 며칠 전에 산에서 만났던 나무꾼의 아내라고 보고하자 왕은 크게 화를 내며 나무꾼을 잡아다가 무슨 이유로 약속을 어기고 아내에게 답을 말해 주었느냐고 물었다.
   나무꾼은 아내의 위협과 애교, 그리고 애원에 견디지 못해서 답을 알려 주었는데, 아내가 약속을 저버리고 왕에게 갈 줄은 꿈에도 몰랐다고 했다. 그러면서 이번 일을 봐서도 다섯 번째 문제의 답이 과연 맞지 않느냐고 말했다.
   왕은 나무꾼의 말을 곰곰이 생각해 보니 역시 맞는 말이었으므로 나무꾼을 풀어 주고 쌀과 돈을 상으로 내렸다. 그 후 나무꾼은 이웃의 존경을 받으며 편안하게 잘 살았다.

쿨라 족이 흐느끼던 벌판

옛날에 쿨라 족 출신의 상인이 살았다. 그는 도시에서 물건을 사서 촌에 가져가서 팔았다. 그가 가지고 다니는 물건들은 여자들이 사용하는 장신구나 소소한 물건들이었다. 그는 이리저리 다니며 물건을 팔다가 어두워지면 아무 데서나 잠을 잤고, 새벽이면 일어나 물건을 지고 다른 마을로 발걸음을 옮겼다.

어느 날 쿨라 상인은 넓은 벌판 초입에 자리한 마을로 가게 되었다. 마을 사람들에게 물으니 다음 마을이 꽤 먼 데다가 황량한 벌판을 지나는 데 족히 며칠은 고생해야 할 거라고 했다. 그러나 쿨라의 상인이 생각하기에 자신은 방물장수 노릇을 수십 년간 해서 남들보다 배는 빨리 걸을 수 있으니 웬만한 거리는 너끈히 걸어 낼 것 같았다.

'아무리 넓은 들판이라고 해도 반나절이면 되겠지.'

그래서 쿨라 상인은 약간의 음식과 물만 준비해서 길을 나섰다.

그는 주변 경치를 둘러보며 여유롭게 걷기 시작했다. 벌판은 모래가 많이 섞인 흙이 깔려 있고 온갖 초목이 자라 있는데 특히 등나무가 많았다. 어느 곳은 우거진 나무들이 무릎까지 와 닿았고 어느 곳은 허리까지 와 닿았다. 그런데도 사람 키를 넘는 나무는 한 그루도 없었다.

한낮이 되자 햇볕이 따갑게 내리쬐었다. 무더운 날씨에 상인은 기운이 빠지고 머리도 어지러워졌다. 앞을 내다보아도 뒤를 돌아보아도 보이는 것은 끝도 없이 펼쳐진 벌판뿐이었다. 다음 마을까지 가는 것은 도저히 무리였다. 하지만 이제 와서 되돌아갈 수도 없었다. 동네 사람들의 말을 듣지 않은 것이 후회가 되어 쿨라 상인은 쭈그리고 앉아 울기 시작했다.

얼마 후 동네 사람 하나가 지나가다가 상인을 보았다. 그는 친절하게도 상인을 부축해 마을로 데려와 음식을 찾아 먹인 후에 쉬게 했다. 동네 사람들이 상인에게 찾아와서 어려웠던 일에 대해 묻자 상인은 넓은 벌판을 건너서 장사하러 가다가 준비를 제대로 갖추지 않아 벌판 한가운데에 앉아 울었다고 했다. 그때부터 동네 사람들은 이 벌판을 '쿨라 족이 흐느끼던 벌판'이라고 불렀다.[1]

● ─ 주

---

1   이 벌판은 태국 동북부 지방에 있다.

두 친구

옛날에 고아 둘이 살고 있었는데, 한 아이는 만, 또 한 아이는 콩이었다. 둘은 어려서부터 친한 친구 사이였다.

만은 참을성이 있고 부지런한 아이였다. 마침 그 마을에 활을 잘 쏘는 사람이 있어 만은 그 밑에 들어가 심부름을 하며 활 쏘는 법을 배우고 익혔다. 여러 해가 지나 만은 재주가 뛰어난 궁사가 되었다. 반면에 콩은 똑똑하지도 부지런하지도 않았고 빈둥빈둥 하는 일 없이 세월을 보냈다.

그러던 어느 날 심한 가뭄이 들어 우물이 메마르고 곡식도 자라지 않게 되었다. 기댈 곳 없는 두 친구는 다른 나라로 가서 돈을 벌기 위해 길을 떠났다.

어느 날 두 친구는 산길을 걸어가다가 커다란 독수리가 처녀를 물고 날아가는 것을 보았다. 만이 활시위를 당겨 독수리를 쏘자 화살은 독수리 날개에 명중했다. 화살을 맞은 새는 잠시 비틀대다가 깃털을 하나 땅에 떨어뜨리고 날아갔다. 두 청년은 그것을 주워 간

수했다.

 며칠 후 두 청년은 어느 나라에 도착했다. 숲이 우거지고 농토도 매우 비옥한 곳이었다. 그러나 그 나라 백성들은 흥겹거나 즐거운 빛이 없이 항상 슬픈 표정을 짓고 있었다.

 성으로 들어가 보니 그 나라 대신이 북을 치고 다니면서 왕의 뜻을 알리고 있었다.

 "누구든 독수리를 없애면 부마로 삼고 나라의 절반을 주겠다."

 만은 이번 일이 재물도 얻고 뜻도 펼칠 좋은 기회라고 여기고 콩에게 같이 지원하자고 했다. 대신은 두 사람을 왕 앞에 데려갔다. 왕은 두 친구를 불러 무슨 능력이 있느냐고 물었다.

 만이 말했다.

 "저와 제 친구는 활을 쏘는 재주가 있습니다."

 만은 품에서 깃털을 꺼내 보이면서 얼마 전에 독수리가 웬 처녀를 물어 가는 것을 보고 활을 쏘아서 그 날개를 맞혔는데, 그때 깃털이 떨어진 것을 간직하고 있었다고 말했다.

 왕은 늠름하고 씩씩한 만의 태도가 마음에 들었다. 왕은 대신에게 일러 두 친구에게 잘 달리는 말 두 필과 음식을 마련해 주게 했다.

 두 친구는 여러 날 동안 새를 찾아다니다가 어느 산기슭에 도착했다. 말이 지쳤으므로 그들은 말에서 내려 말을 쉬게 하고 마음대로 풀도 뜯게 했다.

 그런데 주위를 둘러보니 핏자국과 깃털이 군데군데 흩어져 있었다. 그들은 그 핏자국이 만이 쏜 활에 맞은 독수리의 핏자국인 것을 알았다. 핏자국을 따라가 보니 커다란 굴이 나왔다. 굴은 끝이 보이지 않을 정도로 깊었다.

 만은 콩에게 등나무를 잘라 오라고 해서는 그것을 엮어 광주리 모양의 탈것을 만들었다. 그리고 거기에 타고 굴 바닥으로 내려갔다. 콩은 굴 밖에서 지키고 섰다가 만이 줄을 흔들어 신호를 보내면 끌어올리기로 했다. 마침내 광주리가 바닥에 닿자 만은 광주리에서 내려 주변을 둘러보았다. 핏자국을 따라가 보니 독수리가 한구석에 누워 신음하고 있었다.

만은 지체하지 않고 활을 쏘았다. 독수리는 정통으로 가슴을 꿰뚫려 처참하게 죽었다. 이곳저곳 굴을 조사해 보니 웬 처녀가 구석에서 울고 있었다. 그때 독수리에게 잡혀 온 처녀였다. 만은 그 처녀를 광주리에 태워 올려 보냈다. 광주리를 타고 올라가기 전 처녀는 감사의 표시로 끼고 있던 반지를 빼서 만에게 주었다.

광주리를 끌어올린 콩은 아리따운 처녀를 보고 그만 마음이 동해서 만을 죽여 없애려고 광주리를 매단 줄을 잘라서 던져 버렸다. 그 후 콩은 처녀를 데리고 처녀의 나라로 돌아가서 자기가 독수리를 죽이고 처녀를 구해 왔다고 거짓으로 고했다. 알고 보니 처녀는 왕의 딸이었다. 왕은 약속대로 콩에게 상을 내리고 공주와 혼례를 치러 주겠다고 했다. 다만 지금은 공주가 몸이 안 좋으므로 며칠만 기다리라고 했다.

한편 광주리 대신 토막 난 광주리와 줄이 떨어지자, 만은 콩이 자기를 배반한 것을 알았다. 나갈 길을 찾기 위하여 굴을 샅샅이 조사하던 중 만은 작은 소년이 묶여 있는 것을 발견하고 그 소년을 풀어 주었다.

만이 물었다.

"너는 어디 사는 누구니?"

"저는 땅 밑 바단 왕국에 사는 낙[인도의 뱀 신 나가에서 유래한 상상의 뱀] 왕王의 아들이에요. 어느 날 독수리에게 물려 여기까지 오게 되었답니다."

두 사람은 힘을 합쳐 빠져나갈 방도를 찾기로 했다. 다행히 굴 밑 바닥으로 작은 시내가 흐르고 있어 따라가 보니 땅 밑 바단 왕국이 나왔다. 왕국에 도착한 소년은 부모에게 그 동안의 이야기를 들려 주었다.

낙 왕은 아들의 은인인 만에게 답례로 핀을 주었다. 그것은 실로 폰같이 생긴 악기로 연주하면 원하는 것을 이루어 주는 와자싯이 있었다. 만은 바단 왕국에 머물다가 낙 왕을 따라 지상으로 올라왔다. 낙 왕은 만을 공주가 살고 있는 나라로 데려다 주었다.

만은 성문에 이르러 수문장에게 말했다.

"친구인 만이 찾아왔다고 콩에게 알려라."

대신이 이 말을 콩에게 전하자 콩은 만이 아직 죽지 않았음을 알아차리고 대신에게 이렇게 명령했다.

"나는 만이라는 친구를 둔 적이 없다. 나를 모독한 그 만이라는 남자를 잡아서 옥에 가두어라."

대신은 콩의 명을 받들어 성문에서 기다리고 있는 만을 붙잡아 옥에 가두었다. 그날 밤 모두가 잠들어 있을 때 만은 창문 가까이 앉아 밝은 달빛 아래서 핀을 연주하기 시작했다. 잔잔하고 감미로운 악기 소리는 듣는 이의 가슴은 물론 동물들의 악한 마음까지도 가라앉혔다. 앓고 있던 공주도 그 소리를 듣자 씻은 듯이 병이 나아 자리를 털고 일어났다.

공주는 시녀를 시켜 핀을 연주하는 사람이 누구인지 알아오게 했다. 하지만 아무도 누가 연주하는지 몰랐다. 다만 알 수 있는 것은 그 소리가 감옥에서 들려온다는 것뿐이었다.

아침이 되자 공주는 아버지인 왕에게 밤새 핀을 연주한 자가 누구인지를 물으며, 그 음악 소리를 듣고 병이 다 나았다고 말했다.

왕은 즉시 감옥에 가서 어젯밤에 핀을 연주한 사람을 데리고 오라고 명했다. 만은 감옥에서 풀려나 왕 앞으로 불려갔다. 그런데 공주가 보니 그는 바로 동굴에서 자신을 구해 준 사람이 아닌가. 공주는 크게 기뻐하며 이 남자가 바로 독수리를 죽이고 자신을 굴에서 살려 준 은인이라고 왕에게 말했다. 이에 만은 증거로 공주가 준 반지를 내놓았다. 모든 사람들은 만이 공주를 구해 낸 진짜 은인이고, 콩이 천하의 거짓말쟁이라는 것을 알게 되었다.

자신의 거짓말이 들통 나자 콩은 밀림으로 도망갔다. 만은 자신의 활솜씨를 보여 주겠다며 왕에게 콩이 쓰고 있는 모자의 끝을 잘 보라고 했다. 그 말이 떨어지자마자 만은 활을 쏘았고, 그 화살은 정확하게 콩의 모자 끝을 잘라 냈다. 콩은 너무 놀라서 정신을 못 차렸다. 그 모습을 보고 만이 말했다.

"콩의 옷을 살펴보십시오. 제가 그의 옷자락을 앞에 있는 커다란 나무에 꽂아 놓겠습니다."

만이 쏜 화살은 곧장 날아가 콩의 옷자락을 큰 나무에 꽂아 놓았다. 콩은 나무에 붙들린 채 도망가지도 못하고 버둥거렸다. 왕은 만의 솜씨를 칭찬하고 콩을 잡아다 곤장 쉰 대를 치고 나라 밖으로 내쫓았다.

그 후 만과 공주는 혼례를 올리고 행복하게 살았다.

잔 노인의 운수

옛날 어느 두메산골에 잔이라는 이름의 사내아이가 살았다. 그런데 워낙 어리석고 고지식해서 종종 사람들의 놀림감이 되곤 했다.

그는 머리가 너무 우둔해서 쓸 만한 구석이라고는 눈을 씻고 봐도 없었다. 아들의 뼛속 깊숙이 박힌 우둔함 때문에 잔의 아버지는 고민이 이만저만이 아니었다. 만일 산골에 그냥 놔두었다가는 다 자라서도 똑똑한 사람의 희생물이 되어 이리저리 끌려다닐 게 뻔했다. 하지만 그에게도 장점이 하나 있었으니, 그것은 바로 한번 자신에게 은덕을 베푼 사람에게는 끝까지 충성을 다한다는 것이었다. 생각 끝에 아버지는 아들을 왕에게 바쳐 시종으로 일하게 했다.

잔은 젊어서 시종이 되어 늙을 때까지 왕실에서 일했다. 그러나 아무리 세월이 흘러도 우둔한 탓에 다른 관료와는 달리 벼슬이 오르거나 봉록을 더 받지 못했다. 고지식한 그가 왕궁에서 할 수 있는 일은 왕자 옆에 서서 간단한 시종을 드는 일뿐이었다. 그런 하찮은 일을 하면서도 늙도록 그 자리를 지킬 수 있었던 것은 오로지 변하지 않는 충성심 때문이었다. 왕자가 자라서 왕이 되었어도 그는 여전히 왕 제일 가까이에서 시중을 들었다. 왕이 된 왕자는 오랫동안 자신에게 충성을 바친 그의 벼슬을 높여 주고 싶었지만 마땅한 명분이 없었다.

'잔이 변함없이 우리 왕실을 위해 일을 하고 있는 점은 높이 살 만하다. 이 점에서 그는 단연 으뜸이다. 그러나 그는 어리석다. 그냥 어리석은 정도가 아니라 너무 우둔해서 답답할 지경이다. 그런데 어찌 사람들을 부리고 일을 시킨단 말인가? 만일 내가 그의 직책을 올려 준다면 지금 있는 자리에서 쫓아내는 것과 같다. 머지않아 그는 나를 오해할 것이고, 그것은 그를 벌하는 것과 다름없다. 그의 자리를 높여 주는 것은 내게도 그렇고 잔에게도 아무런 득이 안 된다.'

이런 생각으로 왕은 그를 그냥 그 자리에 두었다. 잔은 왕의 이러한 마음을 아는지 모르는지 조금도 불만을 나타내지 않고 묵묵히 맡은 일만 했다. 그는 위에서 남을 호령하고 부리는 것보다는 아래에서 시키는 일을 하는 것이 더 편하고 쉽다고 생각했다.

그러던 어느 날 왕은 그가 여느 날과 마찬가지로 옆에 엎드려 대기하고 있는 것을 보았다. 여태껏 그는 한 번도 결근한 적도, 꾀를 부리며 일을 게을리 한 적도 없었다. 어느새 그도 나이가 들어 흰머리가 희끗희끗했다. 하지만 그는 동료들과는 달리 하찮은 일을 하고 있어 받는 보수도 그다지 많지 않았다. 잔 나이의 신하들이 호화롭게 살고 있는 것을 생각하자 왕은 그가 측은해졌다.

왕은 그가 다른 신하들처럼 뇌물을 받을 줄 모른다는 것을 알고 있었다. 그래서 무엇인가 잔에게 주어서 생활도 윤택해지고 체면도 서게 해 주고 싶었다. 하지만 여러 귀족이나 신하들 앞에서 그에게 상을 줄 구실이나 공로를 찾을 수가 없었다. 자칫 아랫사람들로부터 공연히 잔만 편애한다는 소리를 들을 수 있었다.

며칠을 두고 곰곰이 생각한 끝에 묘안을 하나 떠올린 왕은 부엌에서 일하는 하인에게 수박 한 통을 큰 것으로 골라 통째로 바치라고 명령했다. 부엌 하인은 크고 맛있어 보이는 수박을 한 통 대령했다. 왕은 아무도 모르게 수박의 꼭지 부분을 따서 뚜껑처럼 만든 다음 그리로 속살을 모두 파냈다. 그리고 그 안에 반지와 금은보화를 넣고 뚜껑을 덮은 후 잔을 찾았다. 잔은 여전히 엎드린 채 명령이 떨어지기만 기다리고 있었다. 왕이 말했다.

"잔은 들어라."

잔이 꾸벅 절을 하며 말했다.

"대령하고 있습니다. 명령만 내리십시오."

"짐이 수박을 한 통 네게 내리려고 하는데, 수박을 먹어 본 적이 있느냐?"

"예, 있습니다."

"그렇구먼. 먹었을 테지. 하지만 내가 주려는 이 수박은 보통 수박과 달리 즙도 많고 육질이 단단할 거야. 아마 이런 수박은 먹어 본 적이 없을걸."

"그렇습니다."

"그럼 이것을 가지고 집에 가도록 해라. 이렇게 큰 수박을 혼자 다 먹을 수 있겠느냐?"

"정말 수박이 큽니다. 이렇게 큰 수박은 아마······."

"응, 다 먹을 수 없다고?"

잔을 상대로 얘기하는 것이 재미있어서 왕은 계속 질문을 던졌다.

"내가 생각해도 혼자서는 다 못 먹을 것 같아. 그러니 집에 가지고 가서 식구들과 먹으면 되겠구먼."

　잔은 왕이 내리는 수박을 받아 들었다. 왕이 하루 일과를 끝내고 내전으로 들자 신하들도 하나 둘 흩어져서 집으로 돌아갔다. 잔은 수박을 가슴에 안고 기뻐하며 집으로 갔다. 어리석은 잔은 그 수박이 보통 수박보다 무겁다든가 칼로 오린 자국이 있다든가 하는 것을 조금도 보지 못했다. 왕궁 문을 지날 때 잔은 한 병사가 졸고 있는 것을 보았다. 초췌해 보이는 병사를 보고 안되었다는 생각이 들어 그 이유를 물으니, 병사는 시골에서 불려와 왕궁을 지키다가 실수를 저질러서 벌을 받고 있는 중이며, 어젯밤부터 한잠도 못 자고 먹지도 못한 채 보초를 서고 있다고 했다. 졸린 것은 어찌어찌 참을 수 있겠는데 배고픈 것은 정말 참기 어렵다고 했다. 마침 잔 노인이 들고 있는 수박을 본 병사는 더욱더 허기를 느꼈고 뱃속에서 꼬르륵 소리가 났다.

　"영감님, 영감님……. 여기 좀 보세요."
　"왜? 무슨 일인데 나를 부르나?"
　잔이 의아해서 돌아보며 물었다.
　"제가 몹시 배가 고파서 그러는데……. 어젯밤부터 아무것도 먹지 못했습니다. 정말 배가 고픕니다. 들고 계신 수박을 조금만 제게 주실 수 없는지요?"
　병사는 기어 들어가는 목소리로 말했다.
　"그렇게 배가 고프단 말이지? 그럼, 그렇게 하게. 이게 없어도 우리 집은 괜찮네. 사서 먹으면 되니까."
　잔은 선선히 대답했다.
　"백골난망입니다. 정말 고맙습니다."
　병사는 합장한 손을 머리 위까지 올려 감사의 뜻을 표했다.[1]

"가져가서 먹게. 이 수박을 통째로 주겠네."

이렇게 해서 수박은 병사에게 넘어갔다. 어마어마한 금은보화를 받을 수 있는 행운도 병사에게 가고 말았다.

다음 날 잔은 출근해서 여느 때와 다름없이 엎드려 있었다. 하루 일과가 끝난 후 왕은 잔에게 물었다.

"그래 맛있던가? 어제 내가 준 수박 맛이 좋던가?"

잔이 대답했다.

"죽을죄를 지었으니 용서해 주십시오."

"무엇을 용서하라는 말인가, 잔?"

왕이 기분 좋은 어조로 되물었다.

"실은 어제 수박을 안고 왕궁 문을 나서다가 한 병사가 배가 고프다며 달라고 하기에 주었습니다. 그 병사는 이틀이나 굶었다고 했습니다. 소인에게 벌을 내려 주시기 바랍니다."

이 말을 들은 왕은 한동안 멍하니 앉아 있다가 속으로 생각했다.

'잔은 나이가 들었어도 앞뒤를 살피지 못하는구나. 그래서 자기가 들고 있는 수박이 여느 수박과 다른 것을 몰랐던 거야. 조금만 수박을 주의 깊게 살폈어도 단번에 알 수 있는 것을……'

어리석은 잔을 보며 왕은 더더욱 측은한 생각이 들었다. 왕은 잔이 그날은 재물운이 없었나 보다고 생각했다.

얼마 후에 왕은 다시 수박을 하나 가지고 오라고 부엌에 시켰다. 이번에는 수박 속을 반만 파서 금과 은을 채워 넣고 전과 같이 봉했다. 왕은 잔을 불러 말했다.

"잔, 내가 수박 한 통을 준 적이 있지? 그때 자넨 엉뚱하게 병사에게 주어 버렸어. 오늘 내가 수박 한 통을 다시 줄 테니 가져가 먹도록 하게. 만일 누구든 수박을 달라고 하면 통째로 주지 말고 반만 주게. 절대로 다 주면 안 되네!"

왕이 반만 주라고 이른 것은, 지난번에 수박을 먹은 병사가 이번에도 수박을 달라고 할 것이고, 그러면 마음이 약한 잔이 그냥 지나치지 못할 것이기 때문이었다. 왕이 반만 주라고 단단히 일렀으니 반만 주려고 수박을 가르다 보면 그 속에 든 금이 나올 것이고, 그러면 잔도 눈으로 본 이상 가만있지는 않을 것이었다.

그날도 잔은 수박이 좀 무겁다고 생각할 뿐 별다른 의심을 품지는 않았다.

'아니, 이 수박은 이렇게 무겁지? 열두 살 된 아이만큼이나 무겁네. 임금님이 주신 것만 아니라면 당장이라도 길바닥에 내동댕이칠 텐데······.'

잔이 이런 생각을 하며 왕궁의 문에 왔을 때 그 병사를 또 만났다. 그는 잔이 무거워 보이는 수박을 들고 있는 것을 보고 또다시 재물을 얻을 수 있을 거라는 생각에 반색을 했다. 병사는 일부러 기운이 없는 것처럼 자리에 주저앉아 가느다란 목소리로 인사했다.

"할아버지, 저를 불쌍하게 여겨 주세요. 제 상관이 절보고 또 문을 지키라고 했어요. 상관은 급하게 어디를 가는지 저만 여기 데려다 놓고 아직까지 음식을 주지 않아 배가 고파 죽겠어요. 이곳에 시골에서 올라올 때 가지고 온 쌀도 다 바닥난 지 오래고, 나가서 동냥이라도 해서 먹으려 해도 보초를 온종일 서야 하기 때문에 나갈 수도 없어요. 그 수박을 주시면 허기를 좀 면할 수 있을 텐데."

"그래? 수박을 달란 말이지? 이번에는 안 되겠네. 이 수박은 왕이 주신 것인데 반드시 집에 가지고 가서 먹으라고 하셨거든. 그러나 반은 줄 수 있다네. 누가 달라면 반은 줘도 된다고 하셨거든. 내가 반만 주지. 통째로는 줄 수 없네."

"반 통으로는 허기를 채울 수가 없어요, 할아버지. 그냥 통째로 주세요."

"안 돼! 그렇게 배가 고프다니 반만 줌세. 가서 칼을 가지고 오게. 내가 잘라 줄 테니."

칼을 받아 든 잔은 갑자기 병사가 측은하다는 생각이 들었다. 그렇게 배가 고프다면 수박 반 통으로는 허기를 채울 수 없을 게 뻔했다. 그래서 잔은 수박을 정확하게 반을 가르지 못하고 한쪽으로 치우쳐서 길게 갈랐다. 그리고 큰 쪽을 병사에게 주었다. 병사가 가진 쪽에 왕이 내린 재물이 들어 있었음은 물론이다.

다음 날 아침 잔이 어전에 들었을 때 왕이 어제의 수박에 대해 물었다.

"어떤가, 잔. 내가 준 수박이 맛있던가? 다 먹었나?"

"다 먹었습니다. 성은이 망극할 따름입니다."

잔이 감사의 인사를 올렸다.

"수박을 통째로 다 먹었나?"

거짓말을 할 줄 모르는 잔은 곧이곧대로 고했다.

"아닙니다. 그 병사가 달라고 해서 그에게 주고 저는 아주 조금만 먹었습니다."

잔의 말을 들은 왕은 그 병사가 또다시 재물을 가로챘다는 것을 알았다.

'잔은 정말 고지식하고 재물운이 없군. 내가 두 번씩이나 재물을 주었는데 제 손으로 들고 나가다가 남에게 주어 남 좋은 일만 시키니······. 내가 아무리 재물을 준다 해도 잔에게는 돌아가지 않겠군.'

그때부터 왕은 잔에게 아무 선물도 주지 않았다. 세월이 흘러 왕이 세상을 떠나고 그의 아들인 왕자가 왕위에 올랐다. 새로 왕이 즉

위하자 잔 노인은 이제 그만 자리에서 물러나 쉬고 싶다고 말했다. 새 왕은 잔의 청을 거절하지 않고 뜻대로 하도록 허락했다.

사직한 후 시골에 내려간 잔은 있는 재산을 다 팔아 늙은 소 한 마리를 사서 농사를 시작했다. 일을 할 때는 소 한 마리로는 부족해서 이웃 사람의 젊은 소를 빌렸다.

고지식한 잔 노인은 아침에 소를 빌려서 일을 하고 저녁이면 돌려주었다. 이웃 사람들은 잔 노인이 고지식하고 정직하다는 것을 알고 늘 측은하게 생각하고 있었으므로 기꺼이 소를 빌려 주었다.

그러던 어느 날 잔 노인은 일을 끝내고 돌아와 자기 소를 외양간에 넣은 후 빌려 온 소를 끌고 이웃집으로 갔다. 마침 소 주인은 식사를 하고 있었다. 식사를 하고 있는 소 주인을 불러 소를 돌려주는 것은 예의에 어긋난다고 생각한 잔 노인은 주인 집 층계 기둥에 소를 묶어 두고는 아무 말 없이 집으로 돌아왔다.

그런데 잔이 집으로 돌아간 뒤 주인이 식사를 하느라 밖을 내다볼 수 없는 틈을 노리고 소도둑이 들어와 소를 훔쳐 달아났다. 소 주인이 식사를 마치고 나서 소를 외양간에 넣으려고 나와 보니 소는 간 곳이 없었다.

소 주인은 이장을 찾아가 소를 잃어버렸다고 말했다.

"이장 어른! 잔 노인이 제 소를 빌려다가 쓰고 제 집 층계 기둥에 소를 매어 놓고는 말도 없이 그냥 갔습니다. 그런데 제가 밥 먹는 사이에 도둑이 와서 소를 훔쳐갔습니다. 그러니 잔 노인에게 제 소 값을 물어내게 해 주십시오. 제 소는 잔 노인의 소보다 두 배 이상 비쌉니다."

이장은 그 말을 듣고 아침밥도 먹기 전에 잔 노인의 집으로 가서 같이 재판을 받으러 가자고 했다. 재판소로 가는 동안 잔은 우울했다. 그리고 서글펐다.

'오! 부처님도 무심하시지! 나는 어려서 늙을 때까지 관직에 있었고 그 동안 뇌물을 받지도 남의 물건에 욕심을 내지도 않았어. 벼슬자리에서 물러나 조용하게 살려고 했는데 이런 일이 일어나다니 이건 업보인가 보다. 내 소를 주고 일을 해결할 수 있으면 좋을 텐데 내 소는 그 집 소보다 싸니……. 내가 모시던 왕이 살아 계시다면 좋으련만.'

걸어가다 보니 어느새 해가 중천에 떴다. 아침도 못 먹고 따라온 잔은 허기를 느꼈다. 마침 옛날 벼슬자리에 있던 시절에 알던 친구의 집을 지나가게 되었다.

잔 노인은 이장에게 말했다.

"여보시오, 이장 어른. 저기 친구 집이 있는데 잠깐 들러 밥을 얻어먹고 가게 해 주실 수 있는지요. 제가 몹시 허기가 져서 걸을 수가 없군요."

이장은 그를 딱하게 여겨 허락했다. 그런데 마침 집 안에는 친구는 없고 만삭이 된 그의 아내만 혼자 있었다. 잔은 친구 부인을 붙잡고 하소연했다.

"새벽부터 아무것도 먹지 못했습니다. 배가 고파서 그러니 먹을 것을 좀 주십시오."

친구의 부인은 잔이 불쌍한 생각이 들어 얼른 밥을 차려 주려고 서둘렀다. 그런데 키가 작은 부인이 부엌 시렁 위에 둔 절인 생선을 꺼내려고 작은 걸상을 딛고 올라서다가 걸상이 나동그라지는 바람에 배를 심하게 부딪치고 말았다.

바로 그 순간에 잔의 친구가 돌아왔다. 친구는 잔에게 먹을 것을 주려다가 자기 아내에게 그런 끔찍한 일이 일어난 것을 알고는 화를 냈다.

　친구는 이장을 찾아가 잔이 출산이 가까운 자기 아내에게 밥을 가져오라고 강요하는 바람에 아내가 유산했다고 말했다. 그래서 그도 이장과 함께 재판소로 가게 되었다. 영문을 모르는 잔은 멍하니 그들이 하는 대로 내버려 두었다. 잔의 업보는 아직도 끝나지 않았던 것이다.

　사건이 두 번이나 연달아 일어나자 잔의 얼굴은 창백해졌고 눈도 침침해지는 것 같았다. 이제 일이 굴러가는 대로 맡기는 수밖에 없었다. 변명해 봤자 아무 소용 없을 것 같았다.

　결국 그는 이렇게 고통을 받고 사느니 죽는 게 낫다고 마음을 먹었다. 가다가 일행은 높고 가파른 산에 도착했다.

　잔이 이장에게 말했다.

　"이장 어른, 잠깐 쉬고 볼일 좀 보았으면 합니다. 뱃속이 요동을 치고 머리도 아프네요."

　이장은 선선히 그러라고 했다. 이장과 친구가 산기슭에 앉아서 쉬는 동안 잔은 가파른 등성이를 기어 올라가 죽을 작정으로 절벽에서 뛰어내렸다.

　그러나 잔의 업보는 아직 끝나지 않은 모양이었다. 그때 절벽 밑에서는 아버지와 아들이 나무를 하고 있었다. 절벽에서 떨어진 잔은 어처구니없게 아버지의 머리 위에 떨어졌고, 아버지는 목이 부러져 죽고 말았다. 반면에 잔은 신기할 정도로 멀쩡했다. 아들은 잔에게 화를 내며 잔이 일부러 떨어져 아버지를 죽였다고 했다. 일이 자꾸 나쁘게만 돌아가자 잔은 답답하기만 했다.

　"내 말을 들어 보오, 젊은이. 내가 왜 당신 아버지를 죽이겠소? 사실 난 죽고 싶어서 떨어진 거라오. 난 지금 어떻게 할 수 없는 고통 속에 있다오. 소가 없어지고, 친구는 내가 자기 아내를 다치게 했다고 하고……. 내 입장을 좀 봐 주오."

아무리 잔이 설명하고 애원해도 나무꾼의 아들은 듣지 않고 재판을 해서 이치를 따지자고 우겨 댔다. 결국 그도 이장 일행에 끼어 재판을 하러 가게 되었다. 그것이 잔의 운명이었다.

이장과 잔의 친구, 나무꾼, 그리고 잔은 다시금 길을 떠났다. 그들이 한 줄로 길게 줄을 서서 가니 그 줄이 제법 길었다.

어디에 가건 사람들이 몰려와 그 사연을 캐물었다. 사정 이야기를 들은 사람들은 잔을 측은하게 생각하고 동정했다. 그리고 먹을 것을 가져다 잔에게 주었다. 덕분에 잔은 배는 채웠지만 걱정 근심으로 표정은 어두웠고 정신 나간 사람처럼 비틀대며 걸었다. 머릿속은 재판 받을 일로 가득 차 있었다.

마침내 일행은 재판소가 있는 성 가까이 도착했다. 일행은 어두워지기 전에 성 안에 들어가려고 서둘러 걸었다. 마침 왕이 애지중지하는 말 한 마리가 지나가다가 잔을 알아보고 반가워하며 다가왔다. 왕궁에서 일할 때 잔이 다정하게 대해 주었던 말이었다.

그때 왕의 말을 돌보는 신하가 다급하게 소리치며 애원했다.

"잔 노인, 잔 노인, 그 말을 진정시켜 주세요. 그 말은 마구간에서 도망 나왔어요."

잔은 인정이 많은 사람이었다. 다른 사람이 어려운 지경에 처하면 도와주지 않고는 못 배기는 성미였다. 잔 노인은 자신이 어려운 지경에 처한 것도 잊고 그 사람을 도와주려고 커다란 돌을 집어 들어 던졌다. 말이 겁을 먹고 성 안으로 도로 들어가게 할 생각이었다. 추호도 다른 생각은 없었다. 그러나 잔의 운명은 아직 그에게 가혹했다. 그 돌은 말의 눈에 명중해서 말을 그 자리에 쓰러뜨렸던 것이다. 겁이 난 관리들은 잔 노인이 일부러 돌을 던져서 말의 눈을 멀게 했다며 잔에게 죄를 뒤집어씌웠다.

상황이 이렇게 되자 잔은 거의 넋이 나갔다. 허탈해진 잔 노인은 맨 뒤에 처져서 간신히 따라가고 있었다. 일행이 커다란 나무가 있는 곳에 이르렀을 때 잔은 하얀 옷을 차려입은 나이 든 수행자를 만났다. 수행자가 잔에게 와서 물었다.

"오, 친구 잔이여."

"예? 어떻게 저를 아십니까?"

잔이 쉰 목소리로 물었다.

"알고말고. 그러나 지금은 그 이유를 말하지 않겠네. 내 말을 잘 듣게, 자. 내가 자네에게 한마디 일러 줄 테니."

"무슨 말씀이신가요?"

"저기 흰개미 탑이 보이나?"

흰개미 탑을 가리키며 수행자가 물었다.

"보입니다만, 왜 그러시죠?"

"저 흰개미 탑 속에 낙 왕이 있다네."

"저를 고소하려고 하십니까?"

"아닐세. 내가 왜 없는 말을 하겠나? 내 말을 듣는 게 좋네. 낙 왕은 배가 고프면 흰개미 탑에서 나와 먹이를 찾아서 먹고 도로 들어가는데, 덩치가 너무 커서 탑을 나올 때는 어려움도 많고 시간도 오래 걸리지. 그런데 이상하게도 먹이를 먹고 배가 부르면 아주 쉽게 그 구멍에 들어가더란 말이야."

"정말 이상하군요. 배가 부르면 응당 그 구멍이 좁아져서 들어가기 더 어려워져야 할 텐데요."

잔이 중얼거렸다.

"그래, 그게 바로 수수께끼지. 내가 그 답을 알려 줄 테니 가서 왕을 만나게. 왕은 분명히 그 수수께끼를 낼 걸세."

잔이 뭐라고 하기도 전에 수행자의 모습은 잔의 눈앞에서 사라졌다. 잔은 멍하니 서서 사방을 두리번거리다가 이장의 뒤를 느릿느릿 따라갔다.

일행이 성 안에 들어갔을 때는 이미 해가 져서 캄캄했다. 그들은 날이 밝을 때까지 하룻밤을 기다려야 했다. 날이 밝자 이장은 네 명의 고소인을 데리고 성 한가운데에 있는 재판소로 갔다.

삼장에 통달한^{지혜롭고 공정하다는 뜻} 왕이 재판을 맡아서 네 명의 하소연을 찬찬히 듣고 나서 사건을 심의하기 시작했다. 그들은 이처럼 괴이한 사건은 처음이니 신중하게 판결을 내리되, 법에 너무 의존하지 말고 인간의 삶과 부처님의 뜻을 따르기로 했다. 양쪽의 의견을 자세히 듣고 난 뒤 이윽고 왕이 판결을 내렸다.

"첫 번째 사건에서 잔은 소를 고소인에게 돌려주었다. 고소인도 그가 소를 매어 두는 것을 보았다고 했다. 사건의 정황을 살펴본 결과 잔이 소를 돌려준 것은 확실하다. 실수가 있다면 고소인이 즉시 소를 외양간에 묶어 두지 않은 것과 잔이 고소인에게 소를 가져왔다는 말을 하지 않은 것이다. 잔이 고소인의 소를 빌려간 것은 개인적인 용무 때문이었으므로 잔은 고소인에게 소 값을 반만 물어주면 된다. 이 판결에 대해 고소인은 어떻게 생각하는가?"

그곳에 있는 사람들은 모두 입을 다물고 이의를 제의하지 않았다. 왕의 판결이 옳았기 때문이다. 사람들이 잠자코 있는 것을 본 왕은 계속 말을 이었다.

"두 번째 사건은 잔이 고소인의 부인을 유산시킨 사건인데, 사실 잔은 배가 고파서 먹을 것을 달라고 했을 뿐 고소인의 부인에게 강요하지 않았다. 높은 곳에 있는 반찬을 달라고도 하지 않았다. 높은 곳에 있는 반찬을 꺼내기 위해 발밑에 걸상을 받치는 것은 보통 사람이면 다 그렇게 하는 행동이다. 그러므로 그 가슴 아픈 사건이 일어난 것은 오로지 고소인 부인의 실수가 원인이다. 이 사건에서 잔은 아무 잘못이 없다."

왕이 잠깐 숨을 돌리며 이의가 있느냐고 물었으나 아무도 반대하지 않았다. 왕이 계속 말했다.

"세 번째 사건은 잔이 의도적으로 고소인의 아버지를 죽인 사건이다. 그러나 사실은 고소인의 생각과 다르다. 잔은 고소인의 아버지를 죽이려 하지 않았다. 단지 자살할 생각으로 절벽에서 떨어진 것이다. 굳이 잘못을 따진다면 떨어지기 전에 그 밑에 누가 있는지 살피지 않은 것이다. 그러나 자살하려는 사람에게 앞뒤 따질 여유가 없는 것은 인지상정이 아닌가? 그러므로 잔은 고소인 아버지의 영혼을 위로하고 화장하는 데 필요한 장례비를 지불하도록 하라."

재판정을 조용했다. 그래서 모두 판결을 받아들인 것으로 인정하고 왕은 네 번째 사건에 들어갔다.

"마지막 사건은 잔이 돌을 던져 내 말의 눈을 멀게 한 죄인데, 잔은 말을 해치려는 생각에서 돌을 던진 것이 아니다. 말은 나라의 말이고, 나는 그 죄를 용서한다."

잔은 엎드려 세 번 절하며 왕에게 경의를 표했다. 그의 두 눈에서 주르르 감사의 눈물이 흘렀다.

"이 사건의 피고인인 잔은 왕궁에서 오랫동안 부왕의 시중을 들었던 사람으로 공로가 많다. 그러니 짐이 잔을 대신하여 첫째 고소인과 셋째 고소인에게 보상을 하겠노라."

고소인들은 모두 왕의 판결에 만족하여 집으로 돌아갔다. 왕의 공정한 심판과 자신을 위하는 마음을 깨달은 잔은 몇 번이고 왕에게 절을 했다. 그리고 적당한 기회가 되자 하얀 옷의 수행자가 일러준 수수께끼를 말했다. 왕은 그 말을 듣고 한참 생각한 후에 많은 사람이 있는 곳에서 수수께끼의 답을 말하는 것은 적절하지 않다고 판단하고 잔을 안으로 불러들였다.

"흰개미 탑에 낙 왕이 있다는 말은 사실이 아니다. 단지 수수께끼일 뿐이지. 그 흰개미 탑 속에는 보물이 묻혀 있다. 낙 왕은 그 보물을 지키고 있는 것이고. 낙 왕이 먹이를 찾으러 나올 때는 보물이 걱정이 되어 마치 구멍이 작아서 나오기 힘들기라도 한 것처럼 천천히 나오고 먹이를 먹은 다음에는 보물이 걱정이 되어 서둘러 미끄러지듯이 들어가는 것이다. 그래서 이상하게 보이는 것이다. 그러니 어서 가서 흰개미 탑을 부수고 보물을 갖도록 해라."

잔은 왕에게 감사의 인사를 올리고 흰개미 탑으로 가서 땅을 파 보았다. 과연 땅 밑에는 어마어마한 금은보화가 묻혀 있었다. 잔은 그 보물로 부자가 되어 행복하게 잘 살았다.

● ── 주

1 보통은 코나 눈의 높이까지 합장하며 인사를 하며, 대단히 감사하거나 두려운 존재 앞에서는 손이 이마나 머리 위로 올라간다.

프라야 콩 프라야 판

 옛날에 나컨시위차이 왕국을 다스리던 시카랏 왕이 죽고 아들 프라야 콩'프라야'는 고대에 왕이나 그에 버금가는 실력자에게 붙이는 칭호이 왕위를 계승하게 되었다. 그 후 프라야 콩의 왕비에게 태기가 있어 달이 차서 아들을 낳았다. 그런데 왕실 점성가들이 금 쟁반을 들고 왕자를 받다가 불행하게도 쟁반 가장자리에 아이의 이마가 부딪쳐 상처가 나고 말았다. 프라야 콩 왕은 왕실 점성가에게 아이의 운세를 풀어 보라고 했다. 점성가들은 왕자는 자라서 큰 왕이 되겠지만 아버지를 살해할 운명이라고 말했다. 왕은 큰 슬픔에 빠졌으나 하는 수 없이 왕자를 성 밖 대숲에 내다 버리라고 했다.
 다행히 왕자는 죽을 운수가 아니었는지 우연히 대숲 부근에 사는 험 노파의 눈에 띄었다. 아이가 없던 노파는 왕자가 불쌍하기도 하고 귀엽기도 해서 주워다 양자로 길렀다. 아이는 쟁반에 담겨 있었다 해서 판쟁반이라고 불렸다.
 그 후 세월이 지나 판도 열다섯 살 청년이 되었다. 판은 세상을 여행하며 경험을 쌓고 싶어서 노파에게 그 뜻을 말했다. 노파는 판의 뜻을 꺾을 수 없음을 알고 가도록 허락했다.

판은 친구들과 함께 북쪽으로 떠났다. 이곳저곳 머물며 글도 배우고 하다가 수코타이에 있는 왓야이 스님 거처에 머물며 공부를 했다. 스무 살이 되자 출가하여 두 해 동안 수행하고 환속하였다. 출가한 사람에게는 이름 앞에 '팃' 이라는 존칭을 붙이는 풍습에 따라 사람들은 그를 팃 판이라고 불렀다.

하루는 수코타이 왕이 남쪽에서 흘러 내려오는 금 쟁반을 건지는 꿈을 꾸고 이상한 생각이 들어 점성가에게 해몽을 하라고 했다. 점성가는 훗날 나라를 다스릴 위대한 사람을 얻을 꿈이라 했다.

그런 일이 있은 지 얼마 안 있어 팃 판은 미쳐 날뛰는 코끼리를 만났다. 커다란 코끼리가 흥분하여 이리저리 날뛰며 날카로운 상아로 사람들을 해쳤는데 유능한 코끼리 조련사도 어쩌지 못하고 있었다. 그때 팃 판이 코끼리에게 다가가 상아를 잡아 땅에 대고 일어나지 못하게 눌렀다. 마구 발버둥치던 코끼리는 기운이 다 빠지고 나서야 순순히 말을 들었다. 왕실 조련사들이 코끼리에게 달려들어 사슬을 씌워 왕궁에 데려가서는 이 사실을 왕에게 아뢰었다. 당시에는 왕이나 왕족처럼 지체가 높은 사람들만 코끼리를 탔기 때문에 코끼리를 얼마나 많이 가지고 있느냐에 따라 그 사람의 부유한 정도를 가늠했다. 그만큼 코끼리는 소중한 동물이었다.

팃 판의 신통한 능력에 대한 이야기를 들은 수코타이 왕은 그를 불러 집안 내력을 물었다. 팃 판은 부모는 모르며 험이라는 노파의 손에 자랐다고 대답했다.

왕은 팃 판의 모습이나 태도로 보아 평민의 자제가 아닌 것이 분명하다고 여겨 수코타이 왕국에서 벼슬을 내렸다. 팃 판도 성실하게 수코타이 왕을 섬겼다. 얼마 후 전쟁이 일어나자 그는 전쟁에 나가 공을 세워 벼슬이 프라야 판까지 올랐고 다음 왕위 계승자로 임명되었다.

그러던 어느 날 프라야 판은 수코타이 왕국의 적국인 나컨시위차이 왕국을 공격하라는 명을 받았다.

프라야 판이 프라야 콩 왕의 성을 포위하고 도전장을 보내자 프라야 콩 왕은 나가서 맞서 싸우기로 결심했다. 그런데 전투 채비를 갖추는 동안 이곳저곳에서 불길한 징조가 나타나더니 왕이 성을 나오는 순간 커다란 보리수 가지가 부러져 떨어지는 바람에 병사들이 죽는 사고가 일어났다. 왕은 심기가 불편했다.

마침내 프라야 콩과 프라야 판의 결전이 벌어졌다. 둘이 탄 코끼리가 맞부딪뜨리는 순간 프라야 콩이 창을 휘둘렀지만, 프라야 판이 날쌔게 피하는 바람에 머리에 썼던 투구만 건드렸다. 그때 프라야 콩 왕은 프라야 판의 이마에 난 상처를 보고 옛날 일을 떠올리게 되었다. 그 틈을 타서 프라야 판이 그의 목을 내리쳤다. 왕이 죽자 프라야 콩의 병사들은 우왕좌왕하다가 전투에 패하였다.

승리한 프라야 판은 나컨시위차이를 수코타이의 속국으로 선언하고 왕국으로 들어가 왕비와 후궁들이 살고 있는 내전으로 갔다. 내전을 지키던 수호신은 망측한 일이 일어나는 것을 막기 위하여 어미 고양이와 새끼 고양이로 변신하여 문 앞을 가로막고 누워 있었다. 프라야 판이 고양이 두 마리를 개의치 않고 그냥 지나가려고 하자 새끼 고양이가 어미 고양이에게 말했다.

"저 장수는 우리가 은혜를 모르는 동물이라고 생각하고 그냥 넘어가나 봐요."

어미 고양이가 대답했다.

"저 장수가 자기 친어머니도 유혹하려는데 하물며 우리 같은 미물이야 안중에나 있겠니?"

고양이들의 대화를 들은 프라야 판은 괴이하게 생각하고 기도를 올렸다.

"만일 프라야 콩의 왕비가 내 어머니라면 내 젖에서 젖이 나오게 하소서."

그러자 정말 그렇게 되었다.

왕비는 프라야 판의 이마에 난 상처를 보고 출산할 때 금쟁반에 부딪쳐 생긴 상처임을 알아보았다. 왕비는 전후 사정을 아들에게 들려주었고, 프라야 판은 아무것도 모르고 친아버지를 살해한 일이 부끄럽고 창피해서 가슴이 터질 정도로 슬피 울었다. 그리고 자신의 출생에 대해 한마디도 말해 주지 않은 노파에 대하여 분노를 느끼고 신하에게 노파를 죽이라고 명했다.

그 후에도 프라야 판은 두 번씩이나 인간의 도리를 저버렸다는 자책에 빠져 마음이 편치 않았다. 아버지를 죽인 데다 핏덩어리 때부터 자신을 키워 준 노파의 은공을 배신한 죄까지 지은 것이다. 프라야 판은 신하들과 상의한 끝에 속죄의 뜻을 담아 하늘에 닿을 만큼 높은 탑을 세웠다. 그 탑이 바로 오늘날 방콕 남쪽의 도시 나컨 파톰에 있는 프라파톰제디이다.

●──주

1 힌두 문화권에 속하는 태국에는 왕실에서 점성가를 시켜 나라의 운세를 점치고 꿈을 해몽하게 하고 길일을 잡는 풍습이 있는데, 브라만들이 주로 이 일을 맡아서 한다.

사이남풍 왕자와 서이덕막 공주

　아주 오랜 옛날 중국에 막¹ 한 그루가 있었다. 그 꼬투리 속에서 아이 하나가 태어났다. 중국 왕은 그 아이를 양녀로 삼고 이름을 서이덕막이라고 지었다. 서이덕막은 어여쁜 소녀로 자라났다.
　어느 날 중국 왕이 서이덕막의 평생 사주를 보도록 했는데, 점성가는 그녀가 자라서 한 나라의 왕비가 될 운명이라고 예언하면서 그녀의 짝이 될 왕은 매우 복이 많은 사람으로 서쪽 태국에 있다고 했다. 이 말을 들은 왕은 매우 기뻐했다.
　한편 태국에서는 나라를 다스릴 왕이 태자를 남기지 않고 세상을 떠나 백성들의 근심이 태산같았다. 그래서 대신들과 브라만²들은 다음 왕을 정해 달라고 신에게 제사를 지내면서 수완나홍 엑가차이_{승리의 봉황}라는 이름의 배를 바다에 띄워 보낼 테니 왕을 모셔 올 수 있게 해 달라고 빌었다.
　이윽고 정한 날이 되어 수완나홍 엑가차이가 바다로 나갔다. 망망대해를 떠돌던 배는 물소를 치는 목동들이 놀고 있는 강둑에 이

르더니 더 이상 움직이지 않았다. 아무리 병사들을 시켜 바다로 밀어 보내려 해도 꼼짝도 하지 않았다. 시종과 대신들은 이 일이 무언가 영험한 일이 일어날 징조라고 여겼다. 그래서 대신들은 행여나 하는 기대를 품고 바닷가에서 놀고 있는 목동들에게 다가가서 이것저것 물어보았다. 그런데 그 중에 유난히 또박또박 대답을 잘하는 영리한 소년이 있었다. 대신들은 이 소년이 똑똑할 뿐만 아니라 겸손하고 예의도 바른 것을 알게 되었다. 소년은 지체 높은 어른들과 이야기할 때에도 당황하는 기색 없이 당당하고 의젓했다. 대신들은 그 소년을 태국의 왕으로 추대하는 것이 신의 뜻이라고 생각하게 되었고, 이리하여 바닷가 소년은 하루아침에 태국의 왕이 되었다. 소년 왕은 나라를 잘 다스려서 백성들이 모두 걱정 근심 없이 잘 살았다.

    그러던 어느 날 왕은 신하들을 거느리고 물놀이를 나갔다. 왕이 탄 배는 강가의 절 가까이 이르렀으나 마침 밀물 때여서 육지에 댈 수가 없었다. 왕은 법당 서까래에 벌집이 있는 것을 보고 마음속으로 기도했다.

    "나라의 안위와 백성들의 평안을 위하여 부처님께 기도하러 왔습니다. 부디 꿀이 흘러내려 이 배가 사원의 담에 바짝 닿도록 해 주십시오."

    그러자 조그만 벌집에서 산처럼 강처럼 꿀이 흘러나왔다. 덕분에 신하들은 쉽게 배를 댈 수 있었다. 배가 닿자 왕은 육지에 올라 부처님께 절을 하고 허리에 둘렀던 띠를 풀어 부처님께 바쳤다. 기도를 마친 왕이 다시 배를 타자 배는 순조롭게 사원 벽에서 물러나 강으로 나갔다. 이 모습을 보고 그곳에 있던 모든 승려와 높고 낮은 신하들은 축하의 말을 아끼지 않았고 왕에게 사이남풍 '사이'는 줄 또는 선.

이라는 이름을 바쳤다. ('남풍'은 꿀의 뜻)

썰물 때가 되자 사이남풍 왕은 대신들에게 수도인 아유타야로 돌아가서 나랏일을 하라고 명했다. 그리고 그 자신은 배를 타고 사원들을 찾아다니며 백성의 안녕을 기도했다. 그렇게 이곳저곳을 여행하다가 마침내 중국까지 가게 되었다.

중국인들은 사이남풍 일행을 경이로운 눈으로 바라보며 이 태국 왕은 매우 덕이 높은 사람이라고 생각했다. 왜냐하면 그 당시에 태국에서 중국까지 먼 길을 여행하는 것은 아무나 할 수 있는 일이 아니었기 때문이다. 중국 왕은 대신들을 시켜 태국에서 온 사이남풍 왕이 소문대로 덕이 높은 사람인지 아닌지를 넌지시 알아보도록 했다. 그래서 중국 대신은 일부러 사이남풍 왕을 온갖 위험이 도사리고 있는 곳에 머물도록 했다. 그리고 밤이 되자 부하를 시켜 태국 왕의 동태를 살피게 했다. 태국 왕의 처소에서는 흥겨운 음악 소리만 들려올 뿐 별다른 낌새가 없었다. 다음 날 중국 대신은 태국 왕의 일행을 더 위험한 곳에 가서 머물도록 했다. 하지만 그날 밤도 아무런 일이 일어나지 않았고 아름다운 음악 소리만 들려왔다.

그제야 사이남풍 왕의 높은 덕을 깨닫게 된 중국 왕은 매우 기뻐하며 예를 갖추어 그를 궁으로 모셨다. 그리고 서이덕막과 혼인시켰다.

세월이 흘러 사이남풍 왕은 중국 왕에게 태국으로 돌아가겠다고 말했다. 중국 왕은 헤어지는 것을 아쉬워하면서 배 다섯 척을 내주고는, 산처럼 많은 선물들을 준비하여 배 다섯 척에 나누어 실어 주었다.

사이남풍 왕은 중국의 유명한 장인 500명을 데리고 50일 동안 항해한 끝에 아유타야에 도착했다. 야유타야가 가까워지자 사이남풍은 신부를 맞을 준비를 하기 위해 먼저 배에서 내려 왕궁으로 갔다. 준비를 마친 후 왕은 예를 갖추어 배에 있는 서이덕막을 맞으러 사신을 보냈다. 그런데 어쩐 일인지 서이덕막은 배에서 내리지 않겠다고 고집을 부렸다.

"힘들게 왕과 같이 이곳까지 와서 무슨 일인지 왕이 먼저 왕궁으로 가더니 돌아오지 않으니 이게 무슨 경우란 말이냐? 만일 왕이 직접 오지 않으면 나는 가지 않겠다."

대신이 이 말을 사이남풍 왕에게 전하자 왕은 서이덕막이 자신을 놀린다고 생각하고 장난스럽게 대답해 주었다.

"여기까지 와서 그곳에 있겠다면 있으라고 하시오."

대신을 통해 이 말을 전해 들은 서이덕막은 왕이 진심으로 한 말이라고 생각해 화도 나고 속도 상했다. 다음 날 아침, 사이남풍 왕이 직접 서이덕막을 맞으러 갔다. 그녀가 화를 내자 왕은 또 서이덕막을 놀리며 짓궂게 말했다.

"그래요, 왕궁으로 가기 싫으면 여기 있으시오."

서이덕막은 이 말을 진담으로 듣고 몹시 마음이 상해 바로 그 자리에서 목숨을 끊고 말았다. 사이남풍 왕은 몹시 슬퍼하며 서이덕막의 장례를 후히 지냈다. 태국은 물론 중국 백성들도 서이덕막의 죽음을 슬퍼했다. 왕은 서이덕막의 죽음을 애도하고 명복을 빌기 위해 절을 지었는데, 절 이름을 왓 프라낭천이라 했다. 이 절은 오늘날까지도 아유타야에 남아 왓 파난청 또는 왓 프라자오파냉청이라는 이름으로 불린다.

●──주

1   막은 종려나무의 한 종류로 콩 꼬투리보다 큰 꼬투리 안에 작은 열매들이 들어 있다.
2   사제 계급인 브라만은 무사 계급의 우두머리인 왕의 밑에서 정치 고문 역할을 했다.

우타이테위

　옛날 땅 밑 왕국은 낙 카랏이라는 낙 왕이 다스리고 있었다. 낙 왕에게는 사뭇말라라는 예쁜 딸이 있었다. 시집 갈 나이가 된 사뭇말라는 인간 세상에 한번 놀러 가고 싶었다. 크룻^{태국 신화에 나오는 상상의 새. 낙을 잡아먹고 산다. 가루다}이 와서 잡아갈지도 모르니 가지 말라고 왕과 왕비가 말렸지만 공주는 몸종이 한눈을 파는 사이에 몰래 땅 위로 올라갔다.

　공주는 아름다운 여인으로 변신해 혼자서 밀림을 거닐었다. 그때 밀림의 신 룩카가 공주의 미모를 보고 반해 버렸다. 룩카는 잘생긴 남자로 변신해서 공주에게 접근하여 마침내 그녀를 아내로 맞았다.

　그 후 룩카는 아내에게 빠져 한동안 밀림을 돌보는 일을 게을리했고, 인트라 신^{힌두교 인드라 신에서 유래된 신. 인간의 길흉화복을 관장한다}은 그를 힘마판 산 밖으로 추방했다.

　사뭇말라 공주는 혼자 남게 되자 두렵고 겁도 났다. 땅 밑 바단 왕국으로 돌아가고 싶었지만 아버지 왕의 벌이 무서웠다. 게다가 그녀는 홑몸도 아니었다. 때가 되자 공주는 뱃속의 알을 계란 모양의 거품으로 뱉어 냈다. 그녀는 그 위에 독을 불어넣어 알이 다른 동물로부터 해를 당하지 않게 한 다음, 남의 눈에 띄지 않도록 웃옷으로 싸서 습지 가장자리에 감추어 두었다. 그리고 아무리 기다려도 룩카가 돌아오지 않자 자신이 끼던 요술 반지를 빼어 알 위에 얹어 두고 바단 왕국으로 돌아갔다.

얼마 후 몹시 배가 고픈 두꺼비 한 마리가 공주의 알을 발견하고 배고픈 김에 냘름 삼켜 버렸다. 낙의 독으로 두꺼비는 죽었으나 이미 알은 서서히 부화하고 있었다. 알이 깨지고 그 속에서 아주 귀여운 여자아이가 하나 나왔다. 아이는 두꺼비의 몸 속에서 두꺼비를 제 어미로 알고 자랐다.

습지 가까운 곳에 외딴 오두막이 한 채 있었다. 그 오두막에는 할아버지 할머니가 살고 있었는데, 할아버지의 이름은 토탓이고 할머니의 이름은 카완이었다. 그들은 가난해서 매일매일 풀을 따고 게나 물고기를 잡아 근근이 끼니를 이어 갔다. 하루는 노부부가 아침부터 습지를 돌아다니며 고기를 잡았는데, 온종일 한 마리도 못 잡다가 저녁에야 한 마리 잡은 것이 아무 짝에도 쓸모 없는 두꺼비였다.

"아니, 물고기는 안 잡히고 이게 뭐람!"

화가 난 할아버지는 두꺼비를 땅에 던졌다. 그런데 그 속에서 웬 어린아이가 나와서 이렇게 말하는 것이었다.

"할아버지, 할머니, 저를 데려가서 길러 주세요."

부부는 말을 하는 두꺼비를 불쌍히 여겨 집으로 데리고 갔다. 그 날 부부는 먹을 음식이 없어 울타리 밑에 나 있는 풀이라도 끓여 먹기 위해 풀을 뜯으러 밖으로 나갔다. 아이는 두꺼비 껍질에서 나와 엄마가 남겨 놓은 반지로 와자싯을 부려 음식을 차려 놓고 도로 두꺼비 껍질 속으로 들어갔다.

집에 돌아온 할아버지 할머니는 누가 이렇게 맛있는 음식을 만들었는지 궁금했다. 그래서 다음 날 아침에 일하러 가는 척 밖으로 나갔다가 몰래 돌아와 집 안을 들여다보았다. 이윽고 웬 아이가 두꺼비 껍질을 벗고 나와 집 안을 돌아다니기 시작했다. 부부가 집으로 들어가 아이에게 같이 살자고 애원했으나 아이는 그대로 두꺼비 몸 속에 있겠다고 했다.

그 후 15년이라는 세월이 지났다. 낙 공주의 딸은 아름다운 처녀로 자라났다. 피부가 아침 햇살처럼 희어서 사람들은 그녀를 우타이테위 '우타위'는 일출, '테위'는 여신이라는 뜻 라고 불렀다.

어느 날 배필을 만나려고 그랬는지 우타이테위는 절에 가서 공양을 올리고 시주도 하고 싶어서 꽃과 향과 초를 만들어서 노부부와 함께 갔다.

바로 그때 숫타랏 왕자가 절에서 벌어지는 축제를 보려고 왔다가 우타이테위를 보고 한눈에 반하게 되었다. 왕자는 아랫사람을 시켜 우타이테위에 대해 알아보게 했다. 우타이테위는 사람들이 뒤를 밟는 것을 알고 급히 집으로 돌아가 두꺼비 몸 속으로 숨었다. 병사들이 찾아와 예쁜 처녀에 대해 물어도 할아버지와 할머니는 아무 말도 하지 않았다.

왕자가 찾아와 손녀딸을 아내로 맞이할 것이라고 하자 할아버지와 할머니는 그제야 입을 열고 왕궁에서 오두막까지 금 다리와 은 다리를 놔 주면 손녀를 내주겠다고 말했다.

이 사실을 알게 된 왕은 크게 노하여 할아버지와 할머니를 잡아 사형에 처하려고 했다. 하지만 옆에서 왕비가 보기에 백성의 딸을 강제로 데려다 혼인시키려다 뜻대로 되지 않는다고 죽이는 것은 모양이 좋지 않았다. 그래서 왕비는 왕에게 무턱대고 죽이지 말고, 노부부가 도저히 해내지 못할 과제를 내걸었다가, 그들이 해내지 못하면 그때 죽이라고 했다. 왕이 들어 보니 과연 왕비의 말이 옳았다. 그래서 왕은 마음을 바꿔 노부부에게 이레 안에 금과 은으로 궁전을 짓고 왕자를 기다리라고 했다. 그러지 않으면 왕의 명을 어긴 죄로 벌을 받을 거라고 했다.

우타이테위는 자기 때문에 노부부가 곤란하게 된 것을 알고 밤중에 몰래 나와 요술 반지로 눈 깜짝할 사이에 금 궁전과 은 궁전을 지었다. 인트라 신도 두 사람이 천생배필인 것을 알고 왕궁에서 오두막까지 금 다리와 은 다리를 놓아 주었다. 왕은 두 사람이 모두 신통한 힘을 가졌다고 생각하고 정식으로 혼례를 치러 주었다. 왕자비가 된 우타이테위는 왕궁 한쪽에 연못을 만들어 물놀이도 하고 목욕도 했다.

한편 이웃에 칸차랏 왕이 다스리는 왕국에 잔나라는 공주가 있었다. 잔나는 숫타랏의 약혼녀였다. 칸차랏 왕과 숫타랏 왕자의 아버지가 두 아이가 어렸을 때 크면 혼인시키자고 약속한 일이 있었는데, 숫타랏 왕자의 아버지가 까맣게 잊고 아들을 우타이테위와 혼인시킨 것이다. 무시당했다고 생각한 칸차랏 왕은 서한을 보내 옛일을 상기시켜 주었다.

일이 이렇게 되자 숫타랏은 잔나 공주와 결혼하지 않을 수 없었다. 만일 혼인을 거절하면 전쟁을 해야 했기 때문이다. 숫타랏 왕자의 나라는 잔나의 왕국보다 작고 힘도 약했으므로 전쟁이 일어나면 애꿎은 백성들이 고초를 겪을 게 뻔했다. 왕자가 우타이테위와 상의하니, 왕비는 숫타랏 왕자의 마음을 믿었으므로 나라의 안위를 생각해 왕자에게 약속대로 혼인하라고 했다.

숫타랏 왕자는 자신과 똑같이 생긴 조각상을 하나 만들어 우타이테위 왕비에게 주고, 자신은 왕비의 상을 만들어 가슴에 품고 혼례를 올리러 이웃나라로 갔다.

그러나 잔나와 혼인한 후에도 왕자의 마음속에는 오직 우타이테위뿐, 잔나는 관심 밖이었다. 시녀로부터 왕자와 우타이테위의 이야기를 들은 잔나 공주는 질투심에 사로잡혀 우타이테위 왕비의 상을 물에 띄워 보냈다. 그리고 스스로를 돌아보고 덕을 베풀어 왕자의 마음을 얻기 위해 노력하는 대신에 늙은 부부를 위협해 우타이테위 왕비를 데려오게 했다.

늙은 부부는 배를 타고 우타이테위 왕비를 찾아가 왕자가 왕비를 데려오라고 했다고 거짓으로 고했다. 왕비는 그 말을 곧이듣고 배를 타고 잔나의 궁으로 갔다가 공주가 파 놓은 함정에 빠지고 말았다. 복수심에 불탄 공주는 우타이테위 왕비를 매질해서 정신을 잃게 만들었다. 혹독한 매질 끝에 우타이테위가 기절하자 공주는 왕비가 죽은 줄 알고 노부부를 시켜 강물에 내다 버리게 했다.

다행히 왕비는 낙의 혈통을 타고났으므로 물에 닿자 금세 정신을 차렸다. 마침 과자를 파는 여인이 배를 타고 지나가다가 왕비를 구해 강가에 있는 자기 집으로 데리고 가서 함께 살았다. 왕비는 그 여인을 도울 생각으로 노파로 변신해 작은 배의 노를 저어 이곳저곳 돌아다니며 장사를 시작했다. 신기하게도 왕비는 몸은 늙은 노파였으나 머리카락만은 새카맸다. 왕비는 과자를 팔러 돌아다니다가 왕궁 근처까지 가게 되었다.

한편 잔나 공주는 전생의 업으로 어린 나이에 머리가 새하얗게 새었다. 그래서 공주와 친한 시녀 하나가 마침 늙었지만 머리는 새카만 노파를 발견하고는 신기하게 여겨 잔나에게 데려갔다. 공주는 노파로 변한 왕비에게 머리를 까맣게 간직한 비결을 물었다.

　노파는 잔나 공주의 머리를 삭발하고 썩은 물고기의 살을 바른 후 질그릇 냄비를 씌워 주었다. 그리고 특별한 약을 발랐으니 이레가 지나면 와서 질냄비를 벗겨 주겠다고 했다. 면도를 해서 상처가 난 자리에 썩은 물고기 살을 발랐으므로, 그 독이 온몸에 퍼져 잔나 공주는 죽고 말았다. 숫타랏 왕자는 잔나 공주를 위해 출가하여 명복을 빌어 주었다. 그 뒤 세월이 흘러 환속한 왕자는 칸차랏 왕에게 작별을 고하고 고향으로 돌아가 왕위를 물려받았다. 그리고 우타이테위 왕비와 나라를 다스리며 행복하게 잘 살았다.

카위

　옛날 어느 산 속 동굴에 어미 호랑이와 새끼 호랑이가 살고 있었다. 어미 호랑이는 매일 어두워질 때쯤 먹이를 찾으러 나갔다가 새벽녘이면 돌아왔고, 새끼 호랑이는 굴에서 어미 호랑이가 오기를 기다렸다.
　하루는 저녁에 나간 어미 호랑이가 다음 날 해가 중천에 떴는데도 돌아오지 않았다. 몹시 배가 고픈 새끼 호랑이는 굴 밖으로 나가 어미를 기다렸다. 그런데 그때 마침 어미 소와 송아지가 동굴 앞을 지나가는 것이었다. 배고픈 호랑이는 어미 소를 보고 젖을 달라고 애원했다. 어미 소는 못 들은 척했지만, 세상 물정을 모르는 송아지는 새끼 호랑이가 불쌍하니 젖을 나누어 주라고 어미 소를 졸랐다. 결국 어미 소는 새끼 호랑이에게 젖을 물려 주었다.
　젖을 잔뜩 먹고 배가 부른 새끼 호랑이는 어미 소와 송아지에게 매우 감사하다며 송아지를 친구로, 어미 소를 친어머니처럼 섬길 테니 같이 살자고 했다. 그러나 어미 소는 호랑이와는 같이 지낼 수 없다며 거절했다.

"안 된단다. 네 엄마가 우리를 잡아먹을지도 모르잖니."

"걱정 마세요. 제가 잘 말할게요."

새끼 호랑이와 송아지가 합세하여 졸라 댔으므로 마침내 어미 소도 승낙하고 말았다. 새끼 호랑이는 어미 소와 송아지한테 자기가 어미 호랑이를 설득할 동안 어디 가서 숨어 있으라고 했다.

어미 호랑이는 그러고도 또 한참이 지나 저녁이 되어서야 돌아왔다. 새끼 호랑이는 엄마가 자기를 버렸다고 원망하면서 만일 어미 소의 젖을 먹지 않았다면 지금쯤 굶어 죽었을지도 모른다고 억지를 부렸다. 그러면서 어미 소에게 진 신세를 갚기 위해 동굴에서 같이 살기로 했으니 어미 소와 송아지를 잡아먹지 않겠다고 약속하라고 했다. 어미 호랑이는 별 생각 없이 아들을 안심시키기 위해 그러겠다고 대답했다. 새끼 호랑이는 기뻐하며 어미 소와 송아지를 굴로 데리고 왔다. 그날부터 호랑이와 소는 한 동굴에서 친구처럼 지냈다.

그러나 호랑이의 성품이란 매우 잔인한 것이어서, 어미 호랑이는 한번도 어미 소와 송아지를 친구라고 생각한 적이 없었고 새끼 호랑이와 한 약속을 지킬 생각도 없었다. 그저 겉으로만 친절한 척할 뿐이었다. 마음속으로는 늘 어떻게 하면 이 송아지 모자를 잡아먹을까 궁리하고 있었다. 어미 소가 이러한 호랑이의 시커먼 속마음을 모를 리 없었다.

소와 호랑이는 먹이를 찾아 나가는 시간이 다르다. 호랑이는 초저녁부터 먹이를 찾다가 새벽이 되어야 동굴로 돌아오고, 소는 아침에 나가서 저녁에 돌아온다. 어미 소는 어미 호랑이를 완전히 믿지 못했으므로 먹이를 찾으러 나갈 때에 되도록 마주치지 않도록 노력했다. 예를 들어 어미 호랑이가 북쪽으로 가면 어미 소는 남쪽으로 갔다. 어미 호랑이는 어미 소가 풀을 뜯으러 가는 길과 시간을 눈여겨보다가 어미 소가 자기와는 반대로 간다는 사실을 알았다.

어미 소와 어미 호랑이가 먹이를 찾으러 나가고 없을 때면 송아지와 새끼 호랑이는 친구처럼 사이좋게 놀았다. 세월이 흐르면서 둘은 피를 나눈 형제와 다름없게 되었다.

그러던 어느 날, 어미 호랑이가 먹이를 찾으러 나가면서 어미 소에게 말했다.

"난 오늘 북쪽으로 사냥을 나가려고 해요. 내가 없는 동안 애들을 잘 부탁해요."

하지만 그것은 어미 호랑이의 음모였다. 어미 호랑이는 북쪽으로 가는 척하다가 날쌔게 남쪽으로 방향을 바꾸어 어미 소가 지나는 길목으로 달려갔다. 그리고 아침이 되어 어미 소가 나타나기를 기다렸다가 뒤에서 덮쳐서 잡아먹었다. 여느 때와 다름없이 태연한 얼굴로 돌아오는 호랑이를 보고 송아지가 물었다.

"우리 엄마가 어디 계신지 아세요? 왜 우리 엄마가 아직 안 돌아오시는지 모르겠어요."

"내가 어떻게 알겠니? 내게 묻지 마라. 난 지금 몹시 피곤하단 말이야."

그러나 송아지는 어미 호랑이 몸에서 어미 소의 냄새를 맡을 수 있었다. 송아지와 새끼 호랑이는 어미 소를 찾으러 온 밀림을 다 뒤진 끝에 굴에서 그리 멀지 않은 곳에서 어미 호랑이가 먹다 남긴 어미 소의 주검을 찾아냈다. 둘은 약속을 지키지 않은 어미 호랑이에게 복수하기로 다짐했다.

둘이 동굴로 돌아가서 기다리는데 어미 호랑이가 사냥을 끝내고 돌아왔다. 둘이 몹시 배가 고프다며 젖을 달라고 조르자 어미 호랑이는 아무 생각 없이 벌러덩 누웠다. 둘은 서로 힘을 합쳐 어미 호랑이를 물어뜯어 죽였다. 그리고 굴에서 나와 정처 없이 길을 떠났다.

새끼 호랑이와 송아지는 우연히 도사가 살고 있는 암자를 발견하고 그곳에 들어갔다. 도사는 전생에서 원수지간이었던 둘이 다정하게 들어오는 것을 보고 이상하게 여겼다. 얼마 후 두 짐승에 얽힌 사연을 들은 도사는 측은한 생각이 들었다.

"너희 둘이 이렇게 사이가 좋으니 호랑이와 소로 계속 있을 수는 없겠구나. 내가 너희 둘을 인간으로 만들어 주마. 인간이 되는 것이 호랑이와 소로 있는 것보다 나을 게다."

도사는 둘의 몸을 인간으로 바꿔 준 다음에 새끼 호랑이에게는 혼위차이, 송아지에게는 카위라는 이름을 지어 주었다. 두 아이는 암자에 남아 도사의 시중을 들며 온갖 무술과 주문, 기예를 배웠다. 그렇게 세월이 흘러 둘은 높고 깊은 학문을 익힌 훌륭한 청년이 되었다.

하루는 도사가 두 아이를 불러 놓고 말했다.

"얘들아, 이제 너희 둘이 다 자라서 청년이 되었구나. 이 할아버지는 너희 둘이 바깥 세상에 나가 뜻을 펼치고 어려운 사람들을 도와 줄 때가 되었다고 생각한단다."

카위와 혼위차이는 스승의 가르침대로 세상으로 나가 보기로 마음을 굳혔다. 떠나기 전에 스승은 둘의 신분에 맞는 적당한 장검 두 자루를 만든 다음 둘의 심장을 꺼내 장검에 담아 두는 의식을 치러 주었다.

스승은 두 아이에게 장검이 손상되지 않도록 조심하라고 당부하면서 앞날이 순탄하기를 기원했다. 카위와 혼위차이는 스승에게 하직 인사를 드리고 스승이 일러 준 방향으로 길을 떠났다.

얼마 후 두 청년은 잔타부리 왕국에 도착하였다. 긴 여행에 지친 카위와 혼위차이는 우물가에 있는 커다란 사이나무 밑에서 잠시 쉬어 가기로 했다. 혼위차이는 피곤해서 먼저 잠이 들었고, 카위는 더워서 세수를 하려고 우물가로 갔다. 그런데 그 우물은 공교롭게도 무시무시한 거인이 지키고 있는 우물이었다. 누구든 우물 물을 마시려고 하면 거인이 나타나 잡아먹었다.

우물가로 카위가 다가가자 거인이 너털웃음을 지으며 나타났다.

"하하하! 감히 여기가 어디라고. 내게 잡아먹히려고 제 발로 걸어왔구나."

하지만 카위는 무술과 기예를 익힌 씩씩하고 늠름한 청년이었다. 카위는 거인과 싸워 숨통을 끊어 놓은 다음 혼위차이를 깨워 거인을 죽인 일을 들려주었다.

한편 오랫동안 죄 없는 사람들을 괴롭혀 왔던 거인이 죽자 그 나라에서는 일대 소동이 일어났다. 잔타부리 왕국의 마콧타랏 왕은 혼위차이와 카위를 불러 후한 상을 내렸다. 왕은 두 청년의 당당하면서도 겸손한 모습이 마음에 들었다. 마콧타랏 왕은 두 청년이 다른 나라의 왕자일 거라고 생각하고 이것저것 물었다. 혼위차이는 자신들이 형제로서 부모를 잃은 고아이며, 한 스승 밑에서 무예와 기예를 익혔고, 공부를 마치고 여행을 하다가 우연히 우물에서 마음씨가 나쁜 거인을 만나 죽이게 되었다고 말했다.

왕은 이 말을 듣고 흡족하게 여기며 카위에게 물었다.

"자네가 이번에 악한 거인을 죽인 것은 우리나라와 백성을 구한 것이나 다름없다. 어떻게 보답을 해야 좋을지 모르겠구나. 자네에게 내 딸을 주고 태자로 봉할까 하는데 어떻게 생각하느냐?"

그러자 카위가 대답했다.

"말씀은 감사합니다만, 형보다 먼저 이익을 구하거나 가정을 꾸릴 수 없습니다. 비록 이번에 제가 거인을 죽였지만 형보다 잘나서 그런 것이 아닙니다. 만일 형이 그 거인을 만났어도 똑같이 했을 테니까요."

마콧타랏 왕은 카위의 말을 기특하게 여겨 그의 말대로 혼위차이를 공주와 결혼시키고 잔타부리의 다음 왕위 계승자로 봉했다.

어느 날 카위는 형인 혼위차이를 찾아가서 말했다.

"저는 형님 곁을 떠나 모험을 하려고 합니다. 제 인생을 개척하고 남도 도와주고 싶습니다."

혼위차이가 말했다.

"사랑하는 동생아, 우리 둘이 헤어지기 전에 연꽃을 한 송이씩 꺾어다 증표로 삼자. 그리고 만약 둘 중 하나에게 나쁜 일이 생기면 그 연꽃이 시들게 해 달라고 기도하자꾸나. 꽃이 시들면 필시 상대에게 변고가 생긴 것이니 만사를 제치고 달려가 도움을 주도록 하자."

두 사람은 연꽃 두 송이를 꺾어 기도하고 각자 한 송이씩 나누어 간직했다. 그런 후 카위는 길을 떠났다.

잔타부리 왕국을 떠난 카위는 이리저리 다니다가 폐허가 된 어느 나라에 도착했다. 길거리에는 사람은커녕 강아지 그림자도 보이지 않았다. 왕궁이 있는 곳까지 가 보았지만 아무도 없긴 마찬가지였다. 커다란 북이 있기에 두드려 보았더니 전혀 소리가 나지 않았다.

이상하게 생각한 카위는 칼을 꺼내 북을 찢었다. 그 속에는 새카만 머리에서 향기를 뿜어 내는 아름다운 여인이 있었다. 카위는 여인을 북에서 나오게 하여 자초지종을 물어보았다.

"제 이름은 잔수다이며 프롬마작 왕의 딸입니다. 이 폐허가 된 나라의 이름은 잔타라나컨 왕국이고요. 우리나라 백성들은 행복하게 잘 살았습니다. 어디선가 독수리 한 쌍이 날아와 백성들을 물어 가기 전까지는요. 아버님은 제가 독수리에게 물려 가지 않게 하려고 커다란 북을 만들어 이 속에 저를 감추어 두셨던 것입니다."

 카위는 장작을 가져다 불을 지피고 연기를 내어 사람이 있음을 알렸다. 얼마 후 독수리가 연기를 보고 사람을 잡아먹기 위하여 날아왔다. 용맹한 카위는 독수리를 물리치고 머리카락이 향기로운 공주와 결혼하였다.

 그러던 어느 날 새해 첫날인 송크란 명절태국의 설날. 대략 양력 4월 13일에서 16일경이다이 찾아왔다. 새해가 되면 사람들은 생명의 근원인 강이나 연못에 가서 목욕을 하고 덕담을 나누거나 웃어른을 찾아가 목욕을 시켜 드리며 무병장수를 빈다. 물은 생명의 근원이자 축복이기 때문이다. 카위는 잔수다 공주와 함께 강에 가서 목욕을 하고 머리를 감았다. 공주는 자신의 머리카락을 모아 작은 함에 넣어 강물에 띄워 보냈다. 원래 고귀한 신분에 속하는 사람들은 머리카락이나 손발톱 같은 것을 아무 데나 버리지 않고 모았다가 명절 때 강물에 띄워 보내는 풍습이 있었다.

 그런데 그 강의 하류에는 부리랏 왕국이 있어 산누랏 왕이 다스리고 있었다. 왕의 나이는 예순넷이었다. 어느 날 왕이 목욕을 하러 강으로 갔다가 작은 함이 떠내려 오는 것을 보았다. 시종을 시켜 건지게 하니 안에 새카맣고 향기로운 머리카락이 들어 있었다.

 "오! 어떤 여인의 머리카락인지 매우 향기롭구나. 필시 젊고 아리따운 처녀의 머리카락일 것이다. 여봐라, 전국에 방을 붙여 이 머리카락의 주인을 찾아 오도록 해라. 누구든 그 여인을 찾아오는 자에게는 크게 상을 내릴 것이니라."

왕은 이처럼 향기로운 머리카락을 지닌 여인은 분명 미모도 뛰어나리라는 생각에 반드시 이 머리카락의 주인을 찾고 말겠다고 집념을 불태웠다.

이에 산누랏 왕의 궁에서 일하는 탓프라삿 노파가 그 여인을 찾아 오겠다고 나섰다. 그 노파는 바로 잔수다를 기른 유모였다. 노파는 향기로운 머리카락의 주인이 잔수다임을 알고 이 기회에 그녀를 산누랏 왕에게 바치고 한몫 단단히 챙겨 볼 꿍꿍이였던 것이다.

잔타라나컨에 도착하자 노파는 잔수다를 찾아가 갈 데가 없다며 거두어 달라고 애원했다. 잔수다는 유모가 측은해서 궁에서 같이 살도록 했다. 그 후 노파는 정성껏 잔수다의 시중을 들어 잔수다와 카위의 신임을 받게 되었다.

노파는 잔수다에게 조금씩 카위에 대해 물었고, 마침내 카위의 장검에 얽힌 비밀을 듣게 되었다. 카위의 심장이 바로 그 장검 안에 들어 있어서 장검이 불에 타면 카위의 생명도 다한다는 것을 알아낸 노파는 그날부터 장검을 불에 넣어 없앨 궁리만 했다.

어느 날 카위가 잔수다와 강으로 목욕하러 가자 노파는 그 틈을 타 장검을 훔쳐 불 속에 집어넣었다. 목욕을 하던 카위는 갑자기 고통에 찬 신음을 질렀다.

"어휴! 더워라. 정말 덥구나."

서둘러 목욕을 마치고 강둑으로 올라간 카위는 이내 정신을 잃어 버렸다. 잔수다는 카위가 죽은 줄로만 알고 서글피 울다가 기절해 버렸다. 노파는 실신한 잔수다를 배에 태워서 산누랏 왕이 있는 곳으로 갔다.

바로 이때 잔타부리에 있던 혼위차이는 싱싱하던 연꽃이 갑자기 시든 것을 보고 한달음에 카위가 있는 곳으로 달려갔다. 잔타라나컨 왕국에 도착해 보니 동생의 장검은 꺼져 가는 불더미 속에서 꺼멓게 그슬려 가고 있었다. 다행히 모양이 변한 것은 아니어서 아직 희망이 있었다. 혼위차이는 검을 꺼내 들고 동생이 쓰러져 있는 곳으로 가서 온 마음을 모아 스승에게 도움을 청했다. 그리고 검이 다 식자 시원한 물에 담가 깨끗하게 씻었다. 다행히 곧 카위는 정신을 차렸다.

두 사람은 잔수다를 찾아 길을 떠났다. 남의 눈에 뜨일까 염려가 된 그들은 변장을 하기로 마음먹었다. 혼위차이는 도사로 변장하고 카위는 자신의 몸을 작게 만들어 혼위차이의 가방 속으로 들어갔다.

한편 산누랏 왕은 꿈에 그리던 공주를 얻고도 공주 가까이 갈 수가 없었다. 공주의 몸이 불처럼 뜨거워 데일 정도였기 때문이다. 왕은 자신이 늙어서 그런 것이라 생각하고 자신에게 젊음을 되돌려 줄 약이나 도사를 은밀히 물색했다.

부리랏 왕국에 도착한 혼위차이는 산누랏 왕이 자신을 젊게 만들 도사를 찾는다는 소문을 듣고 도사로 꾸미고 왕을 찾아갔다. 혼위차이는 자신만이 가진 신이한 비법으로 왕을 회춘시켜 주겠으니, 의식을 거행할 때 산누랏과 단 둘이서만 있어야 한다는 조건을 내걸었다. 젊어지고 싶다는 욕망에 왕은 꿈에도 혼위차이를 의심하지 못했다.

혼위차이는 일곱 겹의 휘장을 치도록 하고 그 한가운데 커다란 웅덩이를 파서 장작을 쌓아 두었다. 그리고 그 장작 더미에 불을 지핀 후 산누랏 왕에게 불을 보고 앉도록 했다.

의식이 시작되자 혼위차이는 장작불에 계속 장작을 던져 넣었다. 장막 안 공기는 후끈 달아올랐다.

"아이고, 더워라! 너무 더워서 도무지 참을 수가 없구나!"

견디다 못한 산누랏 왕은 의식을 중도에서 그만두려고 했다. 그 순간 혼위차이가 소리쳤다.
"왕이시여, 이것을 똑똑히 보십시오!"
혼위차이는 장작더미를 가운데 두고 왕의 반대편에 노인으로 변장한 카위를 앉혔다가 주문을 외우며 불 속에 밀어 넣었다. 그러나 사실은 미리 준비해 온 노인 모습의 밀랍 인형을 던진 것이었다. 카위는 곧바로 변장을 벗고 제자리에 돌아가 앉았다. 어른거리는 불길과 매캐한 연기 속에서 그것은 마치 노인이 불에 들어갔다가 젊은이로 회춘해서 나온 것처럼 보였다. 산누랏 왕은 감탄을 금치 못했다.
"오! 정말 신비롭기 짝이 없구나! 도사, 어서 의식을 계속합시다. 지체하지 말고. 한시라도 빨리 젊은이가 되고 싶소!"
아무것도 모르는 왕은 눈을 감고 인형이 있던 자리에 앉았다. 혼위차이는 산누랏 왕을 불 속으로 밀어 넣었다. 왕은 비명 한번 제대로 지르지 못하고 불에 타 죽었다.
혼위차이가 카위에게 산누랏 왕의 옷을 입히자 카위는 왕의 행세를 하며 잔수다에게 갔다. 카위를 본 잔수다는 금방 상황을 눈치챘다. 아무것도 모르는 후궁과 시녀들은 화춘한 왕을 반가이 맞아들였다. 그러나 카위를 기억하고 있는 노파는 서둘러 그 자리에서 도망쳤다.
산누랏 왕의 부인은 회춘한 왕을 젊은 잔수다에게 빼앗겼다고 생각하고 질투심에 불탔다. 그녀는 자신도 젊음을 되찾아 왕의 눈길을 끌어 볼 생각으로 혼위차이에게 회춘 의식을 해 달라고 애걸했다. 그러나 그녀가 일곱 겹 휘장 안에 피워 놓은 장작불이 뜨겁다며 비명을 지르자, 혼위차이와 카위는 일부러 화난 척하며 그녀를 왕궁에서 추방했다. 그녀는 손자 와이탓과 함께 왕궁에서 내쫓겼다.

모든 일이 마무리된 후 혼위차이는 잔타부리로 돌아갔다. 한편 노파는 내쫓긴 왕비를 찾아가서 자초지종을 들려주었다. 이에 원한을 품은 왕비는 손자에게 사람을 모아 카위를 공격하라고 했다. 하지만 애초에 그는 카위의 상대가 못 되었고, 결국 와이탓과 왕비와 노파는 카위의 손에 목숨을 잃었다. 그 후 카위와 잔수다는 부리랏 왕국을 다스리며 오래오래 행복하게 잘 살았다.

●──주

[1] 산속에 은거하며 도술, 주문 등을 공부하여 하늘을 날거나 몸이 보이지 않게 하는 비법 등을 익힌 사람이다. 한쪽 어깨를 드러낸 호랑이 가죽 옷을 입고 끝이 구불구불한 지팡이를 들고 다닌다. 민담에서는 주로 인간의 힘으로 해결할 수 없는 운명을 비껴 주는 역할을 한다.

문조 부부

아주 먼 옛날에 문조 한 쌍이 커다란 나무에 둥지를 틀고 사이좋게 살고 있었다. 세월이 흘러 엄마 문조가 예쁜 알들을 낳았고 얼마 후 알에서 새끼들이 깨어났다. 아빠 문조는 매일 밖으로 나가 먹이를 물어다 둥지에 있는 아내와 새끼들을 먹였다.

어느 날 아침 일찍 둥지를 나선 아빠 문조는 연꽃이 만발하여 은은한 향기를 뿜어 내는 연못에 가게 되었다. 연못 한가운데에서는 커다란 연꽃이 꽃잎을 벌려 아침 햇살을 받아들이고 있었다. 아빠 새는 기쁜 마음으로 꽃봉오리 속으로 들어가 먹이를 찾았다. 얼마 후 햇살이 점점 뜨거워지면서 연꽃은 꽃잎을 닫았다. 아주 조금씩 오므렸으므로 아빠 새는 연꽃이 닫히는 것도 눈치 채지 못했다. 정신없이 먹이를 먹던 아빠 새는 그만 꽃잎 속에 갇히고 말았다. 온종일 굶으며 아빠 문조가 돌아오기만 기다릴 아내와 아이들이 걱정되었지만 옴짝달싹할 수가 없었다.

얼마 후 해가 서산 아래로 지고 서늘한 바람이 불어오자 연꽃은 다시 이슬을 받기 위해 오므렸던 잎을 폈다. 그제야 아빠 새는 연꽃을 박차고 날아올라 있는 힘을 다해 아내와 아이들이 기다리는 둥지로 날아갔다.

둥지로 돌아온 아빠 새는 너무 놀란 나머지 온몸에서 힘이 쑥 빠져 버렸다. 그렇게 울창했던 밀림이 시커멓게 타서 나무 그루터기만 남아 있었기 때문이다. 아빠 문조는 아내와 아이들을 찾기 위해 아직도 타고 있는 밀림으로 뛰어들었다.

둥지가 있던 나무는 꺼멓게 그슬린 채 연기를 피워 올리고 있었다. 아빠 문조는 아내와 아이들의 이름을 부르며 그 주변을 날고 또 날았으나 아무 대답이 없었다. 아빠 문조는 아내가 아이들을 데리고 다른 곳으로 피신했으리라고 생각하고 열심히 주변을 두리번거렸다. 그때 희미하게 아내의 울음소리가 들려왔다. 아내에게 날아가자 아내는 울면서 말했다.

"다른 여자들과 즐겁게 노느라고 자식과 아내를 버리다니요. 산불이 났을 때 애들이 한꺼번에 달려드는 바람에 나 혼자서는 어떻게 손을 써 볼 겨를도 없었다고요."

아빠 문조가 사정이 있었다고 말했지만 아내는 아이들을 잃은 설움과 남편에 대한 분노로 제정신이 아니었다. 울다 지친 엄마 새는 마지막으로 소원을 빌었다.

"다음 세상에는 제가 인간 여자로 태어나게 해 주십시오. 그땐 남자와는 결코 말을 나누지 않을 것입니다."

그런 다음 엄마 문조는 불길 속으로 뛰어들었다. 순식간에 벌어진 일이라 아빠 문조가 미처 말릴 틈도 없었다.

아빠 문조는 아내가 자기를 오해해서 슬펐고, 또 아내와 어린 자식들을 제대로 보살피지 못해 모두 죽게 한 것도 가슴 아팠다. 그래서 아빠 문조도 마지막 기도를 남기고 아내를 따라 불 속으로 뛰어들었다.

"태어나는 생마다 아내와 부부가 되게 해 주소서. 아내가 다른 남자와는 말을 하지 않아도 저와는 말하게 해 주소서."

전생의 업보로 아빠 새는 디록나컨 왕국의 위차이랏 왕과 우본테위 왕비 사이에서 삽파싯 왕자로 태어났다. 왕자는 이목구비가 수려할 뿐만 아니라 영리하고 재치가 있어 사람들의 사랑과 귀여움을 독차지하였다.

삽파싯 왕자에게는 같은 또래의 시종이 한 사람 있었는데, 비록 지위는 달라도 어려서부터 친구처럼 생각하고 같이 다녔다. 왕자가 공부할 나이가 되자 위차이랏 왕은 삽파싯 왕자를 탁실라에 있는 도사에게 보내 태자로서 수업을 쌓게 했다.

왕자와 시종, 두 사람은 함께 공부하였고 무예도 같이 익혔다. 두 사람의 학문이 어느 경지에 이르자 도사는 마지막으로 심장을 꺼내 다른 곳에 두는 비법을 가르쳤다. 그것은 학문 중에 최고의 학문으로, 자신의 심장을 꺼내 죽은 사람이나 동물의 몸에 넣어 되살릴 수 있는 비법이었다. 왕자와 시종은 그 비법을 배우고 나서도 고향으로 가지 않고 한동안 도사의 시중을 들며 지냈다.

한편 파란시 왕국의 프롬마탓 왕에게는 수완나게선이라는 이름의 딸이 있었다. 이 공주는 매우 아름다워 그 미모에 대한 소문이 온 나라는 물론 이웃 나라에까지 퍼졌다. 그런데 공주는 특이하게도 남자와는 전혀 말을 하지 않았다. 심지어 아버지인 왕과도 말을 하지 않았다. 어머니가 아무리 애원해도 소용이 없었다. 공주는 전생의 업보 때문에 남자와 이야기를 나누면 욕지기가 나고 몸이 편치 않다고 했다.

결국 프롬마탓 왕은 딸을 위하여 따로 궁을 지어 주고 시녀를 곁에 두어 공주의 시중을 들게 했다. 공주는 비록 밖으로는 한 발도 나가지 않았지만 매일매일 행복하기만 했다.

  세월이 흘러 어느덧 시집갈 나이가 되었지만 공주는 여전히 남자와 말을 하지 않았다. 딸이 혼기를 놓칠까 걱정이 된 왕은 젊은이들에게 궁으로 와서 공주에게 말을 걸도록 했다. 공주가 누구든 남자와 말을 하면 그에게 공주도 주고 나라도 주어 다스리게 한다고 했다.

  아름다운 공주에 대한 소문을 들은 여러 나라의 왕자들이 파란시 왕국으로 와서 온갖 방법으로 말을 걸려고 애썼으나 모두 헛수고였다. 왕자들뿐 아니라 공주와 결혼하려는 야심에 찬 젊은이들까지 구름처럼 몰려왔으나 역시 아무도 성공을 거두지 못했다.

  프롬마탓 왕과 왕비는 딸만 생각하면 걱정이 태산 같았지만 어떻게 해야 좋을지 알 수가 없었다. 대신들도 늘 근심에 싸여 공주를 시집보낼 방법을 짜내느라고 머리를 모았다.

  그때 대신 한 사람이 탁실라에 삽파싯 왕자라는 훌륭한 신랑감이 있는데, 아직 공주에게 선보인 적이 없다는 것을 기억해 내고 왕에게 고했다. 왕은 매우 기뻐하며 군사를 보내 왕자를 데려오게 했다.

  프롬마탓 왕을 만난 삽파싯 왕자는 공주의 침실 앞에 서 있을 테니 공주가 언제고 말을 하면 일제히 풍악을 울려 달라고 했다. 왕은 이러한 왕자의 요구를 선선히 수락했다.

  밤이 되자 삽파싯 왕자는 시종의 심장을 꺼내 침실 문에 걸어 두고 그의 몸은 다른 곳에다 숨겨 두었다. 그리고 침실 문 앞에서 시종의 심장과 이야기를 나누기 시작했다. 아무것도 모르고 방에 있던 공주는 웬 잘생긴 남자가 문과 이야기를 나누는 것을 듣고 이상하게 생각했다. 문이 어떻게 말을 하는지 궁금해진 공주는 남자가 하는 이야기에 귀를 기울였다.

왕자가 문에 대고 뭐라고 말하자 침실 문이 대답했다.

"저는 단지 문일 따름입니다. 다른 것은 보지 못했으니 왕자님께서 제게 이야기를 들려주시는 것이 더 낫겠습니다."

왕자는 옛날 이야기를 들려주기 시작했다.

예전에 네 친구가 살았다. 한 사람은 앞날을 미리 내다볼 줄 알았고, 또 한 남자는 활을 잘 쏘았고, 다른 남자는 수영을 잘 했고, 나머지 하나는 죽은 사람을 살릴 수 있는 능력이 있었다.

하루는 넷이서 여행을 하다가 다리가 아파서 강가 나무 아래 앉아 쉬고 있는데 앞을 미리 내다볼 줄 아는 남자가 말했다.

"오늘은 무슨 일이 일어날 것만 같은데."

그래서 그날의 일진을 짚어 보니 뜻밖의 결과가 나왔다.

"오늘 새 중의 왕이 여자를 물고 여기를 지날 거라는데."

그 말이 떨어지자마자 정말 커다란 독수리가 여자를 물고 네 친구의 머리 위를 지나갔다. 활을 잘 쏘는 남자가 활시위를 당겨 그 독수리를 맞히자 독수리는 물고 있던 여자를 강에 떨어뜨리고 달아났다. 수영을 잘하는 남자가 강으로 뛰어들어 여자를 구해 놓고 보니 여자는 이미 죽어 있었다. 그래서 마지막 남자가 주문을 외워 여자를 살려 냈다. 넷이 힘을 합쳐 한 여자를 구한 것이다.

네 사람은 제각기 그 여자가 마음에 들어 혼인하고 싶었다. 그들은 저마다 그 여자를 살린 것이 제 공이라고 주장하며 자기가 그 여자와 혼인해야 한다고 했다. 오랫동안 입씨름을 하며 싸웠으나 어떤 결정도 내릴 수 없었다.

이야기를 다 끝낸 삽파싯 왕자가 문에게 물었다.

"만일 그대를 재판관으로 모신다면 어떤 남자가 그 여자와 혼인해야 한다고 하겠느냐?"

문이 대답했다.

"그 여자는 앞을 미리 내다본 남자와 혼인해야 합니다. 그 여자가 그곳을 지날 것이라고 제일 먼저 말한 사람이 바로 그 사람이니까요."

이 이야기를 처음부터 듣고 있던 수완나게션 공주가 자기도 모르게 끼어들었다.

"그 여자는 수영을 잘하는 남자의 부인이 되어야 해요. 그 남자의 몸이 이미 그 여자의 몸에 닿았기 때문이지요. 다른 남자와는 닿지 않았어요."

바로 그때 시녀들이 일제히 풍악을 울렸다. 공주가 난생 처음으로 남자와 말을 했던 것이다.

왕자는 시종의 심장을 침실에 있는 등잔에 옮겨 달고는 시종과 이야기하기 시작했다. 공주는 등잔이 이야기하는 줄 알고 마냥 신기해하며 왕자의 이야기에 귀를 기울였다. 왕자와 등잔이 이런저런 이야기를 나누다가 등잔이 일부러 틀린 답을 대니 공주가 또 못 참고 끼어들었고, 그러자 여지없이 풍악이 울렸다.

한밤중이 되자 왕자는 시종의 심장을 공주 침실에 걸려 있는 황금색 장막으로 옮기고 수수께끼를 냈다. 시종이 일부러 틀린 답을 대자 휘장 뒤에 있던 공주가 옳은 답을 말했고, 그러자 시녀들이 요란하게 풍악을 울렸다. 이렇게 세 번이나 풍악이 울리자 왕과 왕비는 몹시 흡족했다. 다음 날 아침 삽파싯 왕자와 수완나게션 공주는 혼례를 치렀고, 두 사람은 행복하게 살았다.

왕자가 결혼한 뒤에도 시종은 늘 왕자를 그림자처럼 따라다녔다. 아무도 두 사람에게 심장을 꺼내는 재주가 있다는 것을 몰랐다.

어느 날 왕자는 시종과 함께 파란시 왕국 밖에 있는 밀림에 나가게 되었다. 왕자는 우연히 죽은 지 얼마 안 되는 노루를 보고서 이렇게 말했다.

"만일 내가 사슴이라면 밀림을 자유롭게 뛰어다닐 텐데……."

왕자는 시종을 돌아보며 말했다.

"내가 내 심장을 빼서 이 노루에게 넣으면 밀림 속을 자유롭게 뛰어다닐 수 있겠지? 내 몸을 잘 지켜 줘. 어두워지기 전에 다시 올게."

"예, 알겠습니다, 왕자님. 제가 왕자님의 몸을 잘 지키고 있겠습니다."

그래서 왕자는 심장을 꺼내 노루의 몸에 넣었고, 왕자의 심장을 받은 노루는 껑충껑충 뛰며 밀림 깊은 곳으로 달려갔다.

그러나 사실 시종은 전부터 왕자를 질투하고 있었다. 실력도 같은데 단지 신분이 다르다는 이유만으로 한 사람은 왕자로서 부귀영화를 누리고, 다른 한 사람은 시종으로서 심부름만 하는 처지가 불만스러웠다. 그래서 시종은 그 동안 왕자로부터 사랑과 신뢰를 받은 것도 잊고 배은망덕한 일을 저지르고 말았다. 삽파싯 왕자는 기회만 있으면 발뒤꿈치를 물 독사를 키워 왔던 것이다.

왕자가 사라지자마자 시종은 심장을 꺼내 왕자의 몸에 넣고 자신의 원래 몸을 없애 버렸다. 이제는 이 세상에 시종이라는 존재는 없어지고, 사악한 시종의 마음을 가진 왕자만 남은 것이다.

가짜 왕자는 아무런 의심도 받지 않고 왕궁으로 돌아갔다. 영리한 왕비도 왕자의 심장이 뒤바뀐 줄은 꿈에도 생각하지 못했다.

"무슨 이유로 왕자님 혼자 돌아오셨는지요?"

가짜 왕자는 태연히 거짓말을 했다.

"시종이 나를 죽이려고 하기에 내가 먼저 그를 죽여 산에 버리고 왔소."

하지만 이 말은 도리어 공주의 의심을 샀다. 평소 그를 몹시 사랑하던 왕자가 시종을 죽인다는 것은 있을 수 없는 일이었다. 게다가 어딘지 모르게 행동거지도 평소와 달랐다. 공주는 이런 저런 말로 핑계를 대면서 가짜 왕자를 가까이 오지 못하게 했다. 그러고는 마음속으로 신에게 기도했다.

"왕자가 아니라면 저 자가 제게 가까이 오지 못하게 해 주십시오."

과연 가짜 왕자가 공주에게 가까이 다가오기만 하면 공주의 몸이 불덩이처럼 뜨거워지는 것이었다. 가짜 왕자는 공주를 멀리할 수밖에 없었다.

한편 왕자는 노루의 몸을 빌려서 저녁까지 재미있게 돌아다니다가 약속한 장소로 찾아왔으나 시종도 자신의 몸도 보이지 않았다. 왕자는 시종이 자기를 배반한 것을 알고 몹시 마음이 상했다. 어려서부터 형제같이 믿고 의지했던 우정이 순식간에 물거품이 되었다는 생각에 더욱 가슴이 아팠다. 결국 왕자는 노루 몸을 빌린 채 그 날 밤을 산에서 보냈다.

다음 날 새벽 산에서 내려온 왕자 노루는 마을로 들어갔다가 울타리 옆에 죽어 있는 앵무새를 보았다. 왕자는 노루의 몸을 벗고 앵무새의 몸 속으로 들어갔다. 앵무새의 몸을 빈 왕자는 훨훨 날아 아무 의심도 사지 않고 왕국으로 들어갈 수 있었다.

왕자 앵무새가 공주의 침실로 날아가 보니 공주가 슬픔에 잠겨 혼자 앉아 있었다. 그 모습을 본 앵무새는 공주가 측은해져 가까이 다가가 그 동안 사정 이야기를 들려주었다. 다시 남편을 만난 공주는 뛸 듯이 기뻐하였다. 그날 밤 두 사람은 지혜를 모아 왕자의 몸을 되찾을 방법을 궁리했다.

다음 날 공주는 가짜 왕자를 찾아가 달콤한 말로 유혹했다. 왕자의 탈을 쓴 시종은 공주가 살갑게 대해 주는 게 고마워 심장을 꺼냈다가 다시 넣는 재주를 보여 주었다. 그러자 공주는 그 재주를 백성들에게 보여 주면 백성들이 왕을 더욱 충심으로 따를 거라고 꼬드겼다. 꼬임에 넘어간 가짜 왕자는 대신들을 시켜 다음 날 백성들이 전부 궁전 앞에 모이게 했다.

다음 날 아침 백성들은 왕자가 자기 몸에서 심장을 꺼내는 것을 구경하기 위해 하나 둘 왕궁으로 모여들었다. 가짜 왕자와 공주는 미리 준비해 둔 단상 위에 앉았고, 진짜 왕자는 앵무새의 몸을 한 채 단상 뒤에 숨어 있었다.

가짜 왕자는 이번 기회에 온 백성의 신망과 공주의 사랑을 얻을 수 있으리라고 믿고 내심 기뻐 만족스러운 미소를 지었다. 이윽고 병사가 방금 죽은 염소의 시체를 가지고 와서 단상 위에 놓자, 그는 앞뒤 가리지 않고 자신의 심장을 꺼내 염소의 몸에 넣었다. 염소의 시체에 들어간 시종은 여봐란 듯이 단 위에서 이리 뛰고 저리 뛰며 소리쳤다.

"하하, 이런 재주를 가진 이를 본 적이 있느냐?"

이 광경을 본 백성들은 신기해하며 환호성을 질러 댔다. 백성들의 환호에 우쭐해진 가짜 왕자는 단 위에 벗어 놓은 왕자의 몸을 깜빡 잊었다.

바로 그때 진짜 왕자가 앵무새의 몸을 벗고 왕자의 몸 속으로 들어가 가만히 옥좌에 앉았다. 순식간에 벌어진 일이라 아무도 의심하지 않았다. 사람들은 그저 왕자가 원래 몸으로 돌아갔다고만 여겼다.

그런 다음 진짜 왕자는 병졸들을 시켜 염소를 죽였다. 시종은 염소의 몸 안에서 꼼짝없이 최후를 맞이하고 말았다. 아무것도 모르는 백성들은 기쁜 마음으로 왕자에게 존경을 보냈다. 그 후로 삽파싯 왕자와 수완나게선 공주는 파란시 왕국을 다스리며 행복하게 잘 살았다.

잔타코롭

　잔타코롭은 작크라팟 왕국 프롬마탓 왕의 아들이었다. 태자의 법도에 따라 잔타코롭은 열두 살이 되자 혼자 힘마판 산으로 가서 학문과 기예를 익혔다. 지금껏 왕궁에서 부족한 것 없이 자라온 잔타코롭은 밀림에서 혼자 잠자리를 마련하고 스스로 먹을 것을 찾아서 먹으며 이루 말할 수 없는 고통과 어려움을 겪었다. 죽지 않고 목숨을 부지하는 것만도 다행인 지경이었다.
　왕궁을 떠난 지 석 달이 지난 어느 날, 왕자는 도사 한 분이 살고 있는 암자에 도착하게 되었다. 도사는 잔타코롭을 제자로 받아들였고, 잔타코롭은 무예와 주술과 노래와 기예를 배워 그 누구도 따라올 수 없는 경지에 다다랐다.
　도사는 잔타코롭이 궁으로 돌아갈 날이 다가온 것을 예감하고 어느 날 활과 칼을 만들어 그에게 주면서 늘 가까이 두도록 했다. 그리고 방심하지 말 것, 남에게 거만하게 굴지 말 것, 여색에 빠지지 말 것, 약속을 지킬 것 등을 당부했다.

도사는 또 잔타코롭의 외모가 신처럼 아름다워 인간 세상에서는 걸맞은 배필을 구하기 어렵다는 것을 알고 공작새의 깃털에 주술을 불어 넣은 후 금으로 된 작은 상자에 담아 잔타코롭에게 주었다. 그러면서 가는 동안에는 절대로 열어 보지 말고 왕궁에 도착한 다음에 열어 보라고 신신당부했다. 그렇지 않으면 위험에 빠질 것이라고 했다.

잔타코롭은 깨끗한 헝겊에 상자를 잘 싸서 간직하고는 손에는 칼을 들고 어깨에는 화살통을 메고 고향을 향해 발걸음을 옮겼다. 고향으로 가는 길은 생각보다 멀었다. 보름째 되던 날, 긴 여행에 지친 왕자는 스승의 당부를 잊고 상자를 열어 보았다.

상자에서는 모라라는 이름의 아름다운 여인이 나왔다. 첫눈에 모라에게 반한 잔타코롭은 아름다운 말로 그녀를 유혹하여 부인으로 삼았다.

그 후 여행을 하면 할수록 어려움은 점점 더해만 갔다. 그래도 잔타코롭은 모라의 마음을 사려고 최선을 다했다. 따가운 햇볕이 내려쬘 때는 커다란 나뭇잎을 꺾어 그늘을 만들어 주었고, 모라가 힘들어하면 그녀를 안고 밤새워 걸었다. 하지만 세상에 나온 지 얼마 안 된 모라는 고된 여행에 금세 기진맥진했다. 급기야 모라는 밀림 한가운데에서 목이 마르다며 떼를 썼다. 결국 왕자는 칼로 자기 넓적다리를 쳐서 피를 내어 모라에게 물 대신 마시게 했다. 모라는 피를 마시고 기운을 되찾았다. 잔타코롭은 상처의 아픔을 참고서 여행을 계속했다. 가다가 힘들면 쉬고, 배가 고프면 열매를 따 먹고 기운을 차렸다.

그런데 그 산에는 500명의 도적 무리가 살고 있었다. 도적의 두목은 잔인하고 흉악했으며 싸움에 능했다. 모라를 보고 탐심을 품게 된 두목은 잔타코롭 왕자에게 그녀를 내놓으라고 야비한 말로 협박하였다. 하지만 잔타코롭이 사랑하는 모라를 내놓을 리 없었다. 결국 왕자와 도적들 사이에 결투가 벌어졌다. 왕자는 모라를 염려하여 그녀에게 칼을 쥐어 주고 자신은 활로 도적들과 대적했다. 그들은 어두워질 때까지 싸우고 또 싸워서 마침내 도적 무리가 모두 쓰러지고 두목 한 사람만 남게 되었다.

두목은 마지막 남은 힘을 다해 한 손으로는 왕자의 활을 휘어잡고 다른 한 손으로는 모라의 오른손을 잡았다. 이에 왕자도 모라를 놓칠세라 서둘러 그녀의 왼손을 잡았다. 그런데 사실 모라는 두목이 오로지 자신을 얻기 위해 부하들까지 다 죽여 가며 싸우는 것을 보고 그쪽으로 마음이 기울고 있었다. 졸지에 모라는 잔타코롭 왕자와 도적 두목 중에서 하나를 골라야 하는 입장이 되었다. 도적을 취하자니 남편이 아쉬웠고, 남편을 취하자니 도적이 아쉬웠다.

갈등 끝에 모라는 들고 있던 칼을 손잡이가 두목 쪽을 향하도록 해서 건네주었다. 두목은 그 칼을 받아 힘껏 찔렀다. 칼에 찔려 죽어 가면서 왕자는 자신이 모라를 얼마나 사랑했는가를 떠올렸다. 그가 이렇게 하찮게 죽는 것은 오직 모라를 사랑했기 때문이었다. 그는 마음속으로 신에게 기원했다.

'신이시여! 이 세상의 아들들이 저 여자와 사랑에 빠지지 않게 해 주십시오.'

그리고 왕자는 쓸쓸히 숨을 거두었다. 왕자의 기원이 헛되지는 않았는지 두목은 그새 마음이 돌아서서 모라를 믿지 못하게 되었다. 그녀를 그토록 사랑한 데다가 잘생기기까지 한 남편도 눈 깜짝하지 않고 죽였는데, 자기처럼 못생긴 도적 두목에게는 어떻게 할까 생각하는 순간 그녀에 대한 사랑이 싹 식어 버렸던 것이다. 두목은 그녀가 외모는 아름다워도 마음은 뱀의 독과 같다고 생각했다. 잃어버린 부하들을 생각하면 모라를 죽여도 분이 풀리지 않았으나 사내대장부가 연약한 아녀자를 죽이는 것은 수치스러운 일이었다. 도적은 결국 그녀 곁을 떠나기로 마음먹었다. 잔타코롭 왕자의 활과 검을 가져갈까 하는 생각도 했지만 혹시 저주라도 받았을까 싶어 잠든 모라 옆에 얌전히 놔두었다.

아침에 눈을 뜬 모라는 두목이 없는 것을 알고 서럽게 울기 시작했다. 잔타코롭 왕자의 시신을 보자 남편의 지극한 사랑이 떠올라 더더욱 눈물이 앞을 가렸다. 홀로 버려진 모라는 정처없이 발길 닿는 대로 밀림을 헤매고 다니다가 마침내 바닷가에 도착했다.

한편 하늘의 인트라 신이 아래를 내려다보다가 모라의 추하고 음탕한 마음 때문에 잔타코롭 왕자가 죽은 것을 보고 몹시 마음이 동요되어 인간 세상으로 내려왔다. 독수리로 변한 인트라 신은 모라가 보는 앞에서 사슴을 쪼아 먹었다. 여러 날을 굶은 모라는 독수리에게 사슴 고기를 나누어 달라고 애걸하였다. 독수리가 달콤한 말로 유혹하자 그녀는 기다렸다는 듯이 눈웃음을 치며 애교를 부렸다. 그러자 인트라 신은 그녀에게 욕을 퍼부으며 벌거벗어도 부끄러움을 모르는 원숭이가 되라고 저주하였다. 앞으로 태양이 붉은빛을 띠면 남편의 피라고 생각하고 "푸어, 푸어, 푸어." '푸어'는 태국어로 남편, 지아비라는 뜻 하고 옛 남편을 부르며 긴 꼬리 원숭이를 남편으로 맞아 살라고 했다.

모라를 벌한 후 인트라 신은 잔타코롭 왕자의 시신에 약을 바르고 주술을 불어 넣었다. 이윽고 왕자가 정신을 차리자 인트라 신은 왕자가 업보 때문에 이런 고통을 겪었음을 일깨워 주고는, 모라가 어떤 벌을 받았는지를 일러 주었다.

인트라 신이 또한 이르기를, 이번 일을 명심하고 북쪽으로 계속 여행하다 보면 인생의 반려자를 만나게 될 것인데, 그녀의 이름은 뭇차린이며 아버지는 바단 왕국을 다스리는 푸총 왕이고 어머니는 긴나리^{태국 신화에 나오는 반인반조(半人半鳥). 남성형은 긴넌}라고 했다. 다만 푸총 왕이 딸을 밀림에 있는 어느 동굴 속에 살게 해서 하늘에 닿을 듯이 커다란 거인 파욘이 그 동굴을 지키고 있으니, 그 거인을 죽여야 뭇차린을 만날 수 있을 것이라고도 했다. 말을 마친 인트라 신은 하늘로 올라갔다. 잔타코롭은 활을 메고 검을 들고 이레를 걸어 거대한 밀림에 도착했다. 그 밀림은 바단 왕국의 땅이어서 푸총 왕의 병졸들이 순시를 돌고 있었다. 잔타코롭을 발견한 병졸들은 불꽃처럼 새빨간 눈을 빛내며 덤벼들었다. 위험에 처한 잔타코롭은 활을 준 스승을 생각하며 활시위를 당겼다. 그러자 화살은 신기하게도 낙을 잡아먹는 크롯으로 변해 낙 무리 속으로 날아갔다. 낙들은 크롯을 당해 내지 못하고 모두 바단 왕국으로 도망쳤고, 크롯은 다시 화살이 되어 돌아왔다.

　잔타코롭은 여행을 계속하여 어느 높은 산봉우리에 도착했다. 그 산에는 뭇차린이 사는 동굴이 있었다. 그 산은 매우 아름다웠으며 바위들은 황금색으로 번쩍이고 있었다. 산기슭에는 복카라니라는 이름의 연못이 있어 온갖 꽃이 만발해 향기를 뿜어 내고 있었고, 이름 모를 열매도 주렁주렁 달려 있었다.

　잔타코롭은 즐거운 마음으로 산천 경개를 구경하며 걷다가 어느 굴 앞에 서게 되었다. 산처럼 덩치가 크고 못생긴 얼굴에 상아 같은 송곳니를 길게 뻗친 거인 파욘이 입구를 지키고 있었다. 왕자를 본 거인은 못마땅한 기색으로 눈알을 뒤룩뒤룩 굴리더니 온 산이 울릴 정도로 고래고래 고함을 지르며 잔타코롭을 향해 돌진했다. 잔타코롭은 활을 쏘아 거인의 머리를 꿰뚫었다. 그러나 어찌 된 일인지 거인은 쓰러졌다가 다시 일어나고, 또 쓰러졌다가도 다시 일어나는 것이었다. 잔타코롭은 어찌 해야 좋을지 몰라 활을 들고 신에게 빌었다.

"인트라 신님, 스승님, 만일 제가 진정으로 뭇차린의 배필이라면 제가 거인을 물리칠 수 있도록 도와주세요."

기도를 마친 왕자는 다시 기운을 내어 활시위를 당겼다. 화살은 불로 변해 거인 파욘을 태워 버렸고, 파욘은 신이한 힘을 잃고 그 자리에 쓰러져 풀이 되었다.

거인을 처치한 왕자가 동굴로 들어가 보니 입구에는 사자, 크룻, 백조 같은 동물들의 석상이 늘어서 있고, 그 뒤로 각양 각색의 방들이 줄지어 있는데 그 중 하나에 뭇차린 공주가 있었다.

왕자가 가까이 다가갈 때까지 뭇차린은 어여쁜 자태로 꽃 엮기에 열중하고만 있었다. 왕자는 아름다운 뭇차린에게 그 동안의 일과 거인을 죽인 이야기를 들려주며 배필이 되어 달라고 했다. 왕자의 말을 믿은 뭇차린은 기꺼이 허락했다. 둘은 그 동굴에서 행복하게 살았다.

그러던 어느 날 뭇차린이 임신하게 되자 왕자는 아이가 태어날 것에 대비해 귀향길에 올랐다. 며칠 후 두 사람은 산기슭에서 한뎃잠을 자게 되었다. 그런데 그 산은 하필이면 어느 과부 거인의 땅이었다. 두 사람이 지쳐서 잠이 든 사이 과부 거인이 우연히 근처를 지나가다가 잘생긴 잔타코롭 왕자를 보고 사랑하게 되었다. 과부 거인은 마치 보석을 얻은 것처럼 기뻐하며 왕자에게 주술을 걸고는 뭇차린을 집어 들어 바닥에 내동댕이쳤다. 다행히 뭇차린은 뱃속에 있는 아이의 복으로 정신만 잃었을 뿐 죽지는 않았다. 과부 거인은 뭇차린이 죽었다고 생각하고 바다에 던진 다음 뭇차린으로 변신해 잔타코롭 왕자 옆에 누웠다. 마침 근처에 새 두 마리가 있어서 과부 거인이 뭇차린에게 한 행동을 처음부터 끝까지 보고는 자기들끼리 이러쿵저러쿵 이야기했다. 이 이야기를 들은 과부 거인은 화가 나서 새들을 쫓아 버렸다.

그 순간 잔타코롭은 독수리가 날아와 아내를 채 가는 꿈을 꾸고 화들짝 놀라 깨어났다. 옆에서 자는 아내의 몸에서 이상한 냄새가 나고 태도가 평상시와 다른 것을 보고 더더욱 이상하게 생각했으나 증거가 없었다. 두 사람은 같이 한 달여를 더 여행한 끝에 궁전에 도착하였다.

프롬마탓 왕은 훌륭히 학문을 닦고 아름다운 며느리까지 데려온 아들을 보고 매우 기뻐하며 점성가에게 점을 보게 했다. 아들이 나라를 얼마나 잘 통치할까? 뭇차린이 아들을 낳을까, 딸을 낳을까? 그러나 점성가는 첫눈에 뭇차린이 거인임을 알아보고 사실대로 고했다. 과부 거인은 이에 앙심을 품고 해코지를 할 양으로 본래의 모습으로 돌아왔다가 오히려 왕자의 화살을 맞고 혼쭐이 났다. 세가 불리함을 느낀 거인은 구름으로 변해 안개 속에 숨어 버렸다. 잔타코롭은 뭇차린을 찾기 위해 시종 넷과 함께 다시 길을 떠났다.

한편 뭇차린은 바다에 떨어질 때 바다의 신이 수초로 변해 그녀를 받아 준 덕분에 무사했다. 바다의 신은 그녀를 바단 왕국에 데려다 주었다.

푸총 왕은 만신창이가 되어 돌아온 딸을 보고 깜짝 놀랐다. 점성가를 시켜 딸의 운세를 점쳐 보니, 반드시 남편을 다시 만날 것이며 인간을 초월하는 능력을 가진 아들을 둘 것이라 했다. 왕은 딸을 위로하며 함께 살았다. 하지만 뭇차린은 마음이 늘 불안하여 온종일 남편을 그리는 마음으로 지냈다.

　일곱 달이 흘러 뭇차린은 아들을 낳았다. 푸총 왕은 손자를 매우 사랑하여 이름을 잔타윙이라 지었다. 신이한 활을 가지고 태어난 잔타윙은 나이가 들수록 아버지와 닮아 갔다.

　손자가 일곱 살이 되자 할아버지는 500명의 낙을 부하로 주고 프라민과 핀수완이라는 두 명의 영특하고 뛰어난 친척을 시종으로 딸려 잔타윙을 보살피게 했다.

　어느 날 잔타윙은 할아버지에게 사냥을 나갈 테니 허락해 달라고 청했다. 할아버지는 어두워지기 전에 돌아오라며 허락했다. 오래간만에 자유를 만끽하며 여기저기 둘러보던 잔타윙은 우연히 등사캄이라는 거인과 맞닥뜨리게 되었다.

　예쁘장한 잔타윙을 보고 거인이 침을 흘리며 다가가니 낙 부하들이 나무 막대기를 들고 달려와 쫓아냈다.

　"이 덩치 큰 놈아, 어디 왕자님 가까이 오느냐? 절대로 안 된다. 볼일이 있으면 저리 물러서서 엎드려라!"

　그리고 낙들은 자기들끼리 거인을 손가락질하며 놀리고 웃었다.

　"이런 놈을 무엇이라 부르느냐? 타고 놀아도 되겠다."

　화가 머리끝까지 난 거인은 소리를 지르며 잔타윙을 잡으려고 달려들었다. 하지만 쉽사리 거인에게 잡힐 그가 아니었다. 잔타윙은 요리조리 피하면서 활을 쏘았고, 낙 부하들은 사람의 탈을 벗고 낙으로 돌아와 일제히 거인에게 독을 뿜었다. 결국 견디다 못한 거인이 소리쳤다.

　"잔타윙 왕자님, 잘못했습니다. 목숨만 살려 주십시오. 제가 죽을 때까지 주인님으로 모시겠습니다."

　잔타윙은 거인에게서 거인의 아들 갈라웃과 하늘을 날 수 있는 힘을 주는 구슬 두엉개우를 얻게 되었다.

한편 잔타코롭은 시종 네 사람과 함께 뭇차린을 찾아 헤매다가 우연히 밀림에서 잔타윙을 만났다. 그는 뭇차린을 닮은 잔타윙을 보고 대번에 아들이라고 확신하고 자신이 아버지임을 밝혔다. 하지만 갑자기 웬 사내가 나타나 "내가 네 아비다." 하고 말했을 때 순순히 믿을 사람이 어디 있겠는가? 결국 아버지 아들 사이에 대판 싸움이 벌어졌다. 잔타윙은 활을 쏘아 벼와 꽃을 만들었고, 잔타코롭은 여러 가지 과자를 만들었다.

잔타윙은 바단 왕국으로 돌아가 할아버지에게 웬 낯선 사내와 싸운 이야기를 들려주고 할아버지와 어머니를 데려왔다. 그 덕에 뭇차린은 남편 잔타코롭과 만나게 되었다.

바단 왕국의 전통에 따라 낙 왕 파야낙이 왕국 전체에 독을 품을 때가 되자, 잔타코롭은 부인과 아들을 데리고 왕궁으로 돌아가야 했다. 낙의 독은 매우 강해서 인간은 독기를 쏘인 즉시 죽기 때문이었다. 낙 왕은 여러 신하들과 함께 사위 일행을 전송해 주었다.

도중에 잔타코롭 일행은 어느 산에 도착해 쉬게 되었다. 그 산에는 커다란 사이나무가 있었는데, 그 나무에 깃들인 장난꾸러기 나무 신이 아름다운 잔타윙을 보고는 사핫사랑시 왕국의 맛차 공주와 짝지어 줘야겠다고 마음먹었다. 사이나무 신은 밤에 일행에게 주술을 걸어 잠들게 한 뒤 잔타윙을 살그머니 맛차의 방으로 안아 옮겼다.

아침에 잠에서 깬 잔타코롭과 뭇차린은 아들이 없어진 것을 알고 야단이 났다. 늘 가지고 다니는 활도 놔두고 어디로 갔단 말인가. 잔타코롭은 아들이 위험에 처했다고 여기고 제사를 지내 아들의 안전을 빌기로 했다.

한편 밤중에 정신이 든 잔타웡은 주변을 두리번거리다 옆에서 자고 있는 맛차를 보았다. 그녀의 아름다움에 반한 잔타웡은 부모님이 걱정하실 거라는 것도 잊고 공주와 여러 날을 보냈다.

공주의 시녀들은 공주가 며칠째 아버지에게 문안도 드리지 않고 방에만 있는 것이 이상해서 몰래 침실을 들여다보았다가 웬 사내가 함께 있다는 걸 알게 되었다. 이에 대노한 사핫사랑시의 왕은 딸을 몹시 때려 실신시키고 잔타웡을 사형에 처하려 했다. 맛차는 아버지의 발에 매달려 애원했다.

"아버지, 잔타웡을 살려 주세요. 잔타웡은 왕족이에요. 그러니 참아 주세요."

그러나 아버지는 딸의 말을 듣지 않고 사형에 처하라는 명령을 내렸다. 형장으로 끌려가던 잔타웡은 외할아버지가 가르쳐 준 주술을 써서 땅속에 몸을 숨겼다가 기회를 보아 바다로 도망쳤다.

바다에 온 잔타웡은 등사캄 거인을 불러 도움을 청했다. 등사캄은 그를 안고 이곳저곳을 찾아다닌 끝에 그를 다시 부모에게 돌려보내 주었다. 프롬마탓 왕이 점성가를 시켜 잔타웡이 언제 어디서 맛차를 만날 수 있을지 점치게 하자 이런 점괘가 나왔다.

"현재 잔타웡의 배필도 그를 찾아 여행을 하고 있습니다. 잔타웡을 북동쪽으로 가게 하면 만나게 될 것입니다."

잔타웡은 맛차를 찾아 북동쪽으로 길을 떠났다.

한편 맛차 역시 남편이 땅속으로 들어가 피신했다는 소식을 듣고 잔타웡을 찾아 나섰다. 그녀는 일부러 평범한 여인처럼 차려입고 왕궁을 나왔다. 그러나 여자 혼자 몸으로 어디 있는지도 모르는 남편을 찾는다는 것은 쉬운 일이 아니었다. 정처없이 남편을 찾아 떠돌아다니던 맛차는 허기지고 지쳐서 어느 산기슭에서 실신하고 말았다.

그 산의 신은 아름다운 맛차가 쓰러져 있는 것을 보고 측은한 생각이 들어 그녀를 시사왓이라는 남자 브라만으로 변신시켜 주었다. 다시 여자가 되려면 맛차가 남편과 한 방에서 자야만 했다. 산신은 동북쪽으로 가면 남편을 만나게 될 거라는 말을 남기고 사라졌다.

남편의 이름을 부르며 혼자 여행하던 시사왓은 사만부리의 왕 갈라순이라는 거인을 만나 그의 아들로 들어갔다. 갈라순 왕은 앞으로 살 날이 얼마 남지 않았음을 알고 시사왓에게 자기가 죽은 다음 사만부리 왕국을 맡아서 다스려 달라고 했다. 하지만 그는 남편을 찾아야 했다. 시사왓이 싫다며 도망가자 갈라순 왕은 시사왓을 따라와 돌아갈 것을 종용했다.

"나는 너를 내 목숨보다 더 사랑한다. 내가 죽고 나면 네가 내 뒤를 이어 사만부리 왕국을 다스려야 한다. 내가 죽으면 장례식을 치러 다오. 내 시체가 밀림에서 썩지 않게 해 다오."

결국 거인의 목숨이 다하는 순간이 다가왔다. 갈라순 왕은 눈물을 흘리며 마지막으로 주술을 부려 자신이 갖고 있는 와자싯을 시사왓에게 옮겨 주고는 숨을 거두었다.

갈라순 왕이 죽자 시사왓은 그의 소원대로 시신을 거두어 성대하게 장례를 치를 준비를 했다. 다비식^{불교에서 화장하는 일을 달리 이르는 말}을 할 제단을 장식하던 시사왓은 마침 그곳을 지나는 잔타윙과 마주쳤다. 둘은 단번에 서로를 알아보았다.

갈라순의 장례식을 마친 후 잔타윙은 맛차를 집에 데리고 가기 위해 등사캄과 갈라웃을 찾아가 상의했다. 시사왓이 맛차인 것은 분명한데 잔타윙을 사랑하는 기미가 보이지 않았기 때문이다. 거인 부자는 맛차가 남자로 변하는 주술에 걸린 것 같으니 남자의 몸이 죽어야만 그 주문이 풀리고 본래 모습으로 돌아갈 것이라고 알려주었다.

　잔타윙은 시사왓을 죽여야 한다는 게 못내 내키지 않았지만 마음을 독하게 먹기로 했다. 브라만을 죽이기로 한 날, 잔타윙은 그에게 같이 한 방에서 자자고 했다. 시사왓이 여자로 돌아갈 수 있는 좋은 기회였지만, 아쉽게도 잔타윙과 한 방에서 잘 뿐 한 베개를 베고 동침하지 않았으므로 여자로 변하지 못했다. 잔타윙은 브라만이 잠들기를 기다렸다가 단검을 꺼내 쳐들었다. 차마 죽일 수가 없었지만 아무리 생각해 봐도 그 길밖에 없었다.

　'만일 아내가 아닌 엉뚱한 사람을 죽인 거라면 나도 따라서 죽으리라.'

　마침내 잔타윙은 독하게 마음먹고 단검을 내리쳤다. 브라만의 목이 댕강 떨어지는 순간 그는 정신을 잃었다.

　다행히 산신의 가호로 시사왓은 비록 목이 떨어져 나갔어도 의식만은 잃지 않아서 갈라순이 가르쳐 준 주문을 외우자 떨어졌던 목이 도로 붙었다.

　시사왓은 왜 남편이 자신의 목을 쳤는지, 그리고 왜 기절했는지 이유를 몰라 하염없이 눈물을 흘렸다. 크나큰 슬픔에 사로잡힌 그녀는 남편이 죽었으니 자신도 사랑하는 남편을 따라 죽으리라 결심하고 잔타윙을 일으켜 안았다. 그런데 뜻밖에도 남편의 몸에 온기가 있었다. 죽지 않은 것이다. 서둘러 잔타윙을 깨우니 남편이 두 눈을 번쩍 떴다. 남편은 시사왓이 죽지 않았음을 알고는 크게 기뻐했다. 두 사람은 서로가 살아 있음을 확인하고 얼싸안았다.

　시사왓은 자신이 누구이며 남편과 헤어진 뒤 무슨 일이 있었는지 잔타윙에게 들려주었다. 사정 이야기를 듣고 난 잔타윙은 기꺼이 그를 안고 한 베개를 베고 잤다. 그 순간 주술이 풀려 시사왓이 맛차로 돌아왔다.

맛차는 남편 잔타윙에게 갈라순의 장례를 치르고 자기 대신 나라를 다스려 달라고 했다.

다음 날 아침 잔타윙은 신하들을 불러 갈라순 왕의 장례를 치를 신전 프라 메루[1]를 짓도록 했다. 신하들은 잔타윙을 두려워하여 얼마 안 있어 아름다운 프라메루를 세웠다. 이윽고 때가 되자 잔타윙은 춤, 노래, 연극, 권투 등으로 일주일 동안 잔치를 벌인 후 갈라순 왕의 다비식을 거행했다. 갈라순 왕의 재는 그의 소원대로 바다에 뿌려졌다.

잔타윙은 암자에서 기다리고 있는 낙 부하들을 떠올리고 갈라웃과 프라민, 그리고 핀수완을 보내 그들을 사만부리로 오게 하여 살 곳을 마련해 주고 보살펴 주었다. 그 후 잔타윙과 맛차는 사만부리를 다스리며 행복하게 잘 살았다.

● ― 주

[1] 원래는 힌두교에서 신들이 사는 천상의 산을 이르는 말. 태국인들은 사람이 죽으면 프라 메루로 돌아간다는 믿음이 있어 화장탑을 프라 메루라고 부른다.

낭 마노라

옛날 아주 먼 옛날 우던판차 왕국의 아팃웡 왕과 잔테위 왕비가 아들을 낳았다. 아이가 세상에 태어날 때 요술 활이 함께 나왔다. 아이는 수톤이라고 불렸고, 보살의 환생이었다.

한편 우던판차 왕국 근처에는 땅 밑 바다 왕국으로 통하는 큰 연못이 있었다. 바다 왕국의 칫촘푸 왕은 연못 근처에서 조용히 도를 닦으며 사람들이 농사 짓기에 알맞도록 종종 비를 내려 주었다. 덕분에 우던판차 왕국은 늘 풍년이 들었고 백성들도 평안히 잘 살았다.

우던판차 왕국 서쪽에는 판차 왕국이 있었는데, 그 나라는 해마다 흉년이 들어 백성들의 고생이 말도 못했다. 어느 해, 배고픔을 견디지 못한 판차의 백성들은 무리를 지어 우던판차 왕국으로 몰려갔다. 졸지에 백성을 모조리 잃은 판차의 왕은 브라만 푸로힛을 찾아가 그 까닭을 물었다. 브라만은 바다 왕국의 칫촘푸 왕이 우던판차 왕국을 도와 준 덕분이라고 대답했다. 이 말은 들은 왕은 시기심이 발동하여 브라만의 우두머리인 푸로힛에게 낙 왕을 죽일 방법을 찾아보라고 명했다. 명을 받은 브라만 푸로힛이 연못으로 가서 주술을 부리자 땅 밑에 있던 낙 왕은 갑자기 이상한 기운을 느끼고 지상으로 올라왔다. 그런데 올라와 보니 웬 브라만이 자신을 잡으러 와 있었다. 낙 왕은 허둥지둥 도망쳤지만 아무리 땅속 깊이 들어가도 한번 낙 왕을 사로잡은 주술은 그를 더욱 극심하게 괴롭힐 뿐이었다. 견디다 못한 낙 왕은 브라만으로 변신하여 지상으로 올라와 연못 입구에 앉아 있었다.

　이때 우던판차의 백성인 사냥꾼 분이 이곳을 지나다가 연못 입구에 앉은 브라만을 보고 무슨 일이 있느냐고 물었다. 낙 왕은 사냥꾼의 마음을 떠보기 위해 "낙 왕을 죽이려 한다."고 대답했다. 그 말을 들은 사냥꾼은 몹시 화를 내며 그를 죽이려고 했다. 사냥꾼의 진심을 안 브라만은 그제야 사실을 털어놓았다. 이에 사냥꾼이 그 못된 브라만을 죽이겠다고 자청했지만, 이미 브라만의 주술에 걸려 있는 낙 왕으로서는 브라만을 잡아 죽이기보다 주술을 푸는 일이 먼저였다. 그때 마침 낙 왕을 찾아 헤매던 브라만 푸로힛이 낙 왕을 발견하고는 달려들었다. 사냥꾼은 브라만 푸로힛을 잡아 낙 왕에 대한 주술을 풀게 한 후 죽였다.

　사냥꾼 덕분에 자유로워진 낙 왕은 감사의 표시로 사냥꾼을 바단 왕국으로 데리고 가서 후히 대접한 후 왕국의 반을 내주었다. 사냥꾼은 이레 동안 바단 왕국을 다스렸으나 호사스러운 왕궁이 불편하게만 여겨졌다. 결국 사냥꾼은 낙 왕에게 왕국을 돌려주고 인간 세상으로 돌아가겠다고 말했다. 낙 왕은 사냥꾼에게 많은 금은보화를 선물로 주면서 언제든 어려운 일이 있으면 도와주겠다고 약속했다.

　어느 날 사냥꾼은 짐승의 발자국을 따라 힘마판 산까지 가게 되었다. 힘마판 산 꼭대기에는 보름날이면 하늘에서 긴나리들이 내려와 목욕을 한다는 큰 연못이 있었다. 그날이 바로 보름 전날이었으므로 사냥꾼은 그곳에서 하루를 묵고 긴나리를 구경하기로 했다. 그런데 사냥꾼이 생각해 보니 긴나리를 잡아 수톤 왕자에게 바치면 좋을 것 같았다. 도사를 찾아가 상의하니, 인간이 긴나리를 잡으려면 낙 왕이 가지고 있는 올가미가 있어야 한다고 했다.

그래서 사냥꾼은 낙 왕에게 가서 올가미를 빌려 달라고 했다. 낙 왕은 빌려 주기 싫었지만 살려 준 은혜를 생각하면 거절할 수가 없었다. 보름날, 드디어 만반의 준비를 마친 사냥꾼은 연못에 가서 기다렸다.

한편 크라이랏 산에는 긴년 왕국이 있었다. 이 왕국의 프라툼 왕에게는 일곱 공주가 있었는데, 그 중 막내인 마노라 공주가 제일 예뻤다.

보름날, 점술가는 긴년 왕국의 마노라가 운이 나쁘다는 점괘를 내놓았다. 어머니 왕비가 딸들에게 힘마판 산의 호수로 내려가지 말라고 하였으나 공주들은 몰래 내려갔다. 마노라는 사냥꾼이 놓은 올가미에 걸려 붙잡혔다. 마노라의 날개와 꼬리를 감춘 사냥꾼은 공주를 수톤에게 데려가다가 마침 사냥을 나온 수톤과 마주쳤다. 수톤과 마노라는 첫눈에 반해 그날 밤 부부의 연을 맺었다.

예쁜 신부를 얻은 수톤은 브라만에게 감사를 표하며 나중에 자기가 왕이 되면 푸로힛 자리를 주겠다고 약속했다.

그런데 일이 꼬이려고 그랬는지 푸로힛의 아들이 이 얘기를 듣고 아버지에게 일러바쳤다. 아들에게 자리를 물려줄 야심에 불타던 브라만 푸로힛은 수톤을 해치기로 결심하고, 이웃의 판차라 왕국에 사람을 보내 만일 그대들이 공격해 오면 언제든지 성문을 열어 주겠다고 했다.

판차라 왕국이 쳐들어오자 푸로힛은 수톤이 나가 적들과 싸워야 한다고 고집했다. 푸로힛으로서는 수톤이 전쟁통에 칼에 찔리거나 화살에 맞아서 유명을 달리해 주길 간절히 바란 것이지만, 수톤은 오히려 전쟁에 나가 용감히 싸워 혁혁한 공을 세웠다. 브라만 푸로힛은 입맛이 썼다.

우던판차 왕국이 승리를 목전에 앞둔 어느 날 새벽, 아팃웡 왕은 자신의 내장이 우주를 감싸는 꿈을 꾸었다. 기이한 꿈이라고 여긴 왕은 브라만 푸로힛에게 해몽을 명했다. 복수심에 불타던 푸로힛은 그 꿈이 대길몽인 것을 알면서도 왕자에게 큰 해가 닥칠 흉몽이라며, 네발짐승 백 마리, 두발짐승 백 마리, 인간 백 명, 그리고 긴나리를 죽여서 사흘 동안 제사를 지내야 액을 면할 수 있다고 거짓으로 고했다.

남편이 옆에 없는 마노라는 혼자서라도 살 궁리를 해야 했다. 그녀는 이왕 죽을 몸이니 마지막으로 왕과 왕비에게 춤이라도 한 번 춰 보이겠다며 날개와 꼬리를 달라고 했다. 날개와 꼬리를 받은 공주는 춤을 추는 척하다가 창문을 통해 힘마판 산으로 도망갔다.

공주는 집으로 가는 도중에 힘마판 산에 있는 도사에게 들러 만일 수톤이 자기를 찾으러 오면 단념하게 해 달라고 부탁했다. 그래도 만일 수톤이 단념하지 않으면 일러 주라며 크라이랏 산으로 가는 길을 알려 주는 지도와 주문, 약, 반지, 옷을 맡겨 놓고 집으로 갔다.

긴년 왕국에서는 잃어버린 줄 알았던 마노라가 돌아온 것을 기뻐하며 그 동안 인간 세상에 살면서 몸에 밴 인간 냄새를 지우기 위해 7년 7개월 7일 동안 성 밖 아노닷 호수의 물로 목욕하도록 했다.

얼마 후 수톤은 전쟁에서 승리를 거두고 돌아왔으나 마노라가 떠난 사실을 알고 크나큰 슬픔에 잠겼다. 아내를 잊지 못한 그는 마노라를 찾아 크라이랏 산으로 떠났다.

먼저 힘마판 산을 찾은 수톤은 도사에게 마노라의 행방을 물었다. 도사가 만류했으나 수톤은 꼭 마노라를 되찾겠다며 고집을 부렸다. 수톤의 의지가 굳은 것을 안 도사는 마노라가 맡기고 간 물건과 주문을 내주며 크라이랏 산으로 가는 길을 자세히 가르쳐 주었다. 도중에 독초 밀림을 지나게 된 수톤은 도사가 시킨 대로 원숭이 한 마리를 잡아 동행하며 원숭이가 먹는 과일만 먹고, 늘 몸에 지니고 다니는 활을 써서 온갖 난관을 넘긴 끝에 무사히 마노라가 있는 곳에 도착할 수 있었다.

그날은 마침 마노라가 7년 7개월 7일 동안의 오랜 성 밖 생활을 청산하는 마지막 날이어서 시녀들이 마노라의 목욕물을 뜨러 왔다. 수톤 왕자는 물을 길으러 온 시녀 중 마지막 시녀가 물동이를 들지 못하게 해 달라고 기도했다. 기도가 통했는지 맨 마지막 시녀는 물동이를 들지 못했다. 수톤은 시녀에게 다가가 물동이를 이도록 도와주면서 도사로부터 받은 반지를 물동이 속에 몰래 넣었다. 그리고 반지가 공주 한 사람의 눈에만 띄게 해 달라고 기도했다. 기도대로 목욕물 속의 반지는 어느 누구의 눈에도 띄지 않고 공주의 손에 스르르 끼워졌다.

공주는 수톤이 크라이랏 산에 온 것을 알고는 시녀를 시켜 옷과 음식을 마련하여 수톤에게 보내고 어머니에게 이 사실을 알렸다. 왕비는 인간인 수톤이 여기까지 왔을 리가 없다고 했지만 반지를 보고는 믿지 않을 수 없었다. 마노라로부터 자세한 이야기를 들은 프라툼 왕 부부는 변치 않는 수톤의 사랑에 감복하고, 또 그 어려운 난관을 뚫고 온 용기와 지혜에도 감탄했다.

결국 프라툼 왕은 수톤을 왕궁으로 불러들였다. 여러 신과 선녀들 앞에서 다시 한번 수톤의 지혜와 능력을 시험해 보고 싶었던 것이다.

수톤 왕자가 크라이랏 왕국까지 오기까지 신이한 활의 도움이 큰 것을 알게 된 왕은 그에게 1000명의 장정이 들어 올릴 수 있는 활과 돌을 들어 보라는 과제를 내렸다.

수톤은 어렵지 않게 들어 올렸다. 그러자 왕은 또 왕자의 마음을 시험해 보겠다며 똑같은 옷과 장식을 한 일곱 명의 공주 중에서 마노라를 찾아내도록 하였다. 이번에는 수톤도 난감하기 짝이 없었다. 다행히 하늘이 수톤을 버리지 않았는지 하늘에서 인트라 신이 내려와 황금 파리로 변신해 마노라의 머리에 앉았다. 이렇게 공주에 대한 사랑을 증명해 보인 수톤은 마침내 공주와 정식으로 부부의 연을 맺게 되었다. 그 후 두 사람은 오래오래 행복하게 잘 살았다.

카키

아주 먼 옛날 파란시 왕국에 프롬마탓이라는 나이 든 왕이 살았다. 그에게는 아름다운 부인 카키가 있었다. 카키는 이 세상에서뿐만 아니라 저승과 내생을 통틀어 가장 아름다운 여인이었다. 외모가 아름다울 뿐 아니라 몸에서 재스민보다 더 은은하고 향기로운 냄새가 났으므로 남자라면 나이나 신분과 관계없이 모두 그녀를 보면 사랑하는 마음이 일어 주체할 수가 없었다.

그러나 프롬마탓 왕은 사카(장기와 비슷한 놀이)를 몹시 좋아해서 매일 끼니를 먹듯 사카를 하다가 사카가 끝나야 왕비에게 갔다.

마침 하늘과 땅 사이에 사는 크룻도 역시 사카를 좋아해서 매일 프롬마탓 왕을 찾아와 사카를 즐겼다. 크룻이 궁에 올 때는 새가 아닌 잘생긴 청년으로 변신해서 왔으므로 왕은 그가 새인지도 몰랐고, 어디서 오는 젊은이인지도 몰랐다. 사카에만 정신이 팔려 있었기 때문이다.

그러던 어느 날 왕은 젊은이와 사카를 두는 데 정신이 팔려 왕비

● 태국 민담

카키에게 가야 하는 시간이 지난 줄도 모르고 계속 사카를 두었다. 아무리 기다려도 왕이 오지 않자 카키는 시녀들을 시켜 왕이 무슨 일이 있어 늦는 것인지 알아보게 했다. 그런데 왕에게 다녀온 시녀가 말하기를, 왕이 매우 잘생긴 젊은이와 함께 사카를 두고 있다고 했다. 호기심이 발동한 카키는 시녀의 말이 정말인지 두 눈으로 확인해 보기로 마음먹고 왕이 사카를 두는 곳에 가서 몰래 안을 들여다보았다. 그런데 그때 마침 사카를 두던 젊은이가 고개를 들었고, 우연히 두 사람의 눈길이 마주쳤다. 그 순간 두 사람의 가슴속에서는 뜨거운 불길이 일었다. 사랑의 감정이 인 것이다. 그러나 카키는 자신이 왕의 부인인 것을 깨닫고는 얼른 눈길을 거두고 궁으로 돌아갔다.

한편 젊은이는 마음이 흔들리고 설레어 사카를 두는 데 집중할 수가 없었다. 방금 본 아리따운 여인의 얼굴이 눈앞에 어른거릴 뿐이었다. 결국 그는 갑자기 몸이 불편하다고 얼버무리면서 일주일 정도 쉰 다음에 다시 오겠다고 했다. 왕은 이미 시간이 많이 지났으므로 별 생각 없이 허락했다.

왕궁에서 나온 젊은이는 으슥한 곳으로 가서 크룻으로 변신한 다음 날개를 펴서 햇빛을 가리고 파란시 왕국에 폭풍우를 일으켰다. 갑작스러운 폭풍에 백성들은 바람에 날아가는 가재도구를 챙기느라 정신이 없었다. 그 틈을 타 크룻은 카키의 궁으로 날아갔다. 갑자기 나타난 크룻을 보고 카키는 놀라서 기절했고, 크룻은 두 발로 카키를 낚아채 하늘로 올라갔다.

잠시 정신을 잃었던 카키가 정신을 차리고 보니 바로 조금 전에 잠깐 눈길이 마주쳤던 젊은이의 팔에 안겨 있는 것이었다. 그제야 그녀는 어떻게 된 영문인지 깨달았지만 이미 사나운 독수리 발에 채인 병아리 같은 처지였다. 이렇게 해서 그녀는 크룻의 아내가 되었다.

파란시 왕국에서는 폭풍우가 잠잠해진 후에야 카키 왕비가 사라져 버린 것을 알게 되었다. 왕은 시녀와 신하들에게 왕비를 찾으라고 명하고 온 왕궁을 다 뒤졌으나 그림자도 찾을 수 없었다. 프롬마탓 왕은 졸지에 사랑하는 아내를 잃고 슬픈 나머지 정신을 잃었다. 그는 간신히 정신을 차리고 궁정 악사에게 어떻게 하면 사랑하는 왕비를 찾을 수 있을지 물었다.

왕비와 젊은이가 눈길을 맞춘 것을 본 데다가 왕과는 달리 진작부터 그 젊은이가 크룻이 변신한 것이라고 짐작하고 있던 궁정 악사는 선뜻 나서서 왕비를 구해 오겠다고 했다.

한편 크룻은 신기하게도 몸에서 향기가 피어나는 왕비 곁을 한시도 떠나지 않았다. 그러나 왕과 약속한 일주일이 지나자 어쩔 수 없이 사카를 두러 내려가야 했다. 만일 왕궁으로 사카를 두러 가지 않으면 의심을 받을 수도 있었다. 그래서 그는 누가 문을 열고 들어와 카키를 범하지 못하게끔 주술을 부려 문을 봉해 놓고 프롬마탓 왕이 기다리는 왕궁으로 가서 사카를 두었다.

그러나 온통 카키에게 정신이 팔린 크룻으로서는 사카가 재미도 없고 흥도 나지 않았다. 프롬마탓 왕 역시 카키 생각에 사카를 둘 마음이 없었다. 이래저래 건성으로 사카를 두는 두 사람 옆에서 궁정 악사 또한 젊은이의 안색을 살피느라 연주는 뒷전이었다. 궁의 분위기는 예전과는 달리 어색하고 냉랭하기만 했다.

사카는 다른 때보다 일찍 끝이 났다. 젊은이는 오직 카키를 보고 싶은 마음에 하직 인사를 하자마자 으슥한 곳으로 가서 크룻으로 변신해 곧장 하늘로 올랐다. 급하게 서두르느라 궁정 악사가 이로 변신하여 크룻의 깃털 속에 숨어 있는 것을 알아차릴 경황도 없었다.
  크룻은 집에 돌아가자마자 불안해하는 카키의 마음을 달래 주고 사랑을 나누느라 정신이 없었다. 이로 변신해 깃털에 붙어 온 궁정 악사는 으슥한 곳에 숨었다가 크룻이 먹이를 찾으러 나간 사이 궁정 악사로 돌아와 카키 앞에 모습을 드러냈다.
  카키는 집으로 돌아갈 수 있다는 생각에 기쁘기도 했지만 이미 크룻의 아내가 되어 몸을 버린 부정한 여인이 되었다는 죄책감에 휩싸여 있었다. 프롬마탓 왕이 자신을 받아 줄지 걱정도 되었다.
  카키가 머릿속으로 이러한 생각을 하느라 분주한 사이 궁정 악사 역시 나름대로 고민에 빠졌다. 만일 카키 왕비가 파란시 왕국으로 돌아가기를 거부하고 자기가 몰래 온 사실을 크룻에게 고자질한다면 자기의 목숨은 없는 것이나 마찬가지였기 때문이다. 게다가 그곳은 신들이 사는 천상과 지상의 중간 지점인 힘마판 산 속 아주 으슥한 곳에 있었으므로 지상으로 돌아가려면 아무래도 크룻의 힘을 빌려야 했다.
  악사는 꾀를 내어 왕비에게 자신이 여기까지 온 것은 프롬마탓 왕의 명이 있었기 때문이기도 하지만 자신이 왕비를 사랑하고 있었기 때문이라며 카키에게 사랑을 고백하였다. 그리고 왕비가 자신의 사랑을 받아 준다면 왕비가 크룻과 같이 살았다는 것을 왕에게는 비밀로 하겠다고 회유했다.
  악사의 말을 들은 왕비는 한층 더 서글펐다. 크룻에게 끌려와 강제로 정조를 잃은 것도 가슴 아픈 일인데 또 다른 남자가 입을 다무는 조건으로 자신의 몸을 요구하며 협박하다니. 그녀가 결정을 못 내리고 묵묵히 있는 것을 수락의 뜻으로 오해한 악사는 크룻이 돌아오기 전에 카키의 입을 확실히 막아 둘 요량으로 서둘러 강제로 카키와 사랑을 나누고 다시 이로 변해 먼저 있던 곳에 숨었다.

그 후 또다시 이레가 지나 크룻이 파란시 왕국으로 사카를 두러 가야 할 시기가 되었다. 이로 변한 궁정 악사는 크룻의 깃털 속에 숨어 안전하게 파란시 왕국으로 돌아왔다.

왕국으로 돌아온 악사는 자신의 그릇된 행동에 겁을 집어먹고 왕에게 모든 사실을 보고하면서, 왕국으로 다시 돌아오기 위해서는 카키와 사랑을 나눌 수밖에 없었노라고 거짓으로 고했다. 이 말을 들은 왕은 카키가 음탕한 여자라며 노발대발했다. 왕은 카키가 돌아올 수 있게 할 사람은 오직 악사 한 사람뿐이라고 믿고 그의 잘못을 용서해 주었다. 그리고 슬픔을 감춘 채 젊은이와 사카를 두었다.

악사는 그 자리에서 크룻이 카키를 납치해 간 일을 노래로 지어 불렀다. 그 노래를 들은 크룻은 가슴이 뜨끔해서는 서둘러 왕에게 하직을 고하고 집으로 돌아갔다. 그리고 자기가 카키를 몰래 훔쳐 와 겁탈한 것은 생각지 않고 다짜고짜 카키에게 욕을 하고 분풀이를 한 다음 그녀를 안아다 파란시 왕국에 내려놓고 줄행랑을 쳤다.

다음 날 아침, 창문을 통해 카키를 본 프롬마탓 왕은 기뻐하기는커녕 그녀를 신랄하게 비웃었다. 그러고는 병사들에게 왕비를 잡아 뗏목에 묶어 천지신명이 벌하도록 강물에 띄워 보내라고 명했다. 죽든 살든 그것은 그녀의 업보였다.

카키의 수난은 그것으로 끝나지 않았다. 망망대해로 떠내려가 우연히 뱃사람들에게 발견된 선장의 아내가 되었다. 이번에도 선택의 여지는 없었다. 뱃사람의 아내가 되는 것이 부끄럽기는 했지만, 뗏목에 묶여 따가운 햇볕과 차가운 이슬을 맞으며 고생하는 것보다는 나았다. 배가 절벽 근처에 있는 사당을 지날 때 선장은 뱃사람들의 풍습에 따라 그녀를 제물로 바쳤다.

그때 불운하게도 도적떼가 들이닥쳐 그녀는 다시 도적의 손에 들어갔다. 그녀는 이번에도 어쩔 수 없었다. 산속에서 남자들끼리만 살던 산적들은 두목 혼자 아름다운 카키를 차지하는 데 거세게 항의했다. 결국에는 카키를 놓고 도적들끼리 싸움이 일어나 서로 다투다가 서로 죽고 죽였다. 이 틈을 타서 카키는 도망을 쳤으나 산속에서 길을 잃고 말았다. 그녀는 자신의 운명이 한스러워 울면서 산속을 걷고 또 걸었다.

그때 아파이살리나컨 왕국의 홀아비 왕 톳사윙이 그 산에 왔다가 카키를 보고 그녀의 미모에 끌려 그녀에게 어디서 온 누구인지를 물었다. 그녀는 만일 멸시당하고 미움받았던 과거를 그대로 이야기한다면 다시 밀림에 버려져 사나운 짐승의 밥이 될지도 모른다고 생각하고, 자신은 연꽃에서 태어나 도사의 손에 자랐고 이름이 텝압바선인데, 아버지처럼 믿고 따르던 도사님이 갑자기 돌아가셔서 누구를 의탁해야 좋을지 몰라 울고 있다고 거짓말을 했다. 톳사윙 왕은 그 말을 듣고 그녀를 궁으로 데려가 성대한 결혼식을 올렸다.

그러나 그녀의 아름다움을 하늘이 질투한 것인지, 그녀의 업보가 아직도 다하지 않은 것인지, 이야기는 여기에서 끝나지 않는다. 질투에 잠시 눈이 멀어 사랑하는 카키를 뗏목에 묶어 보낸 후, 프롬마탓 왕은 비통에 젖어 먹지도 자지도 않다가 마침내 저 세상으로 가고 말았다. 프롬마탓 왕의 장례를 치른 다음 신하들은 파란시 왕국을 궁정 악사에게 바치기로 결정했다. 새 왕이 된 궁정 악사는 카키가 아직 살아 있고 아파이살리나컨 왕국의 왕비가 되어 행복하게 살고 있다는 소문을 들었다. 그는 카키를 잊지 못하고 그녀를 왕비로 삼으려고 톳사윙 왕에게 서신을 보내 그녀를 돌려내라고 했다.

톳사윙 왕은 무례한 서한을 받고 멸시당했다고 생각하고 군대를 보내 파란시 왕국의 군대와 대항하게 했다. 그러나 하늘의 도우심이 부족했는지 운명의 짓궂은 장난인지 톳사웡 왕은 전쟁에서 참패하여 죽고 말았다. 카키는 다시 파란시 왕국으로 돌아와 악사의 왕비가 되었다.

향기로운 머리카락의 여인

옛날 와피 왕국에 캄샌 왕과 캄맨 왕비가 살았다. 그들은 혼인한 지 오래되었는데도 왕위를 계승할 후계자가 없어 근심이 태산 같았다. 부부는 생각다 못해 신에게 치성을 드리기로 하고 정성껏 기도를 올렸다. 1년이 지난 어느 날 부부는 소원대로 아이를 얻게 되었다. 아이는 예쁜 딸이었다. 왕 부부는 딸의 이름을 시다라고 짓고 애지중지 키웠다.

시다는 아름다운 여인으로 자라났다. 열다섯 살이 되자 그녀의 미모에 대한 소문이 온 나라에 자자하게 퍼졌다. 그러나 아름다운 시다도 자신에게 주어진 액운을 피할 재간이 있는 것은 아니었다.

어느 날 시다는 자꾸만 산으로 놀러 가고 싶어서 참을 수 없을 정도가 되었다. 공주는 아버지에게 산에 놀러 가게 해 달라고 졸랐다. 아버지는 내키지 않았지만 무조건 못 가게 막으면 병이 되지 않을까 하여 시종들을 많이 딸려 산으로 보냈다.

시다가 즐거운 마음으로 산천 경개를 구경하고 있는데 갑자기 쇠

방망이를 든 거인이 나타나 해코지하려고 했다. 신하와 시녀들은 겁에 질려 벌벌 떨다가 혼비백산하여 도망가 버렸다. 다행히 공주는 나무 구멍에 들어가 봉변을 피했다. 거인은 방망이를 휘두르며 도망가는 수행인들의 뒤를 쫓아갔다.

거인이 사라진 후 공주는 나무 구멍에서 나와 정처없이 걸었다. 얼마나 걸었을까. 배고프고 지친 공주 앞에 움푹 들어간 소 발자국에 고인 물이 눈에 띄었다. 공주는 얼른 엎드려 두 손으로 고인 물을 떠 마셨다. 그런데 이상하게도 걸어갈수록 더 허기가 지고 갈증이 심해지는 것이었다. 나무 열매라도 따 먹을까 하고 주위를 둘러보아도 도통 먹을거리가 눈에 뜨지 않았다. 그녀는 너무 지쳐 더는 한 걸음도 내디딜 수 없을 정도가 되었다.

얼마를 더 가니 코끼리 발자국에 물이 고여 있었다. 공주는 얼른 엎드려 물을 마셨다. 그런데 그 물을 마시자 피로에 찌든 몸이 날아갈 듯 가벼워지고 눈과 귀가 밝아졌다. 기운을 차린 공주는 무사히 집으로 돌아올 수 있었다.

시다가 무사히 집에 돌아오자 감샌 왕 부부는 크게 기뻐하며 잔치를 열어 축하했다. 그런데 집에 돌아온 후부터 시다의 몸에 변화가 일어났다. 신 음식을 먹고 싶어했고 배도 눈에 띄게 불러 왔다. 이를 수상히 여긴 왕과 왕비는 시다에게 산속에서 길을 잃었을 때 누구를 만나지 않았느냐고 조심스럽게 물어보았다. 시다는 새와 짐승 외에는 아무도 만나지 못했다고 대답했다. 부부는 더욱 이상한 생각이 들었다.

"그러면 산에서 뭐든 먹은 게 있느냐?"

"소 발자국에 고인 물과 코끼리 발자국에 고인 물을 마셨습니다."

시다의 부모는 소 발자국과 코끼리 발자국에 고인 물의 독이 딸의 몸에 들어가 해를 주고 있는 게 분명하다는 결론에 도달하고 그 이야기는 비밀로 해 두기로 했다.

열 달이 지나자 시다는 딸 쌍둥이를 낳았다. 큰딸은 머리에서 침향목 냄새가 났으므로 폼험^{머리카락이 향기로운 여자아이}이라 지었고 작은딸은 룬이라 했다. 두 딸은 자랄수록 어머니를 닮아 인물이 빼어났으나 아버지가 누구인지를 몰라 늘 가슴 한켠이 답답했다.

어느 날 쌍둥이는 어머니에게 아버지에 대해 물었다. 시다는 밀림에 들어가 소 발자국의 물과 코끼리 발자국에 고인 물을 마시고 두 아이를 낳게 된 이야기를 들려주었다. 그러면서 아마 너희들은 신이 점지해 주신 아이일 거라고 덧붙였다.

어머니의 이야기를 들은 두 딸은 한층 더 아버지를 만나고 싶었다. 그래서 어머니에게 자기들이 직접 밀림에 가서 아버지를 찾아볼 테니 허락해 달라고 졸랐다. 시다는 두 딸이 애처로워 허락했다.

폼험과 룬은 아버지를 찾아 산으로 갔다. 그곳에서 자매는 사나운 코끼리를 만났다. 그 코끼리는 밀림에서 가장 사나운 수코끼리였다. 두 아이를 보자 코끼리는 소리를 지르며 해치려고 달려들었다. 폼험은 간이 콩알만 해질 정도로 놀라고 겁이 났으나 마음을 단단히 먹고 코끼리에게 말했다.

"저희들을 해치지 마세요. 저희들은 아버지를 찾아 이 밀림까지 들어왔어요. 어머니가 소 발자국과 코끼리 발자국에 고인 물을 먹고 저희들을 낳았다고 하셨거든요. 그러니 저희들을 불쌍히 여겨 죽이지 마세요."

수코끼리는 어린 소녀의 말을 듣고 이상한 마음이 들었다. 어쩌면 이 아이들 중 하나가 자기 딸일지도 모르지 않는가? 코끼리는 마음속으로 신에게 빌었다.

'만일 이 두 아이 중에 제 자식이 있다면 제 상아를 타고 올라와 제 머리 위에 앉게 해 주시고, 아니라면 상아에서 미끄러져 죽게 해 주십시오.'

그런 다음 코끼리는 폼험과 룬에게 자기의 상아를 타고 등 위로 올라와 보라고 했다. 폼험은 미끄러운 상아를 기어올라서 코끼리 등까지 쉽사리 올라갔지만, 룬은 몇 번이고 상아를 기어오르려다 미끄러져 죽었다.

코끼리는 폼험이 자기의 자식임을 확인하고는 크게 기뻐하며 그녀를 집으로 데려가 좋은 잠자리를 마련해 주고 잘 돌봐 주었다. 폼험은 동생 룬이 죽은 일을 생각하면 슬프기 한이 없었지만 아버지와 함께 밀림 생활에 적응하면서 차차 그 슬픔을 잊을 수 있었다.

폼험이 밀림에 들어와 산 지 5년이 지나 그녀는 꽃다운 스무 살 처녀가 되었다. 그 동안 폼험은 사람 구경은커녕 자기가 사는 곳에서 한 발자국도 벗어나지 못했다. 아버지인 코끼리 왕이 먹을 것이든 뭐든 구해다 주어 사는 데는 불편이 없었으나 슬픔과 고독을 나누고 이야기할 상대가 없어 마음이 항상 쓸쓸했다.

그러던 어느 날 그녀는 꽃잎에 "누구든 제 천생배필이 있다면 이것을 발견하는 즉시 저를 찾아와 주세요."라고 쓴 다음 자신의 머리카락과 함께 작은 상자에 담아 함께 물에 띄워 보내고 마음속으로 기도했다.

'이 상자가 무사히 하류로 흘러 내려가 누군가가 발견하게 해 주세요.'

시다의 기원을 담은 상자는 물을 따라 흘러가 마침내 랏타나 왕국에 도착하였다. 상자를 본 사람은 누구나 그 상자를 건지고 싶어했지만 상자는 떠올랐다 가라앉았다 하면서 계속 빠르게 떠내려갔다. 이 상자에 대한 소문은 멀리까지 퍼져 마침내 랏타나 왕국의 팽캄 왕의 귀에 들어갔다. 이상하게 생각한 왕은 직접 물에 뛰어들어 헤엄쳐 가서 그 상자를 건져 올렸다.

상자의 뚜껑을 열어 보니 향기로운 머리카락과 마음에 착 와 닿는 글귀가 들어 있었다. 왕은 그 자리에서 폼험을 사랑하는 마음이 일어 한시라도 빨리 그 주인공을 찾고자 했다.

팽캄 왕은 물줄기를 거슬러 올라가서 마침내 폼험이 머리 감고 목욕하던 곳까지 갔다. 그곳에서 향기로운 머리카락을 주운 왕은 근처에 몰래 숨어서 망을 보았다. 머리카락의 주인공이 분명히 그곳에 다시 올 것이라고 생각했기 때문이다.

저녁때가 되어 한 여인이 와서 목욕을 하려고 머리를 푸는 순간 향긋한 향기가 피어올랐다. 팽캄은 얼른 숨어 있던 곳에서 나와 그녀에게 자기가 찾아오게 된 경위를 설명했다. 이리하여 두 사람은 오랫동안 그리워하던 배필을 만나 부부의 연을 맺게 되었다. 하지만 둘의 결합은 당분간 아버지 코끼리에게 비밀로 해야 했다. 그렇게 비밀히 산 지 3년이 지나 폼험과 팽캄은 아들과 딸을 하나씩 두게 되었다.

그 동안 두 사람도 마음이 편하지 않았다. 만일 아버지 코끼리가 그 사실을 알게 되면 크게 화를 낼 게 불 보듯 뻔했다. 어느 날 두 사람은 용기를 내어 코끼리에게 가서 모든 사실을 고백했다.

코끼리는 딸과 사위의 이야기를 듣고 그 동안 딸에게 속은 것도 속상했지만, 딸이 자기 품을 떠나 팽캄의 나라에 가서 살아야 할 때가 온 것을 생각하니 가슴이 찢어질 듯 아팠다. 마음의 상처를 입은 아버지 코끼리는 마침내 병이 들었다. 딸과 사위가 정성을 다해 아버지를 간호했으나 차도가 없었다. 죽음이 가까워 옴을 감지한 코끼리는 딸을 불러 말했다.

"여자로 태어난 이상 자식을 잘 기르고 남편을 잘 보살펴야 한다. 집안 살림도 게을리 하지 말아야 한다. 이제 나는 죽을 때가 되었으니 더 이상 너희들을 보살펴 줄 수가 없게 되었구나. 내가 죽은 다음에 이 두 개의 상아 중 하나는 배가 되고 남은 하나는 노가 될 테니, 그 배를 타고 고향으로 돌아가 잘 살기 바란다."

아버지 코끼리가 저 세상으로 가자 상아 중 하나는 배가 되고, 또 하나는 노가 되었다. 코끼리를 장사 지낸 후 팽캄 왕은 배에 부인과 아이 둘을 태우고 노를 저어 랏타나 왕국으로 돌아가 행복하게 잘 살았다.

문절망둑

　옛날에 타라카라는 이름의 어부가 살았다. 그에게는 부인이 둘 있고 딸이 셋 있었다. 첫째 부인의 이름은 카닛타인데 딸 '으어이'를 두었고, 작은 부인 카닛티는 딸 둘을 낳았는데 이름이 '아이'와 '이'였다.
　가족은 강에서 물고기를 잡아 시장에 내다 팔아서 하루하루 생계를 이어 나갔다. 어느 날 타라카와 첫째 부인 카닛타는 함께 배를 타고 고기를 잡으러 나가고, 둘째 부인 카닛티 혼자 집에 남아 아이들을 돌보게 되었다.
　그런데 그날은 이상하게 물고기가 잡히지 않았다. 하루 종일 강을 오르내리고 이곳저곳에 그물을 던져서 잡은 거라곤 겨우 작은 문절망둑 한 마리뿐이었다. 카닛타는 그 물고기를 딸 으어이에게 주어 기르게 하고 싶어서 남편에게 달라고 했다. 하지만 가뜩이나 고기가 잡히지 않아 마음이 상한 남편은 매정하게 거절하고 그 물고기를 물에 던져 버렸다. 그런데 이상하게도 그 뒤로는 문절망둑만 자꾸 그물에 걸렸고, 그때마다 카닛타는 딸을 생각해서 그것을 달라고 했다. 결국 화가 난 남편은 부인을 마구 때리고 그러고도 성에 안 차 물 속으로 밀어 넣었다. 부인은 이내 물 속으로 사라져 버렸다.

남편은 아무리 기다려도 부인이 떠오르지 않았으므로 죽었다고 단정하고 집으로 돌아왔다. 아버지가 혼자 오고 어머니는 보이지 않자 으어이는 이상히 여겨 어떻게 된 일이냐고 물었다. 아버지는 한마디로 이렇게 대답했다.

"네 어미는 수궁에 갔다. 사흘 후에 가서 보렴. 지금쯤 시퍼렇게 되어서 강물에 둥둥 떠다닐걸."

으어이는 슬피 울면서 아버지가 어머니를 죽게 한 것이라고 말했다. 그러자 카닛티가 오히려 큰소리로 으어이를 꾸짖었다.

"아니, 저렇게 큰 소리로 통곡하는 애를 그냥 놔둘 거예요? 저러다가 당신이 카닛타를 죽인 걸 동네 사람들이 다 알게 되면 관아에 붙잡혀 갈 것 아니에요?"

타라카는 한층 더 화가 치밀어 우는 큰딸의 머리채를 잡아 집 밖으로 끌고 나갔다. 카닛티는 막대기를 들고 끌려 나가는 으어이를 뒤에서 때리며 쫓아갔다. 으어이가 그만 때리라고 애원했으나 부부는 아랑곳하지 않고 사정없이 내리쳤다. 으어이는 살점이 떨어지고 피가 뚝뚝 흐르고 온몸에 피멍이 들어 한 군데도 성한 곳이 없게 되었다. 부부가 딸을 그렇게 심하게 때리는 것을 보고 놀란 동네 사람들이 뛰어나와 부부를 말릴 정도였다.

카닛티는 으어이의 엄마 카닛타가 다른 남자와 정분이 나 집을 나갔고, 이에 화가 난 아버지가 엄마를 찾아 오라며 딸을 때리는 것이라고 동네 사람들에게 거짓으로 둘러댔다. 그러나 그 말을 곧이

듣는 사람은 없었다. 이렇게 어린 애가 어떻게 엄마를 찾아 온단 말인가. 사람들은 오히려 어린애를 죽일 셈이냐고 타라카와 카닛티를 나무랐다.

사태가 이렇게 되자 부부는 으어이를 더 때리지 못하고 집 안으로 들어갔다. 사람들은 으어이의 상처를 치료해 주고 먹을 것을 가져다 주었다. 으어이는 손에 심한 상처가 나서 아무것도 잡거나 쥘 수 없었다. 그날 밤 으어이는 집에도 못 들어가고 가축이나 농기구를 두는 아래층 헛간에서 잤다.

다음 날 카닛티는 날이 밝기가 무섭게 으어이를 불러 닦아세웠다.
"얼른 일어나서 일하지 못해!"

하지만 으어이는 일어나고 싶어도 온몸이 아파 움직일 수가 없었다. 그러나 계모는 게으른 년이라고 욕을 하면서 어서 가서 오리와 닭에게 먹이를 주라고 야단쳤다. 으어이는 또 매를 맞을까 봐 억지로 일어나 비틀거리며 모이를 주러 갔다. 모이를 주면서 어머니를 생각하고 또 흐느껴 울었다.

한편 죽기 전에 남편에게 문절망둑을 달라고 여러 번 졸랐던 카닛타는 죽고 난 후에도 문절망둑에 연연하다가 얼마 후 문절망둑으로 태어났다. 그녀는 딸이 걱정이 되어 자기가 살던 집 근처를 떠날 수가 없었다.

카닛타가 문절망둑의 모습으로 집 앞에 가자, 으어이가 집 앞 배를 대는 곳으로 나왔다. 그녀는 딸의 주변을 몇 번이고 돌면서 주의를 끌기 위해 애썼다. 으어이도 전에는 보이지 않던 문절망둑이 와서 아는 척을 하자 어쩌면 죽은 엄마가 문절망둑이 되어 왔는지도 모른다고 생각하기에 이르렀다. 으어이는 울면서 두 손바닥을 모아 물고기가 된 어머니를 퍼 올렸다. 그리워하던 딸의 모습을 가까이

서 본 어머니는 너무 놀라 정신을 잃고 말았다. 물고기가 갑자기 죽은 듯이 가만히 있자 으어이는 잘 있던 고기가 자기 손 위에서 죽은 줄 알고 가슴이 아팠다. 한참 동안 죽은 듯이 있던 문절망둑은 이윽고 정신을 차려 으어이에게 말을 걸었다.

"애야, 이 어미가 이상하게 보이니? 엄마란다. 네 아버지가 나를 때려 강에 빠뜨렸단다. 불쌍한 것! 누가 너를 이렇게 상처가 나도록 때렸니? 온몸이 찢어지고 멍도 들고……."

으어이는 문절망둑이 자기 어머니인 것을 알고는 물고기를 담은 손을 머리 위까지 올려 존경을 표하며 인사했다. 그리고 다른 사내와 정분이 나서 집 안의 값나가는 것들을 들고 도망쳤다며 계모가 엄마를 모함한 일에 대해서도 말했다. 딸이 고생하는 이야기를 듣고 어머니는 가슴이 미어지는 것 같았다. 두 사람은 오랫동안 얘기를 나누며 사랑하는 마음을 주고받았다.

저녁때가 되자 어머니가 돌아가야 할 시간이 되었다. 으어이는 엄마에게 가지 말고 같이 있어 달라고 애원했다. 어머니가 혹시 그물에 걸려 잡히기라도 할까 봐 겁이 났던 것이다. 딸의 애처로운 마음을 아는 어머니는 어디 멀리 가지 않고 항상 집 앞에 있겠다고 약속했다.

그날부터 으어이는 매일 쌀겨를 가지고 나와 어머니에게 뿌려 주었고 어머니와 딸은 이런저런 이야기를 나누며 마음의 위안을 받았다. 하지만 이런 행복은 오래가지 못했다. 어느 날 카닛티의 딸아이가 으어이와 물고기가 이야기하는 것을 보고 카닛티에게 고자질했기 때문이다. 아이는 으어이가 물고기를 보고 엄마라고 부르며 매일 쌀겨를 가져다 먹인다고 일렀다.

심술궂은 카닛티는 으어이에게 들에서 소를 키우는 일을 맡겨 새벽 일찍 내보냈다. 그리고 아이에게 쌀겨를 들려 가지고 집 앞으로 나가 으어이 목소리를 흉내 내어 물고기를 불러냈다. 딸이 부르는 소리인 줄 알고 나왔던 어머니는 카닛티를 보고 도망치려 했으나 잡히고 말았다. 카닛티는 막대기로 물고기를 때려 비늘을 긁어 낸 후 국 냄비에 넣어 맛있게 요리해 먹었다. 생선 뼈는 개에게 주고 비늘은 오리와 고양이에게 주니 집 안에 물고기의 흔적은 하나도 남지 않았다.

저녁 늦게 집에 돌아온 으어이는 엄마에게 줄 먹이를 가지고 집 앞으로 나갔다. 하지만 아무리 불러도 엄마는 나오지 않았다.

으어이는 고양이를 붙잡고 물었다.

"고양이야, 혹시 생선을 먹지 않았니?"

"아니요."

고양이는 고개를 절레절레 내저었다. 그래서 으어이는 또 개를 찾아가 물었다.

"혹시 생선을 먹지 않았니?"

"아니요."

개 역시 모른다며 딱 잡아뗐다. 그때 실망한 으어이 앞에 그녀가 기르던 오리 한 마리가 나타났다.

"으어이야, 사실은 네가 없는 동안 이런 일이 있었단다."

오리는 그날 일어났던 일을 들려주고 몰래 모아 놓았던 문절망둑의 비늘을 으어이에게 주었다.

다음 날 소를 몰고 들에 나간 으어이는 자주 가는 산기슭에 가지고 온 어머니의 비늘을 땅에 묻고 기도했다.

"엄마가 죽어서 물고기가 되었고, 물고기로 태어나서도 얼마 살지 못하다가 또 죽게 되었습니다. 이번에는 가지로 태어나게 해 주세요. 그러면 저는 가지를 엄마 본 듯이 하겠습니다."

으어이를 불쌍하게 생각한 신은 그 자리에 가지 두 그루가 자라게 했다. 가지를 본 으어이는 기뻐하며 나무에 절을 올렸다. 가끔 집안일이 힘들 때면 가지를 찾아와 마음의 위안을 얻었다.

하지만 이 기쁨도 오래가지 못했다. 이 사실을 안 아이가 몰래 가지의 뿌리를 뽑은 다음 그 열매는 남프릭_{태국 음식에 사용하는 매운 양념}에 찍어 먹고 나뭇가지와 잎은 강물에 띄워 보냈던 것이다. 으어이는 집안일이 바빠 이런 일이 있는 줄은 까맣게 모르고 있다가 오리가 물어다 준 가지 씨를 보고 나서야 어머니 나무에게 슬픈 일이 일어났음을 알았다.

으어이는 자기가 늘 소를 치는 들판에 가지 씨를 묻으면서 기도했다.

"이 씨에서 싹이 나서 다시 엄마를 만날 수 있게 해 주세요. 이번에는 어느 누구도 뽑아 버리거나 죽이지 못하게 금색 보리수와 은색 보리수로 자라게 해 주세요."[2]

신은 불쌍한 으어이의 소원을 들어주었고, 얼마 후 그 자리에서 금색 보리수 한 그루와 은색 보리수 한 그루가 자라났다. 으어이는 보리수를 보고 다시금 활짝 웃었다.

"엄마, 이제 이곳에 와서 계세요. 저랑 얘기도 하고 친구도 되어 줘요."

보리수에 깃든 엄마의 영혼도 딸을 굽어보며 자상하게 말했다.

"불쌍한 것! 엄마는 바로 여기 있으니 마음을 놓아라."

으어이는 금색 보리수와 은색 보리수를 엄마처럼 여기고 소중히 돌보았다. 이제 으어이는 슬프지 않았다. 아침이면 소를 몰고 나와 소가 풀을 뜯는 동안 보리수 아래에서 지내다가 저녁이면 엄마에게 인사하고 집으로 돌아왔다.

　어느 날 프롬마탓 왕이 산으로 유람을 나왔다가 아름다운 금색 보리수와 은색 보리수를 발견하고는 그 나무 밑에서 피곤한 다리를 쉬고 있었다. 그런데 해 질 녘이 되어 보리수 나뭇가지가 바람에 흔들릴 때마다 슬프고도 감미로운 노랫소리가 울려 퍼지는 것이었다. 왕은 그 나무를 신성한 나무로 여기고 나무에 향과 초와 공양물을 바쳤다.

　다음 날 아침 잠에서 깬 왕은 그 두 그루의 보리수에 어딘지 범상치 않은 구석이 있다고 생각하고 누가 심은 나무인지 은밀히 알아보게 했다. 이렇게 해서 으어이는 소를 치다 말고 왕 앞에 불려나가게 되었다.

　으어이를 본 프롬마탓 왕은 그녀의 미모에 반해서 어디 사는 누구인지 물었다. 그러면서 그 나이면 집에서 베를 짜며 집안일을 해야 마땅하거늘 어찌 하여 남자들이나 하는 험한 소 치는 일을 하느냐고 물었다. 으어이는 어머니가 돌아가신 일부터 보리수를 심기까지의 일을 자세하게 말했다. 왕은 으어이가 아름다울 뿐만 아니라 마음씨가 고운 데 느낀 바가 있어 왕궁으로 데리고 가기로 마음먹었다. 보리수 두 그루도 상서로운 나무가 분명했으므로 왕궁으로 옮겨 심기로 했다.

　그런데 이상하게도 왕이 병사를 시켜 보리수를 뽑으려고 해도 도무지 뽑히지 않았다. 동아줄로 친친 동여매고 장정 여럿을 동원해도 헛일이었다. 급기야 왕이 손수 나무를 뽑으려고 팔을 걷어붙이고 나섰지만 꿈쩍도 하지 않았다. 보다못한 으어이가 보리수에 세 번 엎드려 절하고 같이 왕궁으로 가서 자기를 보살펴 달라고 기도하자 보리수는 쉽게 뽑혀 나왔다. 프롬마탓 왕은 으어이가 복이 많은 사람이라는 것을 알고 왕비로 삼았다.

 카닛티는 으어이가 왕비가 된 것을 보고 샘이 난 나머지 무서운 생각을 품게 되었다. 으어이를 죽이기로 한 것이다. 어느 날 카닛티는 노파 마법사를 찾아가 돈을 주고 으어이를 죽일 방법을 알아낸 다음 아이와 이를 시켜 으어이에게 아버지가 몹시 편찮으셔서 돌아가시게 되었으니 빠른 시일 내에 집에 다녀가라고 전했다.

 으어이는 두 동생의 말을 곧이듣고 서둘러 집으로 갔다. 으어이를 보자 카닛티는 야단법석을 떨며 큰딸을 반기는 척하더니 먼 데서 왔으니 아버지를 만나기 전에 먼저 목욕부터 해야 한다며 방 안으로 밀어 넣었다.

 천성이 착한 으어이는 아무 의심 없이 목욕을 하러 널빤지로 만든 다리 위로 걸어갔다. 그런데 그 널빤지가 갑자기 뚝 부러지면서 으어이는 끓는 물 속에 빠지고 말았다. 카닛티가 일부러 널빤지가 부러지게 조작해 놓았던 것이다. 이것은 늙은 마법사의 계교였다.

 으어이가 죽었다고 믿은 카닛티는 아이에게 으어이의 옷을 입힌 다음 딸이 아프다며 천으로 얼굴을 가리고 가마를 집 안까지 들이도록 했다. 으어이의 시녀들은 아무것도 모르고 시키는 대로 했고, 아이는 무사히 궁에 들어갈 수 있었다. 궁에 들어간 아이는 아프다고 핑계를 대고 침실에만 누워 있었다.

 프롬마탓 왕은 저녁이 되자 침실로 들어왔다가 아이가 누워 있는 것을 보고 물었다.

 "오늘 어디 다녀왔소?"

 "친정에 아버지를 만나러 갔다 왔는데 열이 나고 몸이 아프네요."

 밖을 내다보니 왕궁 뜰에 심은 금은 보리수 두 그루가 마치 뜨거운 물을 맞은 듯 잎이 시들어 죽어 가고 있었다. 그 모습을 보는 왕은 마음이 심란하고 착잡했지만 그 까닭을 알 수 없었다.

한편 죽은 으어이의 혼령은 새가 되어 엄마 보리수 주위를 맴돌았다. 나날이 시들어 가는 보리수를 보며 으어이는 애간장이 녹는 듯한 소리로 울면서 한탄했다.

어느 날 프롬마탓 왕이 우연히 새소리를 듣고 이상해서 물었다.

"새야, 네 보금자리는 어디에 있느냐? 누가 네 주인이냐?"

"저는 부모를 잃은 새입니다. 이 금은 보리수에 둥지를 틀 생각으로 이곳에 왔는데 나무가 죽어 가는 것을 보니 안타깝기 그지없습니다."

새의 대답을 들은 왕은 의아한 생각이 들었다.

"우리는 매일 이 나무에 물을 주고 보살피고 있는데 무슨 영문인지 나무는 날로 시들어 가고만 있구나. 어떻게 해야 할지 몰라 걱정하고 있는 중이다. 네가 어디서 어떻게 이 보리수 이야기를 들었는지 말해 다오."

새는 자신이 어쩌다 새로 태어나게 됐는지 그 이유를 자세히 설명해 주었다. 프롬마탓 왕은 새를 불쌍히 여겨 황금 새장에 넣고 곁에 두면서 정성껏 돌보았다. 아이는 왕이 기르는 새가 바로 죽은 으어이의 환생이라는 것을 알고 이를 갈며 때를 기다렸다.

하루는 사냥꾼이 궁으로 찾아와서 하얀 코끼리가 나타났으니 왕이 몸소 납시어 코끼리를 길들여야 한다고 했다. 그래서 왕은 하얀 코끼리를 사냥하러 나갔다. 그 사이 아이는 몰래 침실에 들어가 새를 잡아다 요리사에게 주고 국을 끓이라고 명했다.

요리사는 새를 받아 날개와 꼬리의 털을 뽑은 후 도마에 놓고 필요한 야채와 양념을 가지러 나갔다. 다행히 아직 숨이 붙어 있었던 으어이는 요리사가 나간 사이에 쥐구멍에 기어 들어가 숨었다. 양념장을 다 만든 요리사가 돌아와 보니 새는 사라지고 없었다. 아무리 찾아봐도 새가 보이지 않자 요리사는 시장에서 다른 새를 사다가 국을 끓여 아이에게 주었다. 이 사실을 모르는 아이는 그 국을 맛있게 먹었다.

다음 날 코끼리 사냥에서 돌아온 왕은 새가 없어지고 빈 새장만 있는 것을 보고 매우 애통해했고, 사악한 아이는 이제 걱정거리가 사라졌다며 속으로 쾌재를 불렀다.

한편 으어이는 밤중에 쥐의 도움을 받아 몰래 왕궁을 빠져나와 산속을 헤매다 하늘을 나는 신이력을 가진 도사를 만났다. 도사는 으어이의 사정을 듣고 측은하게 여겨 그녀를 아름다운 여인으로 만들어 주었다. 도사의 주술 덕분에 으어이는 예전보다 훨씬 더 아름다운 여인으로 다시 태어났다. 도사는 아침마다 산에 가서 과일을 따다가 으어이에게 주었고, 으어이도 물을 길어다 청소를 하며 도사의 시중을 들었다.

어느 날 도사는 으어이가 혼자 지내기 적적할 것이라고 여겨 종이에 다양한 사람의 모습을 그리고는 좋아하는 그림을 고르라고 했다. 으어이가 다섯 살짜리 사내아이의 그림을 고르자 도사는 그 그림대로 아이를 하나 만들어 이름을 롭이라고 짓고 으어이에게 주었다. 으어이는 정성껏 롭을 길렀다. 그렇게 세월이 지나갔다.

어느 날 일곱 살이 된 롭이 으어이에게 물었다.

"어머니, 아버지는 어디 계신가요?"

"네 아버지는 왕이란다. 아버지가 코끼리 사냥을 나간 사이 엄마를 시기하는 사람이 엄마를 죽이려고 해서 궁에 돌아가지 못하고 여기까지 도망 와서 살고 있는 것이란다. 예전에 엄마가 궁전 뜰에 심은 보리수는 지금 죽었는지 살았는지 궁금하구나."

어머니의 이야기를 들은 롭이 말했다.

"어머니, 걱정 마세요. 제가 가서 보고 올게요. 재미 삼아 성도 한 바퀴 돌고 놀다 오지요. 아버지도 만나고 오고요."

으어이는 아들의 말을 듣고 기뻐하며 산에서 자라는 꽃으로 꽃다발을 만들어 롭에게 들려 보냈다.

롭은 프롬마탓 왕이 다스리는 왕궁으로 가 성내를 한 바퀴 돌아보고 시장에 갔다. 사람들은 롭이 잘생긴 데다가 온몸을 꽃으로 장식하고 있는 걸 보고 신기하게 여겼고, 롭에 대한 소문은 왕의 신하의 귀에까지 들어갔다. 신하는 롭을 찾아와 어디 사는 누구의 자식이냐고 물었다.

롭이 대답했다.

"저는 산속에 살고 있는 사람의 자식입니다. 제 어머니는 매우 가난하답니다. 이 나라에 금색 보리수와 은색 보리수가 있다는 말을 듣고 구경하러 왔지요."

이렇게 해서 롭은 프롬마탓 왕 앞까지 나아가게 되었다. 왕은 자오 롭이 들고 온 꽃다발에 새겨진 그림과 이야기를 읽고 옛일이 생각나 롭에게 어디서 온 누구냐고 물었다.

롭이 대답했다.

"저는 으어이의 아들이고 산에 삽니다."

왕은 롭의 이야기를 들으며 문득 짚이는 바가 있었다.

다음 날 왕은 롭을 깨끗이 목욕시키고 왕자의 신분에 맞는 옷을 입힌 뒤 좋은 때를 기다렸다가 병사들을 이끌고 왕궁에서 나왔다. 롭은 왕을 인도하여 으어이에게 데리고 갔다.

암자에 도착한 왕은 오랜만에 만난 으어이를 붙잡고 감격의 눈물을 흘렸다. 그리고 그 순간 만 일곱 살이 된 롭은 자신의 소임을 다하고 맨 처음 도사가 그렸던 백지로 돌아갔다. 롭이 종이로 돌아가서 왕궁으로 같이 갈 수 없음을 안 으어이는 슬퍼했다. 이리하여 으어이는 왕과 함께 왕궁으로 돌아가게 되었다.

왕궁에 도착하자 프롬마탓 왕은 왕비가 환궁한 사실을 기념하고 다시는 그런 일이 일어나지 않기를 기원하며 바이시를 준비하여 탐콴 의식을 성대히 거행하고 으어이를 다시 왕비에 봉했다. 그리고 이레 낮 이레 밤 동안 잔치를 벌였다.

얼마 후 왕은 왕비를 해친 죄와 왕에게 마법을 씌운 죄를 들어 아이에게 사형을 명했다.

"남을 한 번도 아니고 여러 번 죽이려 한 자는 사형을 당해야 옳다."

하지만 으어이는 아이가 자기의 배다른 동생임을 생각하고 왕에게 사형만은 면하게 해 달라고 애원했다. 아이가 죽으면 슬퍼할 아버지와 계모가 생각났기 때문이다.

"아이를 죽이는 것은 내생에 갚아야 할 또 하나의 업보를 만드는 일입니다."

왕도 으어이의 말이 옳다고 여겨 아이가 목숨만은 건지게 해 주었다. 그러나 아이는 감옥에 갇히는 것만으로도 이미 참을 수 없는 큰 고통을 겪었다며 분통을 터뜨리고 있었다. 이복 언니 으어이가 자신을 살리기 위해 왕에게 애타게 간청하고 있는 줄은 그녀로서는 알 길이 없었다. 그녀는 천성적으로 으어이의 따뜻한 마음씨를 상상도 할 수 없는 여자였던 것이다. 결국 아이는 새벽까지 기다리지 못하고 옥에서 자살하고 말았다.

다음 날 아이를 데려오라는 명을 받은 군사들이 감옥에 갔을 때

아이는 이미 죽어 있었다. 그 소식을 들은 왕은 누가 사형에 처하기 전에 자살한 것도 그녀의 업보라며, 망나니를 시켜 아이의 몸을 토막 내어 소금에 절인 후 카닛티에게 보내게 했다. 그것을 받은 카닛티는 딸 아이가 고기를 보낸 것이라 생각하고 기름에 튀겨서 맛있게 먹었다.

다음 날 작은 딸 이가 반찬을 하려고 언니가 보낸 고기를 꺼내 보니 언니 아이의 손가락이 나오는 것이었다.

"엄마, 우리가 먹은 고기가 모두 언니의 살이었어요."

카닛티는 왕이 자신과 아이의 죄상을 다 알았다는 사실을 깨닫고 처벌을 받을까 두려워 줄행랑을 놓았다. 하지만 카닛티와 딸과 아버지는 아직 죽을 때가 되지는 않았던지, 우연하게도 보살 한 분이 세상 구경을 나왔다가 프롬마탓 왕의 왕궁까지 오게 되었다. 프롬마탓 왕은 그 손님의 모습이 범상치 않다고 생각하고 모셔와 손님으로서 대접한 다음 왕비 으어이가 여러 번 죽을 고비를 넘긴 사실을 이야기하며 업보에 대해 물었다. 그러자 보살은 으어이가 그토록 고통을 당한 것은 다름 아닌 전생의 업보 때문이라고 설명했다. 으어이가 새가 되었다가 간신히 죽음의 위기를 모면한 것은, 전생에 으어이가 독수리였고 아이가 닭이었는데, 독수리가 닭을 잡았으나 닭이 간신히 독수리의 발톱에서 벗어나 죽지 않은 인연이 있어서 으어이도 간신히 목숨을 건진 것이라고 했다. 그러다 이번 생에 이복 동생으로 태어난 아이가 으어이에게 앙갚음을 한 것이니 더 이상 업보를 쌓지 말라고 일러 주었다.

으어이와 왕은 전생의 잘못을 뉘우치고 병사들을 보내 작은어머니와 이복 동생, 그리고 아버지를 찾아 모셔 오도록 했다. 그리고 더 이상 악업을 만들지 않기 위해 왕궁에서 함께 편히 살았다. 그 후로 으어이의 생활은 평안했고 프롬마탓 왕도 왕도에 따라 나라를 잘 다스렸으므로 백성들 또한 행복하게 잘 살았다.

●—주

1 태국에서는 땅에 기둥을 박아 지면에서 1미터 정도 높이에 마루를 깐 뒤 그 위에다 집을 짓는다. 오르내리는 데에는 사다리를 이용한다. 마루 밑에는 농기구를 두거나 동물을 매어 두기도 한다.
2 태국인들은 보리수를 신성하게 여겨 함부로 베거나 훼손하지 않는다.
3 태국은 꽃잎과 잎을 엮어 다른 모양을 만들어 내는 꽃장식 공예가 발달해 있다.
4 바나나 잎과 꽃을 엮어 만든 제기(祭器). 탐콴 의식에서 귀신을 청할 때 쓴다.
5 멀리 떠났다가 돌아오는 사람을 환영하고 축원해 주는 의미에서 신이나 귀신을 청하여 음식을 대접하고 노래와 춤으로 달랜 다음 소원을 말하는 의식.

마니피차이

　옛날 워라칸 왕과 붓사봉 왕비가 파틀리 왕국을 다스리고 있었다. 부부에게는 이제 막 열여섯 살이 된 게사니라는 어여쁜 딸이 있었다. 때가 되어 왕과 왕비는 딸에게 적당한 배필을 찾아 짝을 지어 주어야겠다는 생각을 하게 되었다. 그래서 왕은 신하에게 명을 내려 사윗감을 구한다는 내용의 방을 방방곡곡에 붙이게 했다.
　파틀리 왕국은 매우 부유한 나라였으므로 이웃 나라의 왕들은 이 소식을 듣고 너도 나도 아들을 보내 워라칸 왕의 부마 간택에 응하게 했다. 아들이 출가하여 수행하고 있으면 환속시켜서 간택에 내보낼 정도였다.
　부마 간택 날 여러 나라에서 왕자들이 몰려와 공주의 눈에 들기 위해 애썼지만 정작 당사자인 게사니는 아무에게도 관심을 보이지 않았다. 워라칸 왕은 크게 실망했으나 그래도 희망을 버리지 않았다. 왕은 그 나라에 있는 젊은이는 물론 나이 든 사람이라도 총각이기만 하면 모두 왕궁 앞에 모이게 한 다음 공주에게 그 중에서 남편

될 사람을 고르도록 했다.

　딸에게 좋은 짝을 골라 주고 싶은 왕의 간절한 마음은 하늘까지 전해져 인트라 신까지도 워라칸 왕의 부마 간택에 대해 알게 되었다. 그런데 부마 간택이 왜 이리 어려운가 해서 자세히 살펴보니 게사니 공주는 전생에 자신의 부인이었다. 전생에 인트라 신의 부인이었던 여인이 평범한 인간의 아내가 될 수는 없었다. 그래서 인트라 신은 정신이 온전하지 않은 남자로 변신하여 부마 간택에 참가했다.

　전생의 연분으로 공주는 인트라 신이 변한 바보 남자에게 들고 있던 꽃다발을 던졌다. 이에 워라칸 왕은 크게 노하여 공주를 왕궁에서 내쫓았다. 인트라 신은 게사니를 천상으로 데려가 행복하게 살았다.

　얼마 지나자 공주에게 태기가 있더니 머지 않아 출산을 하게 되었다. 하지만 천상에서 애를 낳는 것은 천상의 규율에 어긋나는 일이었다. 인트라 신은 부인을 인간 세상의 대나무 숲으로 데리고 갔다. 이윽고 공주는 하얀 피부에 몸에서는 꽃향기가 나는 어여쁜 딸을 낳았다. 인트라 신은 아이를 하늘로 데리고 갈 수 없어 커다란 대나무 속에 넣고 검은 보석으로 장식한 뒤 이름을 여프라클린이라 지어 주었다. 그리고 공주의 배필만이 이 대나무를 자를 수 있게 해 달라고 기도했다.

　그 후 15년이 지났다. 이웃에는 아유타야 왕국이 있어 피차이누랏 왕이 다스리고 있었는데, 그는 잔 왕비와의 사이에 아들 마니피차이를 두고 있었다. 어느 날 마니피차이 왕자가 산으로 놀러 나왔다가 저녁나절 여프라클린이 숨어 있는 대나무 아래를 지나가게 되었다. 그곳은 경치가 좋았고 바람 또한 적당히 불었으므로 왕자는 그곳에서 쉬면서 하룻밤 묵기로 했다.

그날 밤 마니피차이 왕자는 천상에서 꽃을 꺾어 향기를 맡는 꿈을 꾸었다. 매우 행복한 꿈이었다. 꿈에서 깨어난 후에도 그 향기는 계속 풍겨 나오고 있었다. 자세히 살펴보니 근처 어느 대나무의 마디에서 풍겨 나오는 냄새였다.

이상하게 생각한 왕자가 신하에게 그 대나무를 베어 오라고 명했으나 아무리 힘센 장정을 보내도 대나무를 베지 못해 쩔쩔매는 것이었다. 마침내 왕자가 직접 칼을 빼어 대나무를 베니 커다란 대나무가 단칼에 쓰러지며 그 속에서 아름다운 여프라클린이 나왔다. 마니피차이 왕자는 대나무에서 나온 공주를 데리고 성으로 돌아갔다.

그 사이 성에는 중국으로부터 혼담이 들어와 있었다. 피차이누랏 왕은 매우 기뻐하며 마니피차이에게 혼담 이야기를 전하려고 왕자궁으로 달려왔다가 여프라클린을 보게 되었다. 여프라클린이 인트라 신과 공주 어머니 사이에서 태어난 공주인 것을 알게 된 왕은 여프라클린과 아들을 혼인시키고 중국 공주와의 혼담은 없던 일로 하기로 했다.

그러나 마니피차이의 어머니 잔 왕비는 남편과 달리 중국의 재물이 탐이 나 여프라클린을 죽여 없애고 아들을 중국 공주와 혼인시키고 싶어했다.

밤이 되자 잔 왕비는 고양이를 잡아 목을 졸라 죽이고 그 피를 잠자는 여프라클린의 입에 바른 다음 여우 꼬리를 잘라 그녀의 머리에 꽂아 두었다. 고양이 시체는 궁 안 정원에 묻었다. 그러고는 궁으로 돌아와 시녀에게 귀신이 궁에 들어와 고양이를 잡아먹는 것을 보았다며 궁 안을 발칵 뒤집어 놓았다. 뒤늦게 잠에서 깨어난 여프라클린 공주는 꼼짝없이 귀신 누명을 쓰고 나무 상자에 넣어져 산

속에 묻히게 되었다. 병사들은 귀신이 나타날까 봐 겁이 나서 공주가 든 상자를 산에 버리고 도망쳤다. 병사들이 상자를 내동댕이치면서 뚜껑이 열렸고 그 덕에 공주는 간신히 목숨을 건질 수 있었다.

상자를 열고 탈출한 여프라클린은 산속을 헤매다가 지치고 허기져서 커다란 사이나무 밑에 앉아 쉬다가 잠이 들어 버렸다. 하늘에서 인트라 신이 이 광경을 지켜보다가 도사로 변신하고 지상으로 내려와 여프라클린을 브라만으로 변신시켜 갖가지 마법과 주술을 가르쳐 주었다.

그런 다음 인트라 신은 커다란 뱀 한 마리에게 명하여 왕비가 아침마다 찾아가는 연꽃 속에 숨어 있다가 왕비를 물도록 했다. 왕비가 뱀에 물려 정신을 잃고 쓰러지자 궁전 의원들이 왕비를 치료했으나 도무지 차도가 없었다. 왕은 전국에 방을 붙여 누구든 왕비의 병을 낫게 해 주면 후히 상을 내리겠다고 했다. 이에 전국 각지에서 유명하다는 의사와 마법사들이 몰려와서 왕비를 치료했으나 낫지 않았다. 그때 웬 브라만이 나타나 왕비의 병을 치료하겠다고 했다. 그런데 그 브라만이 내건 조건이라는 것이, 만약 왕비가 나으면 자신을 마니피차이 왕자와 결혼시켜 달라는 것이었다. 왕자는 그 브라만을 유심히 살펴보다가 그가 여프라클린이 변신한 것일지도 모른다는 생각에 브라만의 조건을 수락했다. 브라만은 왕비를 물었던 뱀을 잡아다 그 뱀에게 독을 도로 빨아 마시게 함으로써 왕비의 병을 낫게 했다.

이리하여 마니피차이 왕자와 결혼하게 된 브라만은 왕자를 데리고 자기가 살고 있는 산속 암자로 갔다. 암자에 도착한 여프라클린은 왕자에게 암자를 지키도록 하고 자신은 약초를 캔다며 산속으로 갔다. 왕자의 시야에서 멀어져 보이지 않는 곳에 오자 브라만은 예쁜 처녀로 변신하고 돌아와 왕자의 마음을 떠보았다. 그러나 왕자의 마음속에는 여프라클린뿐이었기 때문에 흔들리지 않았다. 공주는 내심 기뻐하며 다시 브라만으로 변신하고 암자로 돌아와 왕자에게 궁으로 돌아가자고 했다. 여프라클린은 정체를 밝히고 싶었으나 인트라 신이 노할까 두려워 속마음을 꺼내지 못했다.

한편 중국은 아유타야 왕국으로 서신을 보내 약속대로 마니피차이 왕자를 중국 공주와 혼인시키지 않으면 쳐들어가겠다고 위협했다. 마니피차이 왕자는 나라의 평안과 안위를 제일로 생각했으므로 사신과 함께 중국으로 가야 했다. 이 사실을 알게 된 브라만 여프라클린은 왕자와 같이 중국에 가겠다고 나섰다.

중국 왕은 마니피차이 왕자가 중국으로 오지 않은 이유가 여프라클린 공주에 빠져 있었기 때문이라는 사신의 보고를 받고 화가 치밀어 왕자를 죽여 앙갚음을 하려고 했다. 중국 왕은 점술가에게 즉시 혼인 길일을 잡게 한 다음 마니피차이 왕자에게 1000가지 예물을 준비하라고 명하고, 만일 이를 어기면 사형에 처하겠다고 했다. 왕자는 이것이 중국 왕의 술수라는 것을 알고 브라만 여프라클린과 상의한 끝에 조국으로 도망가는 것이 낫겠다는 결론을 내렸다.

두 사람은 산으로 들어가 밀림을 헤치며 달려서 간신히 중국 땅을 벗어났으나 운수 사납게도 길을 잃고 거인국으로 들어가고 말았다. 피곤한 두 사람은 자신들이 거인국에 온 것도 모르고 잠이 들어 버렸다.

거인국의 대신인 논타칸이 우연히 그곳을 지나다가 곤히 잠들어 있는 왕자를 보고 욕심을 품었다. 그는 브라만에게는 최면을 걸어 정신을 잃게 하고 마니피차이만 안고 거인국으로 날아가 과부인 와산 왕비에게 바쳤다.

거인국 와산 왕비에게는 파카라는 딸이 있었는데, 파카는 사람의 살을 먹은 경험이 있어 인육을 좋아했다. 이런 사실을 잘 알고 있는 어머니 와산은 마니피차이를 딸에게 주었다. 그러나 공주는 마니피차이에게 첫눈에 반해 옆에 두고 남편으로 삼고 싶어서 시녀와 주위 사람들을 모두 물리고 마니피차이와 사랑을 나누려고 했다. 만일 파카의 요구를 거역하면 죽을지도 모른다는 위협을 느낀 왕자는 할 수 없이 공주의 뜻에 응했다.

시간이 얼마간 지나자 브라만은 최면이 풀려 정신을 차렸다. 그러나 곁에서 자고 있던 왕자는 이미 사라지고 없고 주변에는 거인의 발자국만 어지럽게 흩어져 있었다. 브라만은 왕자가 위험에 처했다는 생각이 들어 왕자를 구하러 발자국을 따라갔다.

거인 나라의 성 안으로 들어가자 마침 순찰을 돌던 거인 병사가 그녀를 보고 잡아먹으려 했다. 결국 브라만은 병사와 싸워야 했다. 싸움 끝에 브라만이 승리하여 병사를 취조한 결과 왕자가 거인국에 있음을 알게 되었다. 초저녁이 되어 공주가 거인 나라 사람들을 잠들게 한 뒤에 파카 공주가 있는 곳에 가 보니 왕자가 공주 옆에 누워 자고 있었다.

브라만은 왕자를 깨워 자신의 정체를 말하고 용서를 구했다. 왕자는 거인 공주와 어쩔 수 없이 동침했노라고 고백하였으나 공주는 듣지 않고 옥신각신하기만 했다. 인트라 신이 이 모습을 보고 도와주러 내려왔다. 두 사람은 결국 인트라 신의 도움을 받아 아유타야 왕국으로 무사히 돌아갔다. 피차이누랏 왕은 마니피차이와 여프라클린 공주를 결혼시켰고, 두 사람은 오래오래 행복하게 잘 살았다.

쿨루 왕과 우어 부인

옛날 팽잔나컨 왕국의 팽잔 왕은 아들을 하나 두고 있었는데, 이름이 쿨루였다. 이웃 카이야나컨 왕국의 왕에게는 우어라는 이름의 딸이 있었다. 두 왕은 매우 친한 사이였으므로 훗날 서로의 아들과 딸을 혼인시키자고 약속했다. 그러나 세월이 흘러 두 나라의 왕이 세상을 떠나고 왕비들이 나라를 맡아 다스리게 되면서 그 약속은 까맣게 잊혀졌다.

쿨루 왕자가 성장하여 장가갈 나이가 되자 어머니는 아들을 왕위에 앉히고 예쁜 여자들을 골라 후궁으로 삼았다. 옛날 팽잔 왕의 약속을 떠올리는 사람은 아무도 없었다.

한편 우어 공주는 자라면서 점점 예뻐져서 온 나라에 그 미모가 소문이 날 정도였다. 어느 날 공주가 아름답다는 소문을 들은 쿤랑 왕이 카이야나컨 왕국으로 찾아와 우어 공주에게 청혼했다. 우어의 어머니는 쿤랑이 가져온 선물을 보고 마음이 움직였다. 게다가 쿤랑의 나라는 부유하고 안정된 나라였으니 어머니로선 마다할 이유가 없었다. 그런데 이상하게도 우어 공주는 쿤랑을 싫어해서 차일피일 날짜만 미루고 있었다.

그 동안 공주의 아름다움에 대한 소문은 쿨루 왕자의 귀에도 들어가게 되었다. 그제야 우어가 아들의 약혼녀인 것을 떠올린 팽잔나컨의 왕비는 정성껏 선물을 마련한 다음 길일을 택해 예물을 준비해 가지고 아들과 함께 카이야나컨 왕국으로 향했다.

카이야나컨 왕국에 도착한 쿨루 일행은 환대를 받았다. 쿨루는 우어의 어머니에게 인사를 드렸고, 우어도 쿨루의 어머니에게 인사를 드렸다. 오래간만에 만난 쿨루의 어머니와 우어의 어머니는 매우 반가워하며 훌륭하게 성장한 쿨루 왕자와 우어 공주에 대해 칭찬을 아끼지 않았다. 쿨루와 우어도 금방 친해졌다.

그날 어머니들은 어머니들끼리 환담을 나누며 즐거워했고 우어와 쿨루는 우어의 방에서 오순도순 이야기를 나누었다. 공주는 쿨루가 태어나기 전부터 약혼한 사이라는 것을 알자 친밀감이 솟았고 사랑의 감정이 용솟음쳤다. 우어는 만일 쿨루가 다른 여인을 부인으로 맞으면 자살해 버리겠다는 말도 했다. 그날 밤 두 사람은 헤어지지 말자고 다짐했다.

다음 날 쿨루 왕자의 어머니는 예를 갖추어 우어 공주를 며느리로 달라고 청했다. 그러나 우어 어머니는 거절하였다. 쿨루가 이미 후궁이 있으므로 우어만 사랑하겠다는 약속을 지키기 어렵다는 이유였다.

그러나 실은 우어 어머니는 이미 우어를 쿤랑과 결혼시키려고 마음먹고 있었던 것이다. 이러한 우어 어머니의 속셈을 알게 된 쿨루 어머니는 말했다.

"오! 그렇게 생각하는 것은 옳지 않습니다. 예전부터 왕들은 아내를 여럿 두었습니다. 부인의 수가 많으면 많을수록 왕의 권위가 높이 서는 것이 아닙니까? 그러니 부인의 생각은 잘못된 것입니다. 그리고 우어는 후궁이 아니라 정식 왕비가 되는 것입니다."

"마음대로 생각하십시오. 저는 우어를 드릴 수 없습니다."

우어 어머니는 좀처럼 고집을 꺾지 않았다.

혼담이 이루어지지 않자 쿨루의 어머니도 마음이 상해 팽잔나컨으로 돌아가 버렸다. 두 어머니의 처사에 두 젊은이는 간장이 끊어지는 듯한 슬픔에 빠졌다. 두 사람은 나라 밖에 있는 우타얀 밀림에서 만나기로 약속하고 헤어졌다.

약속한 날이 되자 우어는 어머니에게 나라 밖에 있는 경치 좋은 우타얀 밀림에 가서 하루 쉬고 오겠다고 했다. 어머니는 허락했으나 마음이 놓이지 않아 시녀 룬에게 몰래 뒤를 밟도록 했다.

쿨루 왕자도 말을 타고 우타얀 밀림으로 달려갔다. 우타얀 밀림에 도착했을 때는 날이 어두워지려 하고 있었다. 오랜만에 만난 두 사람은 밤을 새워 이야기를 나누다가 아침이 되자 다음을 기약하고 헤어졌다.

공주가 왕궁으로 돌아오자 시녀 룬은 왕비에게 무슨 일이 있었는지를 일러바쳤다. 대노한 왕비는 당장 우어를 불러 부모 말도 안 듣고 몰래 남자와 만난다고 심하게 나무랐다. 우어가 변명을 하려고 했지만 오히려 야단만 더 맞았다. 결국 우어는 몹시 상심한 나머지 이렇게 사느니 차라리 이 세상을 하직하는 것이 낫겠다고 생각하고 비단 웃옷을 들고 왕궁을 몰래 빠져나왔다.

하염없이 걷던 우어 공주는 커다란 백단향 나무를 붙들고 자신의 처지를 한탄하다가 백단향 나무의 신에게 말했다.

"신이시여! 저 우어는 지금 죽어서 귀신이 되려고 합니다. 전생에 지은 업보 때문에 매우 가슴이 아픕니다. 나무 신이시여! 제가 죽을 수 있게 가지를 내려 주세요."

백단향 나무의 신과 귀신들은 우어 공주의 말을 듣고 전생부터 얽힌 쿨루 왕자와 우어 공주의 관계를 되짚어 보게 되었고, 이제 그녀가 죽을 때가 되었다는 것을 알았다. 신들은 그녀의 소원대로 나뭇가지를 내려 주었고, 우어는 그 나뭇가지에 가지고 나온 옷자락을 걸고 목을 매었다. 목숨이 다하기 전 우어는 어머니에게 마지막 말을 남겼다.

"어머니의 은혜는 가이없습니다. 어머니는 제가 이렇게 성장하도록 길러 주셨는데 그 은공을 갚지 못해 죄송합니다. 제 업보 때문입니다. 저는 이 세상에 아직 업이 남아 있어 어머니보다 먼저 하직하게 되었습니다. 바라건대 어머니께서는 장수하시어 오랫동안 옥좌를 지키세요."

흐느끼며 기원하던 공주는 마음을 가다듬고 쿨루 왕자에게도 마지막 말을 남겼다.

"낭군이시여, 이젠 낭군께서는 저를 보실 수 없습니다. 아마 저에 대한 그리움으로 슬프고 외롭겠지요. 행복하시기 바랍니다. 살아생전에 어려운 사람을 도와주고 좋은 일을 많이 하셔서 복을 많이 지으세요. 그 복을 제게도 나누어 주시고요. 안녕, 다음 세상에서 만나요."

말을 마치자 백단향 가지는 높이 솟구쳐 공주의 몸이 허공에 매달리게 했다. 마침내 공주는 숨이 끊어져 죽고 말았다.

뒤늦게 공주가 없어진 것을 알게 된 왕비는 즉시 병사와 백성을 풀어 방방곡곡을 찾아보게 했다. 오래지 않아서 백단향 나무에 목을 매단 공주가 발견되었다. 딸의 주검을 본 왕비는 실성한 사람처럼 되었다. 그러나 딸을 불쌍히 여기기보다는 푸념이 앞섰다.

"이 년이 쿨루처럼 아내가 있는 남자한테 빠져 먼저 목숨을 끊었구나. 이 세상에 많고 많은 게 남자인데 그애만 사랑하더니 네 년이 생각이 짧아 자살을 했구. 오, 원통해라! 무슨 억하심정으로 그렇게 했니?"

병사들이 백단향 나무에서 공주를 내려 편안하게 눕히고 있을 때 쿨루가 공주의 죽음 소식을 듣고 단숨에 달려왔다. 우어의 시신을 본 왕자는 공주에게 달려들어 울음을 터뜨렸다. 그는 슬픔으로 중얼댔다.

"내 사랑, 우어여! 그대는 이 세상에 나 혼자만 남기고 갔구려. 무슨 이유로 먼저 갔소? 그대가 없는 세상은 내게도 죽은 세상이오. 그대가 죽었으니 나 또한 있을 이유가 없소."

말을 마친 왕자는 몸에 늘 지니고 다니는 단검을 꺼내 목을 찔렀다. 아무도 예상하지 못한 일이었다. 왕자의 목에서 피가 솟구쳐 시냇물처럼 흘러내렸다. 쿨루 왕자는 그 자리에서 숨이 끊어졌고, 그곳에 있던 사람들은 너무 놀라 할 말을 잃었다.

그런데 카이야나컨 왕국에서 둘의 주검을 수습하기도 전에 팽잔나컨에서 군대가 쳐들어왔다. 쿨루 왕자와 우어 공주의 주검을 본 팽잔나컨의 왕비는 놀라서 그저 그 자리에 멍하니 서 있기만 할 뿐이었다. 우어 어머니를 본 쿨루 어머니는 우어 어머니가 돈에 눈이 어두워 아이들을 죽음으로 몰았다고 비난했다.

이렇게 우왕좌왕하고 있을 때 쿤랑이 도착했다. 쿤랑은 남의 이목은 신경 쓰지 않고 우어의 시신을 안고 입을 맞추며 혼자 법석을 떨었다. 그제야 우어 어머니는 왜 딸이 쿤랑을 싫어했는지를 알게 되었다.

그 자리에서 두 어머니는 화해를 했고 두 나라가 인접해 있는 곳에 두 사람의 화장을 위한 프라 메루를 지었다. 그리고 부부의 예를 갖추어 성대하게 장례를 치렀다.

나중에 우어 공주가 목을 매어 죽은 곳에 향기로운 꽃이 하나 피어나자 사람들은 그 꽃을 '우어 공주 꽃' 또는 '낭크라이 꽃'이라고 불렀다. 그리고 쿨루 왕자가 죽은 곳에서도 향기로운 꽃이 피었는데, 사람들은 그 꽃을 '쿨루 꽃'이라고 불렀다. 이 두 꽃은 해가 질 무렵 진하게 향기를 내뿜는데, 전해 내려오는 말에 따르면 이 시간이 바로 쿨루 왕자가 우어 공주를 찾아온 시간이었다고 한다. 이 두 꽃은 남녀의 사랑을 의미하는 꽃으로 지금까지도 태국 사람들의 사랑을 받고 있다.

젯카논

옛날에 부부가 살았는데 아들이 많았다. 특히 아들 하나는 유난히 덩치도 크고 힘이 셌는데, 다른 아들보다 음식을 많이 먹어서 매일 밥통 일곱 개 분량의 밥을 먹었다. 그래서 부부는 그 아이를 젯카논_{일곱 개의 밥통}이라고 불렀다. 아들이 많은 데다 매일 밥통 일곱 개 분량의 밥을 먹어 대는 아들까지 있으니 늘 쪼들릴 수밖에 없었다. 식구들이 열심히 일했지만 점점 더 가난해질 뿐이었다. 아무리 열심히 일해도 자식들을 배불리 먹일 수 없었으므로 부부는 늘 고민했다. 이대로 가다가는 온 식구가 굶어 죽을 판이었다. 마침내 부부는 고민 끝에 젯카논을 죽이기로 했다.

어느 날 아침 아버지는 집을 지을 때 기둥으로 쓸 나무를 베러 간다며 젯카논을 데리고 밀림으로 갔다. 밀림에 들어가자 아버지는 아주 커다란 나무를 골라 도끼로 찍기 시작했다. 나무가 거의 뒤로 넘어갈 정도가 되자 아버지는 만일 나무가 쓰러지다 중간이 부러지거나 갈라질 수 있으니 젯카논에게 가서 나무를 받으라고 했다. 어수룩하지만 아버지의 말을 잘 듣는 젯카논은 위험한 줄도 모르고 아버지가 시키는 대로 그 큰 나무를 받으려고 기다리고 서 있었다.

얼마 후 잘린 나무는 젯카논 쪽으로 쓰러졌고, 젯카논은 꼼짝없이 나뭇잎이 무성하고 가지가 많은 나무 밑에 깔렸다. 아버지는 아들이 죽었다고 생각하자 불쌍하고 슬펐다. 행여나 하는 생각에 나무 주변을 돌면서 아들을 찾았으나 아들의 모습은 보이지 않았다. 아버지는 죽은 아들 생각에 울음을 삼키면서 집으로 갔다.

하지만 젯카논은 죽지 않고 단지 정신만 잃었을 뿐이었다. 한참 후 정신을 차리고 몸을 움직여 나무를 들어 올리고 아버지를 찾았으나 아버지는 보이지 않았다. 아무것도 모르는 젯카논은 아버지가 잊고 간 도끼로 쓰러진 나무를 훌륭한 재목으로 만들어서 어깨에 메고 집으로 돌아왔다.

부모는 아들이 살아서 훌륭한 기둥을 메고 온 것을 보고 기쁘기도 하고 놀라기도 했다. 부모는 살아 온 아들을 붙잡고 울며 용서를 빌었다.

젯카논은 자기가 남보다 많이 먹어 집안이 가난해진 것을 알고 있었으므로 조금도 부모를 탓하지 않았다. 그는 자신이 계속 부모님과 형제들과 살면 부모님이 굶어 죽을지도 모른다는 생각이 들어 집을 떠나 자기의 운명을 개척하기로 마음먹었다. 부모와 형제에게 인사를 하고 집을 떠난 젯카논은 산을 걸으며 배가 고프면 코끼리, 호랑이, 사슴, 노루 같은 동물들을 닥치는 대로 잡아 불에 구워 먹었다. 감히 기운 세고 덩치가 우람한 그를 해치는 동물은 없었다.

어느 곳에 한 남자가 살았는데 이름을 자오러이 렘귀엔이라고 했다. 그는 정말 힘이 세서 물건을 잔뜩 실은 마차 백 대를 끌 수 있었다.

어느 날 젯카논이 길을 지나다가 자오러이 렘귀엔이 마차 백 대를 끄는 것을 보았다. 여태껏 자신이 제일 힘이 세다고 생각해 왔던 젯카논은 누가 더 센가를 겨루어 보고 싶어졌다. 맨 마지막 마차를 잡아당기니 마차가 더 나아가지 않고 멈추었다. 앞에서 끌던 자오러이가 깜짝 놀라 마차 뒤로 와 보니 웬 남자가 마차를 잡아당기고 있었다. 화가 난 그는 달려가 젯카논과 싸웠다. 둘의 기세가 막상막하여서 싸움은 쉽사리 끝나지 않았다. 싸우다 싸우다 지친 두 사람은 쉬면서 서로 이름을 물었고, 친구가 되어 동행하기로 했다.

또 어느 곳에 자오마이 파이러이커라는 이름을 가진 남자가 있었는데, 그 역시 힘이 장사여서 산에 있는 커다란 대나무를 힘들이지 않고 척척 잘라 다듬어 시장에 내다 팔았다.

젯카논과 자오러이는 자오마이를 만나 역시 힘을 겨루어 보기로 했다. 먼저 자오러이가 나서서 자오마이가 한참 옮기고 있는 대나무의 끄트머리를 잡아당겼다. 그래도 자오마이는 계속 대나무를 앞으로 끌고 갔다. 그러나 젯카논이 합세하자 자오마이는 앞으로 나가지 못하고 그 자리에 멈추어 섰다. 이상하게 생각한 자오마이가 뒤를 돌아다보니 두 남자가 대나무 끝을 잡고 있는 게 아닌가. 화가 난 그는 두 남자와 다투다가 싸우게 되었다. 자오러이와 자오마이가 오랫동안 싸워도 승부를 내지 못하자 급기야 젯카논이 말리고 나섰다. 서로의 힘에 감탄한 세 사람은 친구가 되기로 했다. 세상에서 힘이 제일 센 세 사람이 힘을 합쳤으니 천하무적이었다. 세 사람은 계속 행운을 찾아 떠났다.

커다란 강에 도착해서 강을 따라 걷고 있던 세 사람은 후어덕리라는 남자를 만났다. 그 남자는 머리가 쇠망치처럼 단단했다. 그는 머리로 큰 나무를 쪼개 어망을 만든 다음 그 어망으로 고기를 잡아서 시장에 파는 고기잡이였다. 세 사람은 후어덕리가 물속에서 머리로 나무를 쪼개 어망을 만들어 물고기가 다니는 길목에 놓는 것을 보고 힘을 한번 겨루어 보고 싶어졌다. 자오러이와 자오마이가 번갈아 잠수하며 후어덕리를 방해했지만 소용없었다. 마지막으로 젯카논이 나선 다음에야 후어덕리가 나무를 강바닥에 꽂을 수 없게 막을 수 있었다. 후어덕리가 이상하게 생각하고 강 밑으로 들어가 보니 젯카논이 막고 있었으므로 화가 나서 싸우기 시작했다. 두 사람은 물속에서 세워 놓은 어망을 모두 망가뜨리도록 싸우고 육지로 올라와서도 계속 싸웠다. 하지만 싸움은 도무지 끝날 기미가 보이지 않았다. 결국 두 사람은 힘을 겨루는 것을 포기하고 친구로서 생사를 같이 하기로 맹세했다.

　네 사람은 커다란 밀림에 도착했다. 다른 밀림과 달리 이 밀림 안에 있는 사물은 뭐든지 컸다. 나무는 산만큼 높았고, 새들은 마차만큼 컸고, 귀뚜라미도 수레의 지붕만 했다.

　네 친구는 귀뚜라미가 사는 구멍을 하나 발견하고 귀뚜라미를 잡아 구워 먹기로 했다. 귀뚜라미 고기는 원래 맛있기로 소문난 별미였다.

　후어덕리가 자원하여 구멍 속으로 들어갔는데, 들어가 보니 구멍이 웬만한 동굴만 했고, 귀뚜라미의 다리도 통나무만큼 컸다. 후어덕리는 귀뚜라미를 잡으러 들어갔다가 도리어 귀뚜라미의 뒷다리에 차여 밖으로 쫓겨났다. 그 다음으로 자오러이가 큰소리를 치며 들어갔으나 곧 발길에 차여 나왔다. 자오마이 역시 마찬가지였다.

　마지막으로 젯카논이 굴에 들어가 귀뚜라미의 다리 한 짝을 끌고 밖으로 나왔다. 그런데 나와 보니 다리 한 짝이 얼마나 굵고 컸는지 네 친구가 일주일 동안 먹어도 다 먹지 못할 양이었다.

어쨌거나 다리를 구워 먹으려고 보니 불이 없었다. 이리저리 두리번거리던 네 친구의 눈에 멀리 지붕이 보였다. 집에 가면 불씨도 구할 수 있겠지? 상의 끝에 후어덕리가 불씨를 얻으러 가기로 했다. 가 보니 웬 늙은 거인이 집 밑에서 불을 피우고 있었다. 후어덕리가 불을 얻을 수 없느냐고 물으니 거인은 불씨를 가져가려면 집 밑으로 들어와 직접 가지고 가라고 퉁명스럽게 대꾸했다.

후어덕리는 거인이 어떤 계교나 술수를 부린다고는 생각 못하고 아무 의심 없이 집 밑으로 들어갔다. 그 순간 쇠로 만든 새장이 위에서 떨어지면서 그를 옴짝달싹 못하게 가두어 버렸다. 후어덕리가 새장에서 나오려고 발버둥쳤으나 그 창살은 끄떡도 하지 않았다. 그가 당황해하는 사이 거인들이 몰려와 그의 다리를 부러뜨린 다음 그를 곳간에 가두었다.

오랫동안 후어덕리를 기다렸으나 오지 않자 이번에는 자오마이가 가기로 했다. 그러나 그 역시 거인에게 붙잡혀 다리가 부러지고 곳간에 갇혔다. 뒤이어 찾아간 자오러이도 똑같은 신세가 되었다.

젯카논은 여러 날을 기다려도 친구들이 돌아오지 않자 직접 그 집으로 찾아갔다.

"여보시오, 거기 아무도 없소?"

그러자 거인이 집 안에서 얼굴도 내밀지 않고 물었다.

"뭘 찾으시오, 젊은이?"

"혹시 제 친구들을 보지 못했습니까?"

"나는 아무도 보지 못했소."

"실례가 되지 않는다면 직접 찾아보고 싶으니 불을 좀 빌려 주시겠소?"

"아래 있으니 직접 가져가시오."

하지만 젯카논은 친구들보다 영리했다. 집 밑으로 친구들이 걸어 들어간 발자국을 본 그는 조금도 겁내지 않고 집 밑으로 들어갔다. 이번에도 쇠로 만든 새장이 내려왔지만 즉시 창살을 벌리고 나와 단숨에 집 안으로 쳐들어갔다. 그는 다짜고짜 거인을 잡아 내동댕이친 다음 친구들에 대해 물었다. 친구들이 젯카논의 목소리를 듣고 매우 기뻐하며 소리쳐 자신들의 위치를 알렸다.

"젯카논, 우린 여기 있어. 그런데 다리가 부러져서 움직일 수가 없어."

이에 격분한 젯카논은 거인을 붙잡아 다리를 분질러 버렸으나 그래도 분이 풀리지 않아 죽여 버리겠다고 위협했다. 그러자 거인은 부러진 다리를 고치는 신비한 약을 바칠 테니 살려 달라고 애원했다. 거인은 세 친구의 다리에 약을 발라 낫게 해 준 다음 자기 다리도 고쳤다.

그런데 친구들이 잠시 한눈을 파는 사이 거인은 한달음에 거인국으로 달려가서 거인국 왕에게 인간이 거인국을 침범했으니 급히 병사들을 풀어야 한다고 말했다. 왕은 이 말을 듣고 불같이 화를 내며 북을 쳐서 거인 병사 수십만을 모아 인간과 싸우도록 했다.

젯카논과 친구들은 나무를 베어 크고 작은 통나무를 만들어 던지는 방법으로 한 번에 수천 수만의 거인을 죽였다. 마침내 네 친구는 승리하여 거인국의 왕을 잡았다. 그러자 거인들은 모두 항복하고 순순히 나라를 내주었다.

젯카논은 거인국의 왕이 되어 스스로를 삿타쿰파랏 왕이라고 칭했다. 친구들도 그의 밑에서 높은 벼슬을 하며 재산과 하인들을 받았다. 젯카논은 왕이 되어서 좋기는 했지만 자꾸만 부모님 생각이 났다. 부모님의 은혜가 없었으면 오늘날 자신이 왕이 되어 나라를 호령하며 편히 살지 못했을 거라는 생각이 들었다. 자기가 밥을 너무 많이 먹어 나날이 가난해지고 자칫 온 식구가 굶어 죽을 뻔했던 일을 생각하니 더더욱 가만있을 수가 없었다.

젯카논은 고향으로 가서 부모님을 찾아 낳아 준 은혜에 감사 인사를 올린 다음 형제들이 부모님을 모시고 넉넉하게 살 수 있도록 도와주었다. 백성들은 왕의 이러한 공덕을 듣고 입을 모아 칭송하였다. 친구들도 젯카논을 보고 느낀 바가 있어 저마다 부모님을 모셔다가 행복하게 잘 살았다.

수리얀과 잔타라

옛날 파란시 왕국에 가난한 부부가 살았다. 부부는 대를 이을 아들을 원했으므로 집 뒤에 있는 커다란 사이나무의 신에게 아들을 낳게 해 달라고 매일 정성껏 기도하고 제사를 지냈다.

그 후 얼마 안 있어 부인이 쌍둥이 아들을 낳았는데, 그날 마침 일식이 일어났다. 그래서 부부는 큰애는 수리얀(태양), 작은아이는 신의 이름을 따서 인트라라고 지었다.

아이들이 태어난 후 부부는 더욱더 가난해졌다. 둘이서도 근근이 살아가던 살림에 두 식구나 더 늘었기 때문이다. 쌀 대신에 값싼 토란과 감자로 연명했으나 그나마도 매일 부족해서 배를 곯기 일쑤였다. 수리얀은 동생과 함께 동네를 돌며 구걸을 해서 고픈 배를 채웠다.

그러던 어느 날 형제는 물가로 나가 게 네 마리를 잡았다. 배가 고픈 형제는 우선 두 마리를 구워서 나누어 먹었다. 그런데 자기 몫을 먹고 나서도 인트라는 여전히 배가 고프다며 칭얼댔다. 수리얀이 자기 몫의 게를 주었으나 동생은 그것을 다 먹고도 더 달라고 했다. 동생이 측은해진 형 수리얀은 나머지 두 마리도 구워서 동생에게 주었다.

그날 저녁 빈손으로 집에 돌아온 어머니는 매우 지치고 배가 고팠다. 어머니는 마당에 떨어져 있는 게딱지를 보고 수리얀에게 물었다.

"오늘 강가에 갔다가 게 네 마리를 잡았어요. 먼저 두 마리를 구워서 먹었는데, 인트라가 배고프다며 더 달라고 해서 제 것까지 주었어요. 두 마리는 남기려고 했는데 동생이 자꾸 더 달라고 해서 나머지도 다 주었고요."

큰아들의 대답에 어머니는 화가 나서 회초리로 때리며 나가라고 했다.

"부모에게 줄 것을 남기지 않고 다 먹어 버리다니······."

집에서 쫓겨난 수리얀은 동생을 데리고 이리저리 헤매다가 산 속으로 들어갔다. 이를 본 인트라 신이 형제를 불쌍히 여기고 도와주려고 했다. 인트라 신은 하늘에서 내려와 코브라로 변신하고 나라이 신은 두꺼비로 변신하여 쌍둥이 형제 앞에서 싸웠다. 두꺼비가 싸움에 져서 죽으면 코브라가 약초를 물어다 두꺼비를 살려 냈고, 코브라가 두꺼비에게 물려 죽으면 두꺼비도 약초를 구해다 씹어서 그 연기를 뿜어 코브라를 살렸다. 얼마 후 두꺼비와 코브라는 남은 약초를 그대로 두고 가 버렸다. 두 형제는 그 약초를 주워 잘 간직했다.

얼마를 더 가니 까마귀 한 마리가 길에서 죽어 가고 있었다. 수리얀이 약초를 씹어서 까마귀에게 뿜으니 까마귀는 곧 정신을 차리고 하늘로 날아올랐다. 까마귀는 지나가는 스님의 머리 위에 똥을 쌌

죄로 나무에서 떨어져 죽었는데, 이렇게 다시 살아났으니 앞으로는 두 형제를 따라다니며 시중을 들겠다고 자청했다.

수리얀이 까마귀에게 부탁했다.

"배가 고프니 산에서 나는 과일을 좀 따다 주세요."

그 후 형제는 까마귀가 물어다 주는 열매를 먹으면서 편하게 여행을 계속했다. 그런데 며칠이 지나자 까마귀는 차츰 두 형제를 시중드는 일이 귀찮아졌다. 그래서 늘 물어 오던 나무 열매 대신 말린 고기를 물어 와 형제에게 주기 시작했다. 그 고기는 산속 거인국에서 소금에 절여 말리려고 늘어놓은 것이었다. 어느 날 까마귀는 우연히 고기 주인인 거인이 그의 친구와 이야기하는 것을 듣게 되었다.

"지금 내 마누라 약키니가 갑자기 죽어서 장례를 치러야 하니까 좀 도와주게."

그러자 친구 거인이 대답했다.

"인육을 먹게 해 주면 내 가서 돕지."

그 후 까마귀는 어떻게 하면 두 형제를 거인에게 잡아먹히게 할 수 있나 궁리했다. 두 형제가 죽어야 귀찮게 시중들 일이 없어지기 때문이었다. 그래서 까마귀는 고기를 물고 거인을 유인하여 두 형제가 있는 곳까지 왔다. 거인은 자기들이 말리려고 널어 놓은 고기를 먹고 있는 두 형제를 잡아다 약키니의 시신을 넣어 둔 방에 가두었다.

수리얀이 약초를 씹어서 죽은 시체에 뿜었더니 여자 거인이 깨어났다. 두 형제가 자신을 살려 준 것을 안 거인 여자는 고맙다며 맛있는 음식을 만들어 형제에게 주었다. 부인이 살아난 것을 본 남편 거인은 매우 기뻐하며 얼른 두 형제를 안아서 인간의 세상에 데려다 주려고 했다. 그때 친구 거인이 놀러 왔다가 두 형제를 보고는 잡아먹으려고 들었다. 거인 부부가 펄쩍 뛰며 말렸지만 거인들은 막무가내였다. 결국 거인들은 두 패로 나뉘어 싸움이 붙었다.

약키니의 목숨을 살려 준 두 형제에게 은혜를 갚아야 한다고 생각하는 거인들은 거인 부부를 도왔고, 인육을 먹고 싶은 거인들은 친구 거인을 도왔다.

전쟁으로 많은 거인이 죽거나 부상당했다. 두 형제는 자기편에서 죽은 거인이 생기면 약초를 씹은 입김을 뿜어 살려 냈고, 그러면 살아난 거인은 다시 일어나 싸웠다. 인육을 먹고자 하는 거인들은 원래 수가 많지 않았기 때문에 결국 지고 말았다. 거인들은 수리얀 형제가 신이한 힘이 있다고 생각하고 왕으로 추대했다. 두 형제는 거인들의 칭송을 받으며 거인국을 다스리게 되었다.

하지만 두 형제는 평화롭게 살면서도 인육을 먹는 거인에게 언제 어디서 잡아먹힐지 몰라 항상 불안했다. 어느 날 들에 나간 두 형제는 거인 부부에게 인간의 땅으로 데려가 달라고 졸랐다. 형제의 마음을 잘 아는 거인 부부는 형제의 청을 받아들여 인간 세상으로 가는 길을 일러 주었다.

수리얀과 인트라 형제는 거인 부부가 가르쳐 준 방향으로 무작정 걸었다. 걷다 보니 과연 사람들이 사는 나라가 나왔다. 그곳은 수탐 왕이 지배하는 카시나컨 왕국이었다. 수탐 왕에게는 예쁜 공주가 있었는데, 이름이 잔타라였다.

그때 마침 잔타라 공주는 시녀들과 정원에서 놀고 있었다. 공주가 나무에 난 구멍에 꽃을 숨겨 놓으면 몸종이 찾는 놀이였다. 몸종이 꽃을 찾지 못하고 헤매기만 하자 공주는 그 꽃을 꺼내 보여 주려고 나무 구멍에 손을 넣었다. 그런데 운이 나쁘게도 구멍 속에서는 코브라가 똬리를 틀고 있었고, 공주는 코브라에게 물려 죽고 말았다.

　온 나라의 의사들이 공주를 살리려고 온갖 좋은 약을 다 써 봤지만 헛일이었다. 수탐 왕은 누구든 딸을 살려 내는 자는 부마로 삼고 나라의 반을 내주겠다고 방을 붙였다.
　공주가 깨어나지 못하자 백성들은 크나큰 슬픔에 잠겨 삭발하고 출가하여 공주의 명복을 빌었다. 이런 사실을 알 턱이 없는 두 형제는 걸식을 하며 카시나컨 왕국에 있는 어느 부잣집까지 갔다. 그 집에는 남자가 500명, 여자가 500명, 그리고 일하는 하인이 500명 있었다. 소 같은 가축은 셀 수 없이 많았다. 부잣집 식구들은 삭발하지 않은 두 형제를 보자 왜 공주의 명복을 위해 삭발하지 않느냐고 따져 물었다. 수리얀과 인트라는 먼 곳에서 와서 공주가 죽은 것을 몰랐다며 자신들이 직접 공주를 살려 보겠다고 했다.
　이에 부자는 두 형제를 데리고 수탐 왕에게 갔다. 수리얀은 약초를 씹어 공주의 시신에 뿜어 살려 냈다. 공주가 살아나자 수탐 왕은 크게 기뻐하며 수리얀과 잔타라 공주의 결혼식을 올려 주고 약속대로 나라의 반을 나누어 주었다. 인트라는 형이 나누어 준 약초와 금은보화를 가지고 자신의 운을 찾아 길을 떠났다.
　길을 떠난 지 얼마 안 되어 인트라는 나무에서 떨어져 죽은 원숭이를 보고 불쌍히 여겨 약초를 씹어 입김을 불어넣어 주었다. 다시 살아난 원숭이는 인트라를 주인으로 섬기겠다고 했다. 인트라는 까마귀와 같은 경우가 또 생길까 봐 원숭이의 마음이 상하지 않게 정중히 거절했다. 그러나 원숭이는 뜻을 굽히지 않았다.
　"저는 먼 곳에서 나는 소리도 잘 들을 수 있답니다. 언제 어디서든지 제 도움이 필요할 때는 불러 주십시오. 제가 달려가겠습니다."
　인트라는 어두워질 때까지 걷다가 동굴을 발견하고 그곳에서 하롯밤 자기로 했다. 그런데 하필이면 그 굴은 도적들의 소굴이었다. 새벽에 물건을 훔쳐 가지고 돌아온 도적들은 한참 달게 자고 있는 인트라를 잡아서 꽁꽁 묶었다. 인트라는 꼼짝없이 도적들의 신인 칼리 신에게 바쳐질 운명이었다.

도적들은 인트라의 목을 잘라 제사를 지내려고 했으나 아직 좋은 때가 되지 않았으므로 기다리는 동안 술을 마시며 즐겼다. 그때 인트라가 원숭이를 부르니 과연 원숭이가 득달같이 달려와 몰래 살아날 방도를 일러 주었다.

시간이 되자 도적 두목이 와서 인트라의 목을 자르려고 했다. 인트라는 마지막으로 도적 두목에게 애원했다.

"제가 죽기 전에 소원 하나만 들어주십시오. 죽어서 다음 생에는 좀 더 좋은 곳에 태어나게 해 달라고 도둑의 신인 칼리 신에게 기도하고 죽을 테니 칼리 신에게 경배하는 법을 가르쳐 주십시오."

두목은 칼리 신에게 경배하고 죽겠다는 인트라가 대견하여 포승을 풀어 주고 인트라가 앉아서 칼리 신에게 경배하게 도와주었다. 그런데 처음이라 그런지 기도하는 모습이 별나고 법도에도 맞지 않았다. 두목은 그렇게 하는 것이 아니라며 칼을 풀어 옆에 두고 시범을 보였다.

바로 그때 숨어 있던 원숭이가 나타나 칼을 집어 들고 두목의 목을 내리쳤다. 술에 취한 도적들은 두목이 쓰러지자 제대로 반항 한 번 해 보지 못하고 무너졌다. 동굴에는 도적이 훔쳐 온 값나가는 물건이 많았지만 인트라는 자기 물건만 챙기고 나머지는 주인을 찾아 돌려주었다.

그 후 인트라와 원숭이는 어디를 가든 항상 같이 다니는 단짝이 되었다. 어느 날 인트라는 원숭이와 헤어져서 먹을거리를 찾다가 사냥꾼이 쳐 놓은 함정에 빠져 죽은 호랑이를 만났다. 인트라는 호랑이가 불쌍해서 약초를 씹어 살려 주었다. 살아난 호랑이는 함정에서 꺼내 달라고 인트라에게 사정했다.

그런데 막상 인트라가 함정에서 꺼내 주자 호랑이는 배은망덕하게도 인트라를 잡아먹으려고 했다. 인트라는 다급하게 원숭이에게 도움을 요청했다.

달려온 원숭이는 어떻게 해서 호랑이에게 잡혔느냐고 물었다. 인트라가 자세하게 대답해 주었지만 원숭이는 그 말은 들은 척도 하지 않고 호랑이에게 이것저것 물었다. 그래서 호랑이가 자세하게 설명해 주었으나 원숭이는 모르겠다는 말만 되풀이했다. 결국 호랑이는 화를 내고 말았다.

"아니, 왜 내 말을 알아듣지 못하는 거야? 내가 그렇게 설명해도 모르다니 어리석기 짝이 없는 원숭이구먼. 내가 시범을 보일 테니까 잘 봐 둬. 만일 그걸 보고도 모른다고 하면 너도 잡아먹고 말 거야."

그 말에 원숭이도 지지 않고 대들었다.

"걱정 마세요. 잡아먹혀도 좋으니 어디 한번 해 보이기나 해요."

호랑이는 원숭이의 말을 곧이듣고 함정으로 뛰어들었다. 그 틈을 타서 원숭이는 재빨리 함정 뚜껑을 닫고 잠갔다. 그런 다음 원숭이와 인트라는 유유히 길을 떠났다.

인트라는 드디어 자기가 태어난 파란시 왕국에 도착했다. 파란시 왕국은 왕이 후계자도 없이 죽어, 포카라는 대부호가 섭정이 되어 나라를 다스리고 있었다. 마침 부인을 잃고 슬픔에 잠겨 있던 섭정은 누구든 부인을 살려 주는 사람을 사위로 삼겠다고 했다.

내로라 하는 유명한 의사들이 섭정의 사위가 될 욕심으로 대부호의 집에 몰려들었다. 하지만 죽은 사람을 살려 낼 재간이 있는 사람은 없었다. 이 소문을 들은 인트라는 이제야말로 자신이 나서야겠다는 생각이 들었다. 그때 마침 그는 열여덟 살 청년으로 자라 장가 갈 나이였다. 인트라가 약초를 씹어 죽은 섭정 부인의 몸에 뿜자 부인은 다시 살아났다.

섭정은 인트라에게 예쁜 딸 말리니를 주고 나라도 주어 통치하게 했다. 인트라는 혼인 잔치에 가난한 사람들을 불러 음식을 대접했다. 이때 온 나라의 거지들이 궁에 와서 음식을 먹었는데, 그 중에는 인트라의 부모도 있었다. 이렇게 해서 부모를 만난 인트라는 그 후 부모를 잘 봉양하며 행복하게 잘 살았다.

프라 루엉

옛날 수코타이 왕국에 시탐마속가랏 왕이 있었다. 어느 날 왕은 경치 좋은 곳에서 수행도 하고 쉬기도 할 겸 카오 루엉 산(민담에 자주 나오는 태국인들이 신성시하는 산)으로 갔다. 왕은 여기저기 구경하고 돌아다니다가 우연히 작고 예쁜 뱀이 평범한 땅뱀과 엉켜 있는 것을 보았다. 그 뱀은 여느 뱀과는 달리 머리에 왕관처럼 벼슬이 달려 있었고 목과 벼슬이 빨갰다. 왕은 지체 높아 보이는 뱀이 평범한 땅뱀과 엉켜 있는 것이 타당하지 않다고 여겨 막대기로 두 뱀을 떼어 놓았다. 그런데 사실 그 뱀은 보통 뱀이 아니라 땅 밑 바단 왕국에 사는 낙 왕의 딸 낭 낙이 변신한 것이었다. 낭 낙은 망신당했다고 생각하고 바단 왕국으로 돌아가 부모에게 수코타이 왕이 자기를 욕보였다고 거짓으로 고했다. 귀여운 딸의 말을 그대로 믿은 낙 왕은 도사로 변신하고 카오 루엉 산으로 가서 수코타이 왕을 만나 일전에 있었던 일에 대해 자세히 물었다.

하지만 수코타이 왕의 설명을 듣고 오해를 푼 낙 왕은 오히려 딸의 행실을 알고 부끄러웠다. 딸의 잘못에 대해 용서를 구하고 체면을 지켜 준 수코타이 왕에게 감사의 인사를 올린 낙 왕은 바다 왕국으로 돌아가 딸을 꾸짖고 왕을 무고한 벌로 수코타이 왕의 처소에 가서 시중을 들라고 명했다.

낭 낙은 부왕의 꾸중을 듣고 크게 뉘우치고 카오 루엉 산으로 가서 아름다운 여인으로 변신해 왕을 섬겼다. 낭 낙은 외모가 빼어나게 아름다울 뿐 아니라 음식도 잘하고 집 안도 잘 꾸몄기 때문에 왕의 총애를 받았다. 그 후 일주일이 지나 왕이 환궁해야 할 때가 되었다. 왕은 낭 낙에게 붉은 옷과 반지를 주며 일주일 후에 예를 갖추어 데리러 오겠다고 약속하고 떠났다.

그러나 일주일이 지나도 왕은 오지 않았고, 기다리다 지친 낭 낙은 울면서 왕을 찾아 산속을 헤맸다. 왕의 변심에 마음이 상한 낭 낙은 고향에 돌아가고 싶었지만 인간의 아이를 임신한 몸으로는 바다 왕국에 돌아갈 수 없었다. 낭 낙은 아이를 낳아 남편에게 보내고 집으로 돌아가리라 마음먹었다.

해산일이 되자 낭 낙은 시냇물 가운데 앉아 왕에게 정표로 받은 붉은 옷을 접어 밑에 깔고 그 위에 반지를 얹은 후 와자싯으로 아이를 토했다. 아이가 물에 휩쓸려 가거나 동물들에게 물려가지 않도록 피와 독을 토해 거품처럼 덮어 두는 것도 잊지 않았다. 마지막으로 그녀는 신에게 아기의 안전과 안녕을 빌고 바다 왕국으로 돌아갔다.

얼마 후 시냇가로 두꺼비 한 마리가 찾아왔다. 두꺼비는 며칠 동안 아무것도 먹지 못해 매우 배가 고픈 상태였다. 그런데 그때 마침 낭 낙이 토해 놓은 거품이 둥둥 떠내려 왔다. 배가 고픈 두꺼비는 아무 생각 없이 거품을 한입에 꿀꺽 삼켜 버렸다. 그 후 얼마 안 있어 두꺼비는 몸을 움직이지 못하게 되었다. 죽지는 않았으나 물속에서 나올 수가 없었다. 낭 낙의 독에 중독되어 몸이 마비되었기 때문이었다. 아이는 두꺼비의 뱃속에서 무럭무럭 자랐다.

한편 환궁한 왕은 나랏일을 돌보랴, 또 많은 비빈들과 어울리랴 몸이 열 개라도 바쁠 지경이었기 때문에 낭 낙과 맺은 약속을 잊고 있었다. 일주일이 지나 낭 낙과 맺은 약속을 생각해 낸 왕은 공주에게 걸맞은 예우를 갖추어 시녀들을 거느리고 카오 루엉 산으로 갔다. 그러나 이미 낭 낙은 그곳에 없었다. 사흘 밤낮을 찾아도 찾지 못하였으므로 왕은 실망한 채 성으로 돌아오고 말았다.

한편 카오 루엉 산 근처에서는 노부부가 시내에서 물고기를 잡아 근근이 살아가고 있었다.

하루는 부부가 고기를 잡으러 시내에 갔는데 지체 높은 사람들만 입을 수 있는 붉은 옷이 떠내려 오는 것이었다. 부부는 붉은 옷을 챙긴 다음 계속 물고기를 잡았다. 그런데 이상하게도 어제까지만 해도 물속을 헤엄치며 돌아다니던 물고기들이 하나도 보이지 않는 것이었다. 보이는 거라곤 물속에 죽은 듯 누워 있는 두꺼비 한 마리뿐이었다. 부부는 이 두꺼비 때문에 고기를 못 잡았다며 두꺼비를 죽이려고 했다. 그러자 두꺼비가 눈을 번쩍 뜨더니 사람처럼 말을 하는 것이었다.

"부탁입니다. 제발 저를 죽이지 말고 데려다 길러 주세요."

두꺼비가 말을 하다니 예삿일이 아니라고 생각한 부부는 두꺼비를 데려다 기르기로 하고 대바구니에 넣어 가지고 집으로 갔다. 집에 가는 도중에 대바구니에서 두꺼비가 떨어진 것을 다시 주웠으므로 루엉^{떨어진다}이라고 이름을 지었다. 부부는 인간의 말을 할 줄 아는 두꺼비를 친자식처럼 길렀다.

어느 날 부부가 바깥으로 일을 하러 나갔다가 돌아와 보니 맛있는 밥상이 차려져 있었다. 부부는 난데없이 차려진 밥상을 보고 이상하게 생각했다.

"혹시 독을 넣은 게 아닐까?"

"여보, 우린 이미 늙었으니 죽는 걸 두려워 맙시다."

부부는 그 음식을 맛있게 먹었다. 물론 아무 일도 일어나지 않았다. 그 후로 부부가 바깥에 나갔다 돌아오면 늘 밥상이 차려져 있었다. 부부는 누가 음식을 만드는지 알고 싶었다. 그래서 하루는 바깥에 일하러 나가는 척 집을 나섰다가 문 밖에서 몰래 집 안을 들여다보았다. 한참을 기다리니 두꺼비에서 웬 잘생긴 어린애가 나와 음식상을 차려 놓은 후 두꺼비 속으로 들어가려고 하는 것이었다. 부부는 아이가 두꺼비의 몸 속으로 들어가기 전에 간신히 아이를 붙들어 두고 두꺼비 껍질을 태워 버렸다. 그날부터 루엉은 노부부의 아이가 되어 함께 살았다.

루엉은 커 가면서 점점 신통력이 늘더니 자라서는 말하는 것은 무엇이든지 이루어지는 와자싯을 지니게 되었다.

얼마 후 시탐마속가랏 왕은 왕궁을 지을 대나무가 필요했다. 그래서 백성들에게 대나무를 베어 바치라고 명령했다. 노부부는 대나무 백 그루를 바쳐야 했다. 노인은 산속으로 들어가 백 그루의 대를 베어 한 곳에 쌓아 두긴 했으나 그것을 마을로 옮길 재간이 없었다. 어린 루엉과 상의하니 루엉이 할아버지에게 말했다.

"걱정 마세요, 할아버지. 제가 옮길 수 있어요. 이것 보세요."

루엉은 대나무 한 그루를 집어 들고 앞장서서 걸으며 나머지 대나무들을 보고 말했다.

"너희들은 이 대나무를 따라오너라."

그러자 다른 대나무들이 벌떡 일어나 루엉의 뒤를 줄줄이 따르는 것이었다. 덕분에 할아버지는 나라에서 받은 일을 무사히 마무리할 수 있었다.

왕궁을 지을 대나무를 다 마련한 왕은 좋은 날을 잡아 궁을 짓기 시작했다. 그런데 또 문제가 생겼다. 궁궐을 지으려면 대나무 기둥을 곧게 세워야 했는데 아무리 해도 곧게 세워지지 않았던 것이다. 똑바로 세웠는가 하면 대나무는 어느새 옆으로 기울어 있었다. 일하는 사람들은 물론 대신들도 지쳐 버렸다. 그때 루엉이 나서서 기둥이 될 만한 대나무 하나를 들어 곧게 세우고는 말했다.

"대나무야, 곧게 서라. 그리고 다른 대나무들도 이 대나무를 따라 곧게 서라."

루엉의 말이 떨어지자마자 대나무들이 모두 똑바로 섰다. 덕분에 사람들은 손쉽게 왕궁을 지을 수 있었다. 사람들은 루엉이 보통 인간이 아니라 신이라고 생각하고 왕에게 달려가 이 사실을 고했다.

왕은 신하들이 고하는 이야기를 듣고 이상한 생각이 들어 노부부와 루엉을 데리고 오도록 했다. 그날 루엉은 시내에서 처음 발견될 때 챙겨 두었던 붉은 옷을 입고 두꺼비 몸 속에서 나온 반지를 옷자락에 매달고 나타났다. 노부부로부터 자초지종을 들은 왕은 루엉이 자신의 아들임을 알았다. 왕은 노부부에게 후한 상을 내리고 루엉을 왕자로 삼았다.

그리고 얼마 후 루엉이 출가하자 사람들은 그를 프라 루엉^{루엉 스님. '프라'는 원래 신적 존재에 붙이는 칭호. 보통 명사로 쓸 때는 '승려'의 뜻도 있다}이라고 불렀다.

당시 타이 족 국가들 중 상당수가 크메르 제국에게 예속되어 있었다. 라위의 왕은 물론 수코타이의 왕도 매년 카오 루엉 산의 물을 크메르 왕에게 조공으로 바쳐야 했다. 수코타이 백성들은 커다란 질그릇 항아리에 물을 담아 수레에 싣고 크메르 제국의 수도 앙코르까지 날랐다. 어느 날 프라 루엉은 백성들이 커다란 물항아리를 깨질세라 조심하며 싣고 가는 것을 보고 말했다.

"이제는 그 무거운 질항아리 대신에 대나무로 항아리를 만들어 거기에 물을 담아 가지고 가도록 하라."

수코타이 백성들은 프라 루엉의 말대로 대나무를 촘촘히 엮어 항아리를 만들었다. 대나무로 만든 항아리는 물이 새지 않았고, 가볍고 깨지지 않았으므로 운반하기도 쉬웠다. 이를 본 크메르 왕은 그때부터 물 조공을 금지시켰다. 크메르 왕은 프라 루엉이 나중에 반역을 꾀할지도 모른다는 생각에 믿을 만한 장수에게 몰래 명령하여 그를 죽이게 했다.

크메르 왕의 밀명을 받은 콘디는 수소문 끝에 프라 루엉이 수코타이 왕국의 마하탓 사원에 있다는 것을 알아냈다. 콘디는 수코타이에 다다르자 땅속으로 숨어들어 마하탓 사원 마당까지 갔다. 마침 프라 루엉이 마당을 쓸고 있었다. 콘디는 마당에 사람이 있는 것을 보자 상반신만 밖으로 드러내고 프라 루엉에게 물었다.

"스님, 저는 프라 루엉 스님을 찾아뵈러 왔습니다. 어디 계신지 말씀해 주시거나 누구신지 가르쳐 주십시오."

프라 루엉은 그 사람이 자기에게 해를 줄 사람임을 직감했다.

"그대는 여기 좀 있으시오. 내가 가서 데리고 오리다."

이 말이 떨어지자마자 콘디는 땅속에 하반신이 묻힌 채 꼼짝 못하고 굳어 돌이 되었다.

세월이 흘러 환속한 프라 루엉은 아버지에게 다른 곳으로 가서 나라를 세우겠다고 했다. 아버지는 프라 루엉의 할아버지가 세웠던 나라이지만 지금은 거의 폐허가 된 삿차나라이 왕국에 가서 나라를 다시 일으켜 세우라고 하였다. 프라 루엉은 그곳으로 가서 사완카록 왕국을 세웠다. 그는 사완카록에서 수코타이까지 이르는 길을 넓게 닦고 길 양쪽에 마캄 나무를 심었다. 그 후 시탐마속가랏 왕이 사망하자 프라 루엉이 두 나라를 병합하여 통치하였다. 이 나라가 바로 수코타이 왕국이다.

··········

미얀마 편

··········

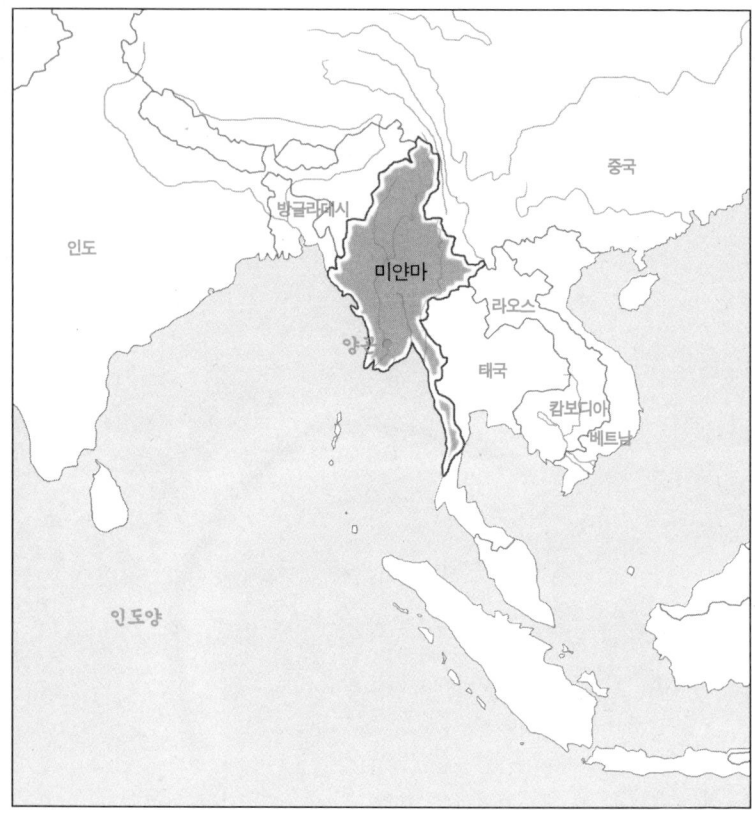

●──인도차이나 반도 서북부에 위치하고 있는 미얀마는 북쪽으로 중국, 북서쪽으로 인도와 방글라데시, 동쪽으로 라오스 및 태국과 국경을 접하고 있으며, 남쪽으로는 인도양에 속하는 뱅갈 만 및 마르타반 만, 안다만 해와 접하고 있다. 국토 면적은 약 68만 제곱킬로미터로 남북한을 합한 한반도의 세 배가 넘는다. 이 책에 실린 민담에서는 불교의 전통을 충실히 따르며 민족적 긍지 속에 살아가는 미얀마 인들의 생활상을 느낄 수 있다.

감기 든 토끼

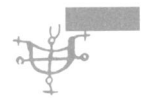

옛날 사자 왕은 곰, 원숭이, 토끼를 장관으로 임명하여 함께 숲을 거닐었다. 그러던 어느 날 사자는 동료들에게 싫증을 느끼고 그들을 잡아먹기로 결심했다. 하지만 자신이 그들을 장관으로 임명해 놓고 덥석 잡아먹어 버려서야 도무지 말이 안 되었다. 그는 자신의 행동을 정당화할 명분을 찾기에 골몰했다. 마침내 사자 왕은 국가의 세 장관을 불러 이렇게 말했다.

"대신들이여, 그대들은 짐의 대신들로서 짐을 섬기고 있다. 하지만 짐은 그대들의 높은 직책이 그대들을 망쳐 놓았는지 어떤지를 지금 알고 싶노라."

그리고 사자는 입을 쩍 벌리고 곰에게 자신의 입에서 나는 냄새가 무슨 냄새인지를 물어보았다. 사자는 거대한 육식동물이었기 때문에 자연히 입에서 불결한 냄새가 났다.

아무것도 모르는 곰은 충성스럽게 곧이곧대로 말했다.

"전하, 불결한 냄새가 나옵나이다."

이 말에 사자는 벌컥 화를 내면서 소리쳤다.

"이것은 반역이야! 그대는 왕을 면전에서 모욕했노라. 짐에 대한 반역을 씻을 방법은 오직 죽음뿐이라는 사실을 그대는 알렷다!"

사자는 곰을 물어뜯어 죽여 버렸다.

그런 다음 사자는 원숭이에게 자신의 입에서 나는 냄새가 어떤 냄새인지를 물어보았다. 방금 전 곰의 운명을 두 눈으로 목격한 원숭이는 목숨을 건지는 유일한 방법은 오직 아첨뿐이라고 생각하고 이렇게 말했다.

"전하, 최고급 향수와 같이 달콤하고 맛있는 냄새이옵나이다."

"그대는 거짓말쟁이에 아첨꾼이야! 과인은 거대한 육식동물이기 때문에, 과인의 입에서 나는 냄새는 오직 불결한 냄새뿐이라는 사실은 천하가 다 알고 있어. 왕에게 아첨하는 신하는 국가를 좀먹는 위험 인물일 수밖에 없어!"

그러고는 마찬가지로 원숭이도 잡아먹어 버렸다.

사자는 이제 토끼에게 고개를 돌려 물어보았다.

"지혜로운 토끼여, 과인의 입에서 나는 냄새가 과연 무슨 냄새인가?"

"전하, 황송하옵나이다. 소인은 지금 감기에 걸려 코가 막혀 있습니다. 감기가 나을 때까지 집에 가서 쉬게 해 주십시오. 그런 다음에야 전하의 입에서 나는 냄새가 무슨 냄새인지를 소인의 코를 이용하여 아뢸 수 있을 것으로 사료되기 때문이옵나이다."

사자는 토끼를 그냥 집으로 돌려보낼 수밖에 별 도리가 없었고, 토끼는 그 후 두 번 다시 사자 앞에 나타나지 않았다.

포 소년과 호랑이

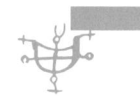

옛날에 포라는 이름의 소년이 살았다. 포는 매일 마을을 벗어나 숲을 배회하곤 했다. 그리하여 포는 모든 동물들과 친구가 되었는데, 특히 호랑이와 사이가 좋았다.

포 소년과 호랑이는 숲을 오랫동안 함께 산책하면서 이런저런 이야기를 함께 나누었다. 그런데 둘의 사귐에는 한 가지 문제가 있었으니, 포 소년은 친구를 진정으로 아끼고 있었지만 호랑이는 속에 다른 꿍꿍이를 감추고 있었던 것이다. 사실 호랑이는 포 소년이 그를 마을로 데려가 줄 날만 손꼽아 기다리고 있었다. 그래야 살찐 송아지나 값진 물건들을 훔쳐 달아날 수 있기 때문이다.

드디어 어느 날 호랑이는 참지 못하고 포 소년을 채근했다.

"포야, 나를 네가 사는 마을로 한번 데려가 주지 않겠니?"

"호랑이야, 나는 그렇게 할 수 없단다. 왜냐하면 마을 사람들이 모두 너를 싫어하거든. 게다가 너는 종종 마을 밖 목장에 있는 소나 가축들을 습격하곤 하잖아."

호랑이는 잔뜩 토라져서 말했다.

"네가 나를 데려가지 않는다면, 나 혼자서라도 거기에 갈 수밖에 없어."

그날 저녁 호랑이는 마을 입구를 어슬렁거렸다. 포 소년은 호랑이를 보자 말했다.

"호랑이야, 여기에서 어슬렁거리면 안 돼. 마을 사람들은 아주 영리하고 솜씨가 좋거든. 덫으로 너를 단번에 잡아 버릴 거야."

그러나 호랑이는 포의 경고를 그냥 웃어넘겨 버렸다. 포 소년은 마을 입구에 서서 친구에게 숲으로 돌아가라고 설득했다. 하지만 호랑이는 들은 척도 하지 않았다.

날이 어두워지고 포 소년의 부모가 그를 불렀다. 소년은 호랑이에게 마지막 경고를 남기고 집으로 돌아가 버렸다. 호랑이는 마을 사람들이 모두 잠들 때까지 기다렸다. 이윽고 모두가 깊은 잠에 빠지자 호랑이는 마을로 들어가 살찐 송아지 앞으로 슬금슬금 다가갔다.

다음 날 아침 일찍 포 소년은 숲으로 가서 호랑이를 만났다.

"호랑이야, 우리는 오랫동안 서로 친구였지 않니? 제발 내 말 좀 귀 기울여 들어줘. 오늘 밤 마을 사람들이 너를 잡기 위해서 올가미를 놓을 거야. 그러니 다시는 우리 마을에 들어오지 마."

하지만 호랑이는 이번에도 역시 소년의 경고를 한쪽 귀로 흘려들었다.

그날 밤 호랑이는 소년의 경고를 무시하고 마을로 들어갔다가 마을 사람들이 쳐 놓은 덫에 걸리고 말았다. 아침이 되어 호랑이를 발견한 마을 사람들은 입을 모아 이렇게 말했다.

"호랑이가 기운이 빠져서 녹초가 될 때까지 올가미 안에서 날뛰며 으르렁거리게 놔두자. 그러다가 배고프고 목말라서 제풀에 서서히 죽게끔 하자고."

그리하여 마을 사람들은 덫에 걸린 호랑이를 그대로 놔두고서 호랑이 곁을 떠났다.

엿새 동안 호랑이는 덫 안에서 사납게 날뛰며 으르렁거렸다. 이러한 친구를 보며 포 소년은 미안해서 어쩔 줄을 몰랐다. 하지만 부모에게 야단 맞을까 두려워 이러지도 저러지도 못했다.

그러다 마침내 이레째 되는 날 포 소년은 친구를 위해서라면 야단 맞는 것쯤 얼마든지 감수할 수 있다고 결심을 굳히고 호랑이를 풀어 주었다.

"호랑이야, 지금 빨리 도망가! 우리의 우정을 위해서라면 나는 부모님과 마을 사람들의 꾸중도 달게 받을 거야."

"고마워. 하지만 나는 지금 너무 지쳐서 먹이를 사냥할 수 없어. 그러니 너를 잡아먹어야겠어."

"아니, 지금 은혜를 원수로 갚겠다는 거야? 날 잡아먹다니!"

"흥, 은혜 따위 내가 알 게 뭐람. 나는 지금 배고프니까 너를 잡아먹어야겠어."

두 사람은 한참을 그렇게 옥신각신했다. 하지만 아무리 해도 뾰족한 결론이 나오지 않았다. 결국 포 소년은 대신 판결을 내려 줄 재판관을 찾아보자고 제안했다. 호랑이도 이에 동의했다.

그리하여 포 소년과 호랑이는 재판관을 찾기 위하여 숲으로 들어갔다. 거기에서 그들은 죽은 수소의 두개골을 만났다. 그들은 두개골에게 대신 판결을 내려 달라고 부탁했다. 두 사람의 주장을 다 들은 두개골은 다음과 같은 판결을 내렸다.

"은혜라니 얼토당토 않은 소리지. 예를 하나 들어 볼까? 내 주인은 여러 해 동안 나를 밭갈이에 부려먹었지만, 내가 나이가 들어 쓸모 없게 되자 잡아먹어 버렸어. 그러니 호랑이는 포를 잡아먹어야만 해."

"들었지? 나는 지금 너를 잡아먹어 버릴 거야."

호랑이는 성급하게 으르렁거렸다. 그러나 포 소년은 지지 않고 다른 재판관의 말도 들어 봐야 한다고 주장했다. 그리하여 포 소년과 호랑이는 벵갈 보리수를 찾아갔다. 그들은 벵갈 보리수에게 판결을 내려 달라고 부탁했다. 서로 다른 주장을 들어 본 벵갈 보리수가 판결을 내렸다.

"은혜라니 어림도 없는 소리. 예를 하나 들어 보지. 태양의 열과 빛을 피해 내 그늘에서 쉬는 인간들이 내 가지를 부러뜨리고 내 꽃을 꺾어 버리지. 그러니 호랑이는 포를 잡아먹어야만 해."

"들었지? 나는 지금 너를 잡아먹어 버릴 거야."

호랑이는 으르렁거렸다. 그러나 포 소년은 또 다른 재판관에게 호소할 권리를 주장했다.

"기억해 둬! 이번이 마지막 기회야. 왜냐하면 하나의 송사로 찾을 수 있는 재판관은 오직 셋뿐이니까."

그리하여 그들은 토끼를 만나게 되었다.

"지혜로운 토끼야, 제발 우리의 송사를 좀 해결해 다오."

서로 다른 둘의 주장을 다 들은 토끼는 판결을 내리기 전에 사건 현장을 자신의 눈으로 직접 확인하고 싶다고 말했다. 그리하여 토끼는 포 소년과 호랑이와 함께 마을로 갔다.

덫이 있는 장소에 도착하자 토끼가 호랑이를 보고 물었다.

"호랑이야, 너는 어디에 있었니? 포가 어떻게 널 풀어 주었니?"

"나는 덫 안에 있었어."

"그럼 네가 어떻게 덫 안에 있었는지 나에게 똑똑히 보여 줄 수 있겠니?"

토끼의 말에 호랑이는 냉큼 덫 안으로 들어갔다. 토끼는 이어서 고개를 돌려 포 소년에게 말했다.

"그럼 포야, 먼저 덫을 닫고 네가 어떻게 호랑이를 풀어 주었는지 보여 주겠니?"

그런데 포 소년이 덫을 닫자마자 돌연 토끼가 소리쳤다.

"멈춰! 호랑이를 풀어 주어서는 안 돼!"

그리고 깜짝 놀란 호랑이와 포 소년에게 토끼는 말했다.

"나는 지금 논쟁이 일어나기 전의 상황으로 모든 것을 돌려 놓았어. 호랑이는 제자리로 돌아갔고 포도 원래대로지. 그러니 재판은 이걸로 끝이야."

그 후 토끼는 숲으로 돌아갔고, 포 소년도 달음박질쳐 집으로 돌아갔다. 호랑이는 몇 날 며칠을 배고픔과 목마름에 시달리다 결국 덫 안에서 숨을 거두고 말았다.

토끼 재판관

옛날에 총명 씨와 멍청 씨가 서로 이웃에 살고 있었다. 총명 씨는 암소를, 멍청 씨는 암말을 소유하고 있었다. 어느 날 밤 총명 씨의 암소가 송아지를 낳고 멍청 씨의 암말은 망아지를 낳았다.

선잠을 자던 총명 씨는 매애 하는 송아지 울음소리와 히힝 하는 망아지 울음소리를 들었다. 총명 씨는 태어난 송아지를 보려고 등불을 들고 외양간으로 내려갔다가 멍청 씨의 마구간에 등불이 없다는 사실을 알아차렸다.

총명 씨는 멍청 씨가 자느라 망아지 울음소리를 못 들었을 거라고 짐작하고 자신의 송아지를 멍청 씨의 마구간에 갖다 놓고 멍청 씨의 망아지는 자기 외양간에 갖다 놓았다. 그러고는 마치 아무 일도 없었다는 듯이 다시 잠자리로 되돌아갔다.

다음 날 아침 총명 씨는 마을을 돌아다니면서 정말 희한한 일이 생겼다고 떠들어 댔다. 자기 집 암소가 망아지를 낳았다는 것이다. 마을 사람들은 외양간에 모여들어 신기한 듯 망아지를 구경했다.

멍청 씨는 그제야 마구간에서 송아지를 발견하고는 총명 씨가 자기네 망아지를 훔쳐갔다고 마구 나무랐다. 하지만 총명 씨는 자연의 장난으로 자신의 암소가 기형적으로 망아지를 낳았다고 우기며 딱 잡아뗴었다.

"그렇다면 내 마구간에 있는 송아지는 도대체 어떻게 된 거야?"

멍청 씨가 분개해 물었다.

"너의 암말 역시 자연의 장난으로 송아지를 출산한 거야. 틀림없어."

총명 씨는 부드러운 어조로 능청스럽게 말했다. 멍청 씨는 이 문제를 해결해 달라며 마을 사람들에게 호소했지만, 그들로서도 이런 일은 역부족이었다.

결국 멍청 씨는 총명 씨에게 다른 마을에 가서 재판관을 찾아보자고 제안했다. 그리하여 그들은 재판관을 찾아 여행을 떠나게 되었다. 한참을 걷던 그들은 토끼를 만나 송사의 재판관이 되어 줄 것을 간곡히 부탁했다. 토끼는 기꺼이 이를 수락했다.

"좋고 말고요."

멍청 씨와 총명 씨가 사건의 경위를 설명했다. 잠자코 듣던 토끼가 이윽고 말했다.

"저는 지금 굉장히 바쁘니까 이 사건의 해결을 위하여 날을 잡겠어요. 오늘부터 이레째 되는 날 아침 해뜰 무렵에 당신네 마을에서 다시 만나요. 그때 증인들을 준비해 두세요."

멍청 씨와 총명 씨는 토끼에게 고맙다고 인사하고 마을로 되돌아갔다.

약속한 날 해뜰 무렵이 되자 멍청 씨와 총명 씨, 온 마을 사람들이 한데 모여 재판관을 기다렸다. 그러나 토끼 재판관은 해가 중천에 뜨도록 나타나지 않았다. 시간이 흘러 낮이 기울어 가도 토끼 재판관은 여전히 모습을 드러내지 않았다. 사람들은 어찌된 일인지 몰라 어리둥절했다.

 토끼가 모습을 보인 것은 서쪽으로 해가 뉘엿뉘엿 지는 석양 무렵이었다. 토끼가 약속을 어기는 일은 매우 이례적인 일이었으므로 보통 같아서는 예의를 지켜 재판관에게 질문을 하지 않았을 마을 사람들도 약속 시간에 왜 나타나지 않았는지 이유를 물었다.

 "죄송해요. 하지만 사고 때문에 어쩔 수가 없었어요. 오늘 아침 이 마을로 오던 참에 강 한가운데 모래톱이 글쎄 훨훨 불타고 있는 거지 뭐겠어요. 그래서 가느다란 가지로 엮은 바구니로 온종일 물을 퍼다 붓느라고 늦었지요."

 제법 똑똑하다고 으스대던 총명 씨는 토끼 재판관이 마을 사람들의 머리를 시험하는 거라고 생각했다. 그는 의기양양하게 말했다.

 "재판관님, 어떻게 강 한가운데 있는 모래톱이 불탈 수 있으며, 어떻게 가느다란 가지로 만든 바구니로 물을 퍼 나를 수 있습니까? 세상에 그런 일은 없지요. 저는 도저히 믿을 수 없군요."

 "총명 씨, 정말 당신 말이 맞아요. 그렇다면 어떻게 암소가 망아지를 낳을 수 있으며, 어떻게 암말이 송아지를 낳겠습니까? 세상에 그런 일은 없어요. 그러니 어서 당신 송아지를 가져오고, 이웃인 멍청 씨에게 망아지를 돌려주세요."

 토끼 재판관은 조용히 대답했다. 그 말에 총명 씨는 꿀 먹은 벙어리 모양 아무 말도 못 했다.

 마을 사람들은 토끼 재판관의 지혜로운 판결에 갈채를 보내고 그날 이후로 다툼이 일어나면 언제나 토끼를 재판관으로 모셨다.

어리석은 세 동물

지혜로운 토끼는 나무 아래에 앉아 인생에 관하여 깊이 생각하는 버릇이 있었다. 어느 날 그는 혼잣말로 중얼거렸다.

"이 세상은 어려움과 위험으로 가득 차 있어. 그 첫째가 지진, 산사태, 폭풍과 같은 자연 재해이고, 둘째로는 기근이나 식량과 물 부족의 위험이 언제나 도사리고 있으며, 셋째로 강도나 도둑의 위험이 있어."

그런 다음 그는 중요한 약속을 잊고 있었다는 것을 깨닫고 서둘러 길을 떠났다. 그때 마침 세 동물 즉 댕기물떼새, 지렁이, 원숭이가 그의 말을 듣고 있었다. 그들은 매우 어리석은 동물들이었기 때문에 토끼의 말에 크게 당황했다.

댕기물떼새는 세 가지 위험 중에서 자연 재해를 염두에 두고 눈물을 흘리면서 말했다.

"내가 자고 있을 때 하늘이 떨어져 나를 덮치면 어떻게 될까? 내가 깨어 있을 때 나를 덮친다면 적어도 날아갈 수는 있을 텐데 말이

●──미얀마 민담

야. 하지만 내가 잠들어 있을 때 덮친다면 깔려 죽고 말 거야."

지렁이는 세 가지 위험 중에서 기근의 위험을 염두에 두고 눈물을 흘리면서 말했다.

"내 음식인 흙이 부족하다면 어떻게 될까? 난 죽을 거야. 죽고 말 거야."

원숭이는 세 가지 위험 중에서 도둑을 염두에 두고 눈물을 흘리면서 말했다.

"나에게 땅은 가장 가치 있는 재산이야. 하지만 밤이 되면 나무 위에서 자기 위해 잠시 떠나야만 해. 내가 자고 있는 동안 도둑이나 강도가 쳐들어와 땅을 훔쳐가 버리면 어떻게 하지?"

그 후 댕기물떼새는 만약에 하늘이 떨어지면 두 발로 하늘을 지탱하기 위하여, 공중에 작은 두 발을 쳐들고 반듯하게 누워서 잤다. 지렁이는 흙이 부족한 경우를 대비하여 그것을 먹은 다음 도로 토해 냈다. 그리고 원숭이는 매일 밤 세 번씩 나무에서 내려와 땅을 도둑맞지 않았는지 확인했다.

토끼가 코를 옴죽거리는 이유

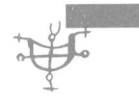

　옛날에 한 마리 개구리가 살았다. 한편 밀림에는 지혜로운 토끼가 살고 있었다. 개구리는 지혜롭다고 칭찬받는 토끼를 늘 시샘해 왔다. 그러던 어느 날 개구리는 토끼가 밀림의 웃음거리가 되도록 계책을 꾸몄다.
　토끼가 멀리서 유유히 걸어오는 것을 보고 개구리는 바위 밑에 몸을 숨긴 다음 큰 소리로 외쳤다. 그러자 토끼는 깜짝 놀라 공중으로 높이 뛰어올랐다가 그대로 달아나 버렸다. 정신 없이 달아나던 토끼는 호박을 뒤집어엎었다. 호박은 참깨 밭 비탈로 굴러 떨어져 참깨 그루에 부딪치면서 참깨 씨들을 여기저기 흩어 놓았다.
　우연히 그곳을 지나가던 들새는 마침 흩어진 참깨 씨들이 눈으로 들어가는 바람에 순간적으로 앞이 안 보여 대나무 위에 내려앉았다. 그러자 대나무가 뚝 부러져서 밑에서 잠자고 있던 뱀을 덮쳤다. 잠에선 깬 뱀은 천지개벽이 난 듯이 기겁을 해서 달아나다가 조용히 오이를 먹고 있던 산돼지와 부딪쳤다. 산돼지는 깜짝 놀라 먹던 오이를 떨어뜨리고 말았다. 산돼지의 손을 떠난 오이는 데굴데굴 굴러 물웅덩이에 떨어져 버렸다. 마침 물웅덩이 바닥에서는 용이 잠자고 있었다. 오이에 맞아 잠을 훼방당한 용은 기분이 극히 언짢았다. 용은 성이 나서 오이를 을렀다.

"이놈, 죽여 버릴 테다!"

"선생님! 선생님! 저를 나무라지 마세요. 사실은요, 산돼지가 저를 밀었거든요."

용은 물웅덩이를 떠나 돼지를 붙잡고 성을 냈다.

"너를 죽여 버릴 테다!"

"선생님! 선생님! 저를 나무라지 마세요. 사실은요, 뱀이 저와 부딪쳤거든요."

용은 이번에는 뱀을 붙잡고 을렀다.

"너를 죽여 버릴 테다!"

"선생님! 선생님! 저를 나무라지 마세요. 대나무가 절 덮쳤거든요."

용은 이번에는 대나무를 붙잡고 을렀다.

"너를 죽여 버릴 테다!"

"선생님! 선생님! 저를 나무라지 마세요. 사실은요, 들새가 제 위에 내려앉았거든요."

용은 이번에는 들새를 붙잡고 을렀다.

"죽여 버릴 테다!"

"선생님! 선생님! 참깨 그루가 제 눈에 씨를 뿌렸어요. 그래서 제가 잠시 눈이 멀었던 거예요."

용은 이번에는 참깨 그루를 찾아가서 을렀다.

"죽여 버릴 테다!"

"선생님! 선생님! 저를 나무라지 마세요. 호박이 저한테 부딪쳤던 거예요."

용은 이번에는 호박을 찾아가서 을렀다.

"죽여 버릴 테다!"

"선생님! 선생님! 저를 나무라지 마세요. 토끼가 저를 뒤집어엎어 버렸던 거예요."

용은 토끼를 찾아가 을렀다.

"죽여 버릴 테다!"

"선생님! 선생님! 저를 나무라지 마세요. 어떤 괴물이 바위 밑에 숨어서 저를 깜짝 놀라게 했어요."

용은 가서 바위 밑을 샅샅이 뒤졌다. 하지만 이미 개구리는 멀리 달아난 다음이었기에 거기엔 아무것도 없었다. 용은 토끼에게 돌아가서 말했다.

"너는 거짓말쟁이야. 네가 말한 대로 바위 밑을 살펴보았지만, 괴물 같은 건 없었어. 너를 꼭 죽여 버리고 말 테야!"

가엾은 토끼는 겁에 질려 바들바들 떨면서 저도 모르게 코를 옴죽옴죽거렸다. 용은 토끼의 옴죽거리는 코를 보고 그만 폭소를 터뜨리고 말았다. 화가 풀린 용은 기분이 좋아져 다시 물웅덩이로 되돌아갔다.

이러한 연유로 토끼는 오늘날까지 코를 옴죽거리며 돌아다닌다.

호랑이가 고양이에게 모질게 구는 이유

　밀림의 지배자 호랑이. 그는 덩치도 크고 기운도 셌지만 지혜가 없어 늘 밀림의 웃음거리가 되곤 했다. 동물들은 호랑이를 조롱했다.

　"저 미련한 호랑이 좀 봐! 저렇게 아둔해서야 먹이인들 잡겠어? 아마 금세 굶어 죽을 거야."

　기분이 울적해진 호랑이는 문득 사촌인 고양이를 떠올렸다. 그래, 사촌이라면 뭔가 좋은 말을 해주겠지! 그래서 호랑이는 고양이를 찾아갔다.

　"이봐, 사촌! 네가 알고 있는 사냥법과 먹이 잡는 법을 모두 나에게 가르쳐 줘. 그러면 내가 너를 만 3년 동안 충성스럽게 섬길게."

　고양이는 호랑이의 제안을 기꺼이 받아들였다. 그리하여 호랑이는 고양이의 제자가 되어 제자가 스승에게 해야 할 도리를 다했다. 집 안 청소, 음식 준비, 심부름은 물론 고양이가 가는 곳마다 따라다니며 가르침을 받았다. 한마디로 호랑이는 완벽한 제자였다.

그렇게 얼마간 세월이 흘렀다. 호랑이는 고양이 덕에 나날이 사냥 실력이 늘었다. 그러자 처음에는 성의껏 기술을 가르쳐 주던 고양이가 차차 제자를 시샘하게 되었다.

"호랑이에게 아는 걸 전부 가르쳐 주면 저 녀석이 나의 경쟁자가 될 거야. 아니, 나보다 훨씬 뛰어나게 될 테지. 호랑이가 나보다 강하고 크니까."

그래서 고양이는 호랑이에게 한 가지 기술은 가르쳐 주지 않기로 마음먹었다.

약속한 3년이 지나자 호랑이가 고양이에게 공손히 물었다.

"스승님, 제가 모든 것을 다 배웠습니까?"

"다 배웠지."

고양이는 태연하게 거짓말을 했다. 아무것도 모르는 호랑이는 고양이에게 감사를 표한 다음 기쁘게 고양이 곁을 떠나 혼자 힘으로 사냥에 나섰다.

하지만 호랑이는 이내 낙담하지 않을 수 없었다. 그가 암사슴을 공격하려고 몸을 웅크리면 어떻게 알았는지 사슴들은 일찌감치 위험을 느끼고 도망쳐 버리곤 했다. 또 수소에게 달려들려고 하면 수소 역시 잽싸게 줄행랑을 쳤다. 호랑이는 번번이 먹이 사냥에 실패하고 말았다.

'몸이 보이지 않도록 잘 숨었다가 갑자기 덮쳐라!'

이것이 그의 스승 고양이의 가르침이었다. 그래서 호랑이는 대나무 수풀 뒤에 조심스럽게 숨었지만, 암사슴이나 수소나 번번이 그가 거기에 있다는 사실을 알아차렸다.

당황한 호랑이는 공격 자세를 취한 자신의 모습을 세심하게 점검해 보았다. 마침내 호랑이는 자신이 위아래로 꼬리를 흔들 때 싹싹

소리가 난다는 사실을 깨달았다. 호랑이는 화가 나서 울부짖었다.

"이런 믿을 수 없는 고양이놈! 꼬리 흔드는 소리를 내지 말라고 말해 준 적은 없잖아."

문득 사냥 도중 고양이 꼬리에서는 아무 소리도 나지 않았던 사실을 떠올리자 더욱더 분통이 터졌다. 호랑이는 고양이를 잡아먹어 버리겠다고 굳게 마음먹었다. 고양이를 못 찾으면 고양이의 똥이라도 먹어 치울 작정이었다.

그날 이후 호랑이는 눈에 불을 켜고 고양이를 찾아다녔다. 하지만 고양이는 몹시도 약삭빨라서 호랑이에게 잡아먹히지 않았다. 심지어 볼일을 보고 난 다음 항상 흙이나 먼지로 똥을 덮어 숨길 정도로 주도면밀했다. 호랑이가 자신의 똥을 발견하고 느낄 사소한 만족마저도 허락하고 싶지 않았던 것이다. 그래서 끊임없는 호랑이의 위협에도 고양이는 오늘날까지도 여전히 건재하다.

가마우지에게 꼬리가 없는 이유

옛날에 인간과 동물을 다스리는 왕이 있었다. 그는 인간뿐만 아니라 동물까지 신하로 거느리고 있었다.

동물 신하 중에 가마우지라는 물새가 있었는데, 그는 아름다운 자신의 외모를 매우 자랑스럽게 여기고 있었다. 아닌 게 아니라 끝이 쐐기 모양으로 날렵하게 마무리되고 그 위에 까만 점이 박혀 있는 가마우지의 꼬리는 정말 아름다웠다. 가마우지는 자신의 긴 꼬리를 자랑하면서 궁궐 안을 돌아다녔다.

어느 날 왕은 모든 신하들을 불러모았다. 왕의 부름을 받은 신하들 중에는 모샘치라는 민물고기도 있었다. 왕이 있는 방으로 들어가던 모샘치는 문 옆에 서 있는 가마우지를 보았다.

평소 가마우지가 모샘치를 즐겨 먹었기 때문에 모샘치는 단박에 심장이 콩콩 뛰었다. 그러나 왕궁에서는 인간이든 동물이든 서로 해칠 수 없게 되어 있다는 사실을 떠올리고 가슴을 쓸어내렸다.

가마우지는 모샘치를 보자 군침이 돌았다. 하지만 여기서 털끝만

●──미얀마 민담

큼이라도 손을 댔다간 반역 죄인으로 몰릴 터였다. 가마우지는 잡아먹고 싶은 마음을 가까스로 눌러 참았다.

　그런데 겁에 질린 모샘치를 보자 괜히 한번 놀려 주고 싶어졌다. 가마우지는 모샘치를 향해 눈을 부라렸다. 놀란 모샘치가 짐짓 모른 척 외면하자 가마우지는 또다시 왼쪽 눈으로 눈짓을 보냈다. 모샘치는 겁에 질려 비명을 지르며 궁궐을 도망쳐 나가 집으로 달아나 버렸다. 그러다가 불쌍한 모샘치는 병사들에게 체포되고 말았다. 반역죄로 재판정에 서게 된 모샘치에게 왕이 물었다.

　"그대는 왜 그렇게 과인의 궁궐에서 소란을 피웠는고? 그리고 그대는 왜 과인의 허락도 없이 도망쳐 버렸는고?"

　"전하, 전하의 방문 옆에 서 있던 소인의 적 가마우지가 소인에게 눈짓을 하며 위협을 가하였나이다."

　심문이 끝난 후 모샘치의 진술이 사실로 밝혀지자, 모샘치는 용서를 받았지만 가마우지에게는 가엾은 물고기를 위협한 벌로 잔치를 베풀어 모샘치를 위로하라는 명령이 떨어졌다.

　그날 저녁 가마우지는 모샘치에게 연회를 베풀어 주었다. 가마우지는 모샘치에게 자꾸만 술을 권했다. 모샘치는 술에 취하여 곯아떨어지고 말았다. 음흉한 가마우지는 모샘치의 꼬리를 잘라 나뭇가지 사이에 숨겼다.

　아침이 되어 잠에서 깨어난 모샘치는 꼬리가 없어진 사실을 알고 대성통곡했다. 가마우지는 이 부근에 도둑이 득실거린다며 도둑의 소행이 분명하다고 능청을 떨었다. 하지만 평소 교활하기 짝이 없는 가마우지의 성정을 잘 알고 있는 모샘치로서는 그 말을 쉽사리 믿을 수가 없었다. 모샘치는 이 문제를 법정으로 가져갔다.

　사건의 경위를 들은 재판관은 주인은 손님의 생명과 재산을 지킬

책임이 있으므로, 가마우지가 그의 꼬리를 모샘치에게 넘겨줘야 한다고 판결을 내렸다. 그래서 가마우지의 꼬리가 모샘치에게 붙게 되었다. 이것이 오늘날 모샘치가 끝이 쐐기 모양인 꼬리를 가지고 있고, 유독 그 꼬리 부분만 까만 점으로 덮여 있는 이유이다.

한편 가마우지는 자신의 소행이 세상에 드러날까 봐 훔친 꼬리를 갖다 붙일 용기를 내지 못했다. 이것이 바로 오늘날 가마우지에게 이렇다 할 만한 꼬리가 없는 이유이다.

까마귀와 굴뚝새

어느 날 까마귀가 굴뚝새를 붙잡고 말했다.
"너를 지금 잡아먹어 버릴 거야."
굴뚝새는 홀로 남을 자신의 딸을 생각하며 슬피 울었다.
"오! 내 딸아, 내 딸아. 내가 죽으면 누가 너를 돌볼까?"
그 말을 들은 까마귀는 곰곰이 생각해 보았다.
'이 굴뚝새는 늙어서 질기지만 그 딸은 어려서 훨씬 연하고 맛있을 거야.'
까마귀는 굴뚝새에게 넌지시 말했다.
"오늘부터 7일째 되는 날 너의 딸을 나의 먹이로 바친다고 약속하면 너를 놔 주마."
굴뚝새가 그렇게 하겠다고 약속하자 까마귀는 굴뚝새를 놔 주었다.
7일째 되는 날 까마귀는 굴뚝새를 찾아가 딸을 달라고 요구했다. 굴뚝새는 완강히 말했다.

"너는 온갖 잡된 것들을 다 먹어서 부리가 아주 더럽고 불결해. 하지만 내 딸은 아주 깨끗하고 달콤하거든. 내 앞에서 입을 씻지 않는다면 내 딸은 절대로 못 줘."

"좋아! 그렇다면 금방 물을 가지고 돌아오지."

까마귀는 훌쩍 날아 물에게 가서 말했다.

"물아, 물아, 나와 함께 가지 않을래? 내 부리를 씻을 수 있도록 말이야. 그래야 내가 새끼 굴뚝새를 먹을 수 있거든."

"항아리 없이 어떻게 나를 데려가겠니? 가서 우선 항아리부터 가져와."

"좋아!"

까마귀는 또다시 훌쩍 날아 항아리에게 가서 말했다.

"항아리야, 항아리야, 나와 함께 가지 않을래? 내가 물을 데려갈 수 있도록 말이야. 그래야 내가 부리를 씻고 새끼 굴뚝새를 먹을 수 있거든."

"기꺼이 가지. 하지만 나는 지금 구멍이 뚫려 있거든. 가서 구멍을 메울 진흙을 가져와."

"좋아!"

까마귀는 또다시 훌쩍 날아 진흙밭에 가서 말했다.

"진흙아, 진흙아, 나와 함께 가지 않을래? 항아리를 수리할 수 있도록 말이야. 그래야 내가 물을 데려가 내 부리를 씻을 수 있고, 새끼 굴뚝새를 먹을 수 있거든."

"기꺼이 가지. 하지만 나는 너무 단단해서 항아리를 수리할 수 없거든. 물소보고 여기에 와서 좀 뒹굴라고 해 줄 테야?"

"좋아!"

까마귀는 또다시 훌쩍 날아 물소에게 가서 말했다.

"물소야, 물소야, 나와 함께 가지 않을래? 진흙이 물러지도록 말이야. 그래야 내가 항아리를 수리할 수 있고, 물을 데려갈 수 있고, 내 부리를 씻을 수 있고, 새끼 굴뚝새를 먹을 수 있거든."

"기꺼이 가 주지. 하지만 나는 지금 너무 배가 고파 힘이 없거든. 가서 먹을 풀 좀 가져와."

"좋아!"

까마귀는 또다시 훌쩍 날아 풀에게 가서 말했다.

"풀아, 풀아, 나와 함께 가지 않을래? 물소에게 너를 먹일 수 있도록 말이야. 그래야 물소가 진흙에서 뒹굴 수 있고, 내가 항아리를 수리할 수 있고, 물을 데려갈 수 있고, 내 부리를 씻을 수 있고, 새끼 굴뚝새를 먹을 수 있거든."

"나는 기꺼이 갈 수 있어. 하지만 물소는 엄청 많이 먹는 대식가이기 때문에 나 정도로는 안 되고 더 많은 풀이 필요할 거야. 만일 네가 나에게 좋은 땅을 마련해 준다면 물소에게 필요한 양만큼이 되어 줄 수 있을 텐데."

"좋아!"

까마귀는 또다시 훌쩍 날아 땅에게 가서 말했다.

"땅아, 땅아, 나와 함께 가지 않을래? 풀이 자랄 수 있도록 말이야. 그래야 내가 물소에게 풀을 먹일 수 있고, 물소가 진흙에서 뒹굴 수 있고, 내가 항아리를 수리할 수 있고, 물을 데려갈 수 있고, 내 부리를 씻을 수 있고, 새끼 굴뚝새를 먹을 수 있거든."

"기꺼이 가 주지. 하지만 보다시피 나는 숲으로 뒤덮여 있거든. 숲이 깨끗이 정리되지 않으면 어떻게 풀이 자랄 수 있겠니?"

"좋아!"

까마귀는 또다시 훌쩍 날아 숲에게 가서 말했다.

"숲아, 숲아, 어디론가 가 버리지 않을래? 땅이 깨끗이 정리될 수 있도록 말이야. 그래야 땅에서 풀이 자랄 수 있고, 물소에게 풀을 먹일 수 있고, 물소가 진흙에서 뒹굴 수 있고, 내가 항아리를 수리할 수 있고, 물을 데려갈 수 있고, 내 부리를 씻을 수 있고, 새끼 굴뚝새를 먹을 수 있거든."

"기꺼이 가지. 하지만 내 나무 뿌리들이 땅 속에 깊이 박혀 있어서 도저히 움직일 수 없구나. 만일 네가 불을 가져와서 나를 태운다면, 땅은 깨끗이 정리될 수 있을 텐데."

"좋아!"

까마귀는 또다시 훌쩍 날아 불에게 가서 말했다.

"불아, 불아, 나와 함께 가지 않을래? 숲이 불에 탈 수 있도록 말이야. 그래야 땅이 깨끗이 정리될 수 있고, 땅에서 풀이 자랄 수 있고, 물소에게 풀을 먹일 수 있고, 물소가 진흙에서 뒹굴 수 있고, 내가 항아리를 수리할 수 있고, 물을 데려갈 수 있고, 내 부리를 씻을 수 있고, 새끼 굴뚝새를 먹을 수 있거든."

"기꺼이 갈게."

까마귀는 크게 기뻐하며 부리에 불을 물고 숲으로 날아갔다. 그러나 애석하게도 숲에 도착하기도 전에 부리가 타는 바람에 불을 떨어뜨리지 않으면 안 되었다. 새끼 굴뚝새를 먹으려던 희망은 수포로 돌아가 버렸다. 까마귀는 이 모든 일에 넌더리가 나 그냥 집으로 날아가 버렸다.

새들의 우정의 시작

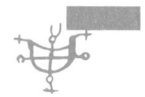

애초에 새들에게 우정이란 무척이나 낯선 것이었다. 왜냐하면 서로서로 심한 경쟁 의식을 갖고 있었기 때문이다. 만일 어떤 새가 다른 새를 보고 이렇게 말했다 치자.

"나는 너보다 나은 새야."

그러면 그 말을 들은 새는 대번에 표정이 달라지면서 이렇게 받아쳤다.

"그렇지 않아! 내가 너보다 훨씬 나아."

결국 대판 싸움이 벌어지는 것이었다.

그런데 어느 날, 꿩이 까마귀를 만났다. 그날따라 꿩은 그다지 싸움할 기분이 아니었다. 그래서 평소와 달리 이렇게 말했다.

"까마귀야, 너는 나보다 나은 새야."

까마귀는 꿩의 말을 듣고 크게 놀랐다. 매우 기분이 좋아진 까마귀는 다정하게 대꾸해 주었다.

"아니야! 아니야! 꿩아, 네가 나보다 훨씬 나은 새야."

두 마리 새는 꼭 붙어 앉아 정답게 이야기를 나누기 시작했다. 마침내 꿩이 까마귀에게 제안했다.

"까마귀야, 나는 네가 좋아. 우리 같이 살지 않을래?"

"좋아! 좋아! 꿩아, 우리 그렇게 하자."

이리하여 두 마리 새는 큰 나무에서 함께 살게 되었다. 세월이 흘러갈수록 서로에 대한 관심과 다정한 마음은 더욱 커져만 갔다. 하지만 친해졌다고 해서 지나치게 허물 없이 굴어 체신을 잃거나 하는 일은 없었다. 그들은 서로 예의와 정중함을 잃지 않았다.

다른 새들은 꿩과 까마귀의 교제를 흥미롭게 지켜보았다. 그들은 두 새가 아무런 싸움이나 다툼 없이 그렇게 오랫동안 함께 지낼 수 있다는 사실에 그저 놀랄 따름이었다.

마침내 몇 마리의 새들이 그들의 우정을 시험하기로 결심했다. 그래서 까마귀가 밖에 나가고 꿩 혼자 있을 때 찾아갔다.

"꿩아, 너는 왜 아무 짝에도 쓸모 없는 까마귀와 함께 지내니?"

"너희들은 그렇게 말해서는 안 돼! 까마귀는 나보다 훌륭한 새야. 그리고 까마귀가 이 나무에서 함께 지내 줘서 내가 얼마나 빛이 나는지 몰라."

다음 날 그들은 꿩이 밖에 나가고 까마귀 혼자 있을 때 까마귀를 찾아갔다.

"까마귀야, 너는 왜 아무 짝에도 쓸모 없는 꿩과 함께 지내니?"

"너희들은 그렇게 말해서는 안 돼! 꿩은 나보다 훌륭한 새야. 그리고 꿩이 이 나무에서 함께 지내 줘서 내가 얼마나 빛이 나는지 몰라."

새들은 꿩과 까마귀의 서로를 향한 믿음에 깊은 감명을 받았다.

'왜 우리는 꿩과 까마귀와 같을 수 없을까?'

그리하여 그날 이후 새들 사이에는 서로를 향한 존경과 우정이 싹트기 시작했다.

까마귀의 몸집이 작아진 이유

옛날에 모든 인간과 동물을 다스리는 위대한 왕이 있었다. 왕은 강직하면서도 자비로운 지배자였기 때문에 백성들의 사랑과 존경을 받았다. 모든 신하가 왕을 사랑하고 따랐다. 왕의 주먹이 무척이나 위협적이라는 점도 신하들에게는 무시할 수 없는 이유가 되었을 테지만.

하지만 그중에도 역심을 품고 호시탐탐 기회만 노리고 있는 존재가 있었으니 바로 까마귀였다. 까마귀는 새들의 우두머리가 되고 싶었다. 당시 까마귀는 거대하고 힘 있는 새였을 뿐만 아니라 모든 새 중에서 가장 음흉하고 교활한 새였다.

그러던 어느 날 까마귀는 마침내 반역을 일으키기로 결심했다. 까마귀는 몇몇 새들을 감언이설로 속여 그들의 우두머리가 된 다음 자신을 따르지 않는 새들을 철저히 응징했다. 그리하여 마침내 까마귀는 모든 새들을 수하에 거느리게 되었다. 그러나 까마귀는 거기에 만족하지 않고 아예 인간을 지배하고자 했다. 마침내 까마귀는 새들의 군대를 이끌고 위대한 왕이 사는 왕도로 진군했다.

위대한 왕은 까마귀의 반란군이 급조된 무리인 만큼 잘 설득하면 굳이 싸우지 않고도 항복시킬 수 있겠다고 판단했다. 그래서 군대도 부르지 않고 홀로 까마귀 반란군을 만나러 갔다.

까마귀 앞까지 걸어간 왕이 말했다.

"까마귀여! 과인은 그대와 그대의 부하들을 죽일 생각이 없노라. 그대가 만일 용서를 구하고 군대를 해산한다면, 과인은 기꺼이 그대를 용서하겠노라."

어리석은 까마귀는 오만하고 무례하게 대답했다.

"전하, 이제는 좀 솔직해지실 때도 되지 않았나요? 이렇게 강한 저희 군대를 보고 두려워 견딜 수가 없으시지요?"

왕은 까마귀를 복종시키기 위하여 위협적인 주먹을 내보였다. 까마귀는 야유를 퍼부었다.

"하! 하! 그게 전하의 주먹입니까? 소인의 거대하고 힘있는 몸집과 비교한다면 정말 전하의 주먹은 새 발의 피로군요."

모욕을 받은 왕은 화가 머리끝까지 치밀어올랐다.

"까마귀, 이놈! 너를 죽일 생각이 전혀 없었거늘, 너의 그 방자함 때문에 이제는 너를 처벌하지 않을 수 없게 되었다. 너는 너의 몸집에 터무니없는 자만심을 가지고 내 주먹을 새 발의 피로 얕보았어. 그래서 나는 네가 내 주먹만큼 작아지도록 저주를 내리노라."

까마귀는 입을 열어 또다시 무례한 대답을 하려고 했다. 그런데 말을 꺼내기도 전에 그의 몸집이 서서히 줄어들기 시작했다. 까마귀는 줄어들고 또 줄어들어 위대한 왕의 주먹보다도 작아졌다.

이에 까마귀를 따르던 새들은 모두 왕 앞에 무릎 꿇고 용서를 구하여 사함을 받았다. 그러나 까마귀는 무섭고 부끄러워 어디론가 날아가 버렸다.

쥐 처녀의 신랑

옛날에 아름다운 쥐 처녀가 살았다. 쥐 처녀가 결혼할 나이가 되자 그녀의 부모는 이 세상에서 가장 권세 있는 존재를 찾아 결혼시키기로 마음먹었다. 그리하여 그들은 신랑을 찾아 여행을 떠났다.

그들은 먼저 태양에게 가서 간청했다.

"오! 태양님, 우리 아름다운 딸과 결혼하지 않으시겠습니까?"

"좋소."

태양이 아무 말 없이 쉽사리 동의하자 쥐 처녀의 부모는 부쩍 의심이 생겼다. 그래서 그들은 추궁하듯 물었다.

"그런데 당신이 정말 이 세상에서 가장 권세 있는 존재이십니까?"

"아닙니다. 비가 나보다 더 권세가 있지요. 왜냐하면 비가 오면 나는 하늘에서 쫓겨나야 하거든요."

"죄송해요. 우리는 이 세상에서 가장 권세 있는 존재와 우리 딸을 결혼시키고 싶거든요."

●─미얀마 민담

쥐 처녀의 부모는 이내 태양에게 등을 돌리고 비를 찾아 길을 떠났다. 그래서 그들은 비를 찾아가 자초지종을 말했다. 그러자 비가 말했다.

"하지만 나는 바람이 불면 언제나 쫓겨나는 신세거든. 나보다는 바람이 훨씬 강해."

그래서 그들은 바람을 찾아가 자초지종을 말했다. 그러자 바람이 말했다.

"나도 쥐 처녀와 결혼하고 싶어. 하지만 내가 바람을 부는 길목에 우뚝 서서 꼼짝 않는 언덕이란 놈이 있거든. 내가 아무리 해도 언덕을 불어 날릴 수는 없더라고. 그러니 이 세상에서 가장 권세 있는 존재는 아무래도 언덕이 아닐까?"

그래서 그들은 언덕을 찾아가 자초지종을 말했다. 그러자 언덕이 말했다.

"매일 저녁 황소가 나한테 와서 뿔을 갈거든. 황소가 비벼대면 굵은 나뭇가지도 한번에 꺾어 나간다고. 내가 보기에는 아무래도 황소가 더 권세가 있지 싶어."

그래서 그들은 황소를 찾아가 자초지종을 말했다. 그러자 황소가 말했다.

"내가 세상에서 가장 권위 있는 존재라고? 하, 나는 몰이꾼의 손에 들린 고삐처럼 밧줄의 지시에 따라 좌우로 방향을 바꿔야 하는 신세인걸. 이 세상에서 가장 권세 있는 존재는 밧줄이야, 밧줄."

그래서 그들은 밧줄을 찾아가 자초지종을 설명했다. 그러자 밧줄이 말했다.

"뭐? 나보고 그 아름답기로 소문난 쥐 처녀와 결혼하라고? 말은 고맙지만 나는 그다지 강하지 못해. 쥐 총각만 보면 꼼짝 못하거든."

매일 밤 나를 갉아먹는 통에 내가 살 수가 없어, 살 수가. 그러니 나 말고 외양간에 사는 쥐를 찾아가 보라고."

그리하여 마침내 아름다운 쥐 처녀의 신랑으로 외양간에 사는 쥐 총각이 정해졌다. 쥐 총각은 아름다운 쥐 처녀에게 꼭 맞는 배우자였다. 쥐 총각과 쥐 처녀는 결혼해서 행복하게 잘 살았다.

병아리와 늙은 고양이

어느 날 병아리가 어미 닭에게 말했다.

"엄마, 저 빵과자가 먹고 싶어요. 빵과자를 좀 구워 주세요."

그러자 어미 닭은 딸에게 인간들이 내버린 장작개비를 주워 오도록 시켰다. 병아리는 집 근처에 있는 부엌으로 갔다. 그녀가 장작개비들을 줍고 있는데 늙은 고양이가 그녀를 발견하고 잡아먹겠다고 위협했다. 병아리는 고양이에게 살려 달라고 간청했다.

"만일 당신이 친절을 베풀어 저를 그냥 놔 준다면, 저의 빵과자 한 조각을 당신께 드리겠어요."

"좋아! 그렇게 하지."

장작개비를 가지고 집으로 돌아간 병아리는 어미 닭에게 자신이 당한 뜻하지 않은 사건에 대해 들려주었다. 그 말을 들은 어미 닭은 놀란 딸을 달래며 이렇게 말했다.

"내 사랑스런 딸아, 아무 걱정하지 마라. 내가 너와 그 늙은 고양이가 먹고도 남도록 아주 커다란 빵과자를 만들어 줄 테니."

얼마 후 아주 커다란 빵과자가 완성되었다. 어미 닭은 병아리에게 빵과자를 주면서 늙은 고양이의 몫도 조금은 남겨야 한다고 당부했다. 하지만 그러기에는 빵과자가 너무나 맛있었다. 욕심 많은 병아리는 그만 빵과자를 몽땅 먹어치우고 말았다. 병아리는 어미 닭을 찾아가 울먹였다.

"엄마, 저 어떻게 하면 좋아요? 빵과자를 모두 다 먹어 버렸어요."

"이런 욕심쟁이 좀 봐!"

어미 닭은 그녀의 딸을 꾸짖었다. 병아리는 설마 하는 마음에 이렇게 말했다.

"아마 그 늙은 고양이는 그 약속을 까맣게 잊었을 거예요. 어쩌면 고양이는 안 찾아올지도 몰라요. 아니, 우리가 어디에 사는지도 모를 거야."

그러나 바로 그 순간 고양이가 나타났다. 고양이가 다가오는 것을 보고 병아리는 두려움에 떨며 울부짖었다.

"어머나! 어떡하면 좋아? 늙은 고양이가 이리로 오고 있잖아?"

"얘야, 나를 따라오너라!"

어미 닭은 황급히 집 근처에 있는 부엌으로 돌진해 들어갔다. 병아리도 지체 없이 그 뒤를 따라갔다. 부엌에 들어간 어미 닭과 병아리는 두리번거리며 숨을 곳을 찾았다. 그들은 커다란 옹기 항아리를 발견하고 그 속으로 미끄러져 들어갔다.

한편 어미 닭과 병아리가 달아나자 늙은 고양이는 불같이 화를 냈다.

"내 빵과자는 어디 있는 거야? 에이, 빵과자가 없으면 너라도 먹어 치워 버릴 테다, 이 욕심쟁이 병아리야! 네 엄마까지도 한꺼번에

먹어 치울 테다!"

고양이는 고래고래 고함을 지르며 부엌 안으로 따라 들어왔다. 하지만 주위를 아무리 둘러보아도 병아리 모녀의 그림자조차 발견할 수 없었다.

"하지만 그놈들은 틀림없이 여기에 있을 거야. 여기로 도망치는 것을 이 두 눈으로 똑똑히 보았으니까. 더구나 여기에는 문이 하나밖에 없단 말이야. 여기서 기다리고 있으면 그놈들도 안 나오곤 못 배길걸."

고양이는 부엌 문가에 앉아 참을성 있게 기다렸다. 겁에 질린 어미 닭과 병아리는 옹기 항아리 속에서 벌벌 떨고 있었다.

얼마 후 안절부절못하던 병아리가 어미 닭의 귀에 대고 속삭였다.

"엄마, 저 어떻게 해요? 재채기가 나오려고 해요."

"뭐라고? 얘가 큰일 내겠네! 그러면 우리는 끝장이야! 재채기 소리를 듣고 늙은 고양이가 항아리 속을 들여다볼 게 뻔하단 말이야!"

그러나 잠시 후 병아리는 다시 어미 닭에게 속삭였.

"엄마, 저 도저히 못 참겠어요. 조금만 재채기하게 해 주세요."

"안 돼! 절대로 안 돼!"

이번에도 어미 닭은 단호하게 대답했다.

그러나 잠시 후 병아리는 다시 어미 닭에게 속삭였다.

"엄마, 저 도저히 못 참겠어요. 정말 눈곱만큼이라도 재채기하게 해 주세요."

마침내 인내심을 상실한 어미 닭이 이렇게 말했다.

"그렇게 해라."

병아리는 커다랗게 재채기를 했다. 그런데 그 순간 정말 이상한 일이 벌어졌다. 재채기 소리가 하도 커서 옹기 항아리가 반으로 쩍 깨져 버렸던 것이다. 늙은 고양이는 천둥이 친 줄 알고 깜짝 놀라 도망가 버렸다.

그 덕에 어미 닭은 병아리와 함께 무사히 부엌을 빠져나올 수 있었다. 어미의 뒤를 따르는 병아리가 잔뜩 우쭐해져서 어깨를 으쓱거리며 걸어나왔던 것은 두말 할 나위도 없었다.

갈로웅이 소금구이가 된 이유

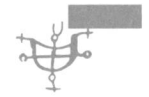

옛날, 아주 먼 옛날의 일이다. 어느 날 용이 어슬렁거리며 숲을 산책하고 있는데 하늘에서 이 모습을 본 갈로웅^{미얀마 신화에 나오는 인면조신(人面鳥身)의 새}이 와락 덤벼들려고 했다.

용은 재빨리 숨을 곳을 찾기 위하여 주위를 두리번거렸으나 아무 것도 발견할 수 없었다. 그때 마침 근처에서 왕이 사냥을 하고 있어서 용은 잽싸게 인간으로 변해 왕의 수행원인 양 행세했다. 갑작스럽게 용이 사라지자 한동안 어리둥절해하던 갈로웅은 곧 용이 뭔가 수를 썼구나 하고 짐작하게 되었다.

그래서 용도 인간으로 가장하고 왕의 수행원들 속으로 들어갔다. 그러고는 가신들의 얼굴을 하나하나 찬찬히 뜯어보았다. 용은 혹시나 갈로웅이 그를 알아보지 않을까 염려되어 내색도 못 하고 벌벌 떨고 있었다.

얼마 후 왕과 수행원들은 상인 행렬과 마주쳤다. 상인들은 왕과 그의 일행이 지나가도록 옆에서 경의를 표하며 잠시 서 있었다. 용은 상인들 속으로 슬쩍 숨어 들어가 그들과 함께 가 버렸다.

갈로웅은 가신들의 얼굴을 샅샅이 살펴보았지만 도저히 용을 발견할 수 없었다. 골똘히 생각해 본 갈로웅은 용이 또다시 뭔가 수를 썼다는 것을 깨닫고 상인들의 행렬을 뒤따라갔다.

그때 상인들은 바닷가의 모래사장에 다가가고 있었다. 갈로웅이 가까이 다가오는 것을 본 용은 서둘러 본모습으로 돌아가 바다로 달려갔다. 뒤늦게 이 모습을 본 갈로웅도 역시 갈로웅으로 돌아가 용을 추격했다. 그러나 그때는 이미 용이 바다 속의 집으로 돌아간 다음이었다.

갈로웅은 울상이 되었다. 용 고기는 별미라고 소문이 나 있었기 때문이다. 갈로웅은 용이 언젠가는 바다에서 다시 나오리라는 생각에 이 자리를 떠나지 않고 기다리기로 마음먹었다.

하지만 계속 갈로웅의 모습으로 기다릴 수는 없었다. 용이 바닷속에서 그의 모습을 보면 피해 버릴 게 뻔한 데다가 자칫하면 인간들이 와서 해칠지도 모르는 일이었기 때문이다.

마침 근처에 바닷물을 달여 소금을 만드는 마을이 있었다. 갈로웅은 인간의 모습으로 가장해서 사람들 속에 섞여 들어갔다. 갈로웅은 일을 하면서도 항상 바닷가를 응시했다. 하지만 끝내 용은 모습을 드러내지 않았다. 세월이 흘러 결국 갈로웅은 늙고 우울한 소금구이로 생을 마치고 말았다.

물소에게 윗니가 없는 이유

본래 물소와 소는 사촌간이었고 사이도 매우 좋았다.

그런데 물소는 두 줄의 깨끗하고 고른 치아를 가지고 있는 데 비해 소는 이가 아래턱에 한 줄뿐이었다. 하지만 물소는 친절하고 마음씨가 좋아서 식사 때면 늘 윗니를 소에게 빌려 주곤 했다.

한편 훌륭한 춤꾼이자 어릿광대일 뿐만 아니라 노래도 썩 잘하는 말이라는 친구가 있었다. 말은 춤도 추고 노래도 하고 어릿광대 노릇도 하면서 시골 마을을 돌아다니고 있었다. 재주가 좋은 말이 가는 곳마다 동물들이 벌떼처럼 몰려들었다.

어느 날 저녁 말은 소와 물소가 사는 곳 근처로 찾아와 공연을 하고 있었다. 나이가 지긋한 물소는 구경을 가기보다 목까지 물에 잠겨 쉬고 있는 것이 더 좋았지만 아직 젊은 소는 구경을 가고 싶어 몸이 근질근질했다.

동물들은 모두들 온갖 장신구를 주렁주렁 달고 화려한 복장으로 공연을 보러 갔다. 소는 물소의 이를 빌려 가지고 구경을 가고 싶었다. 그러면 어릿광대의 익살에 웃음을 터뜨릴 때 자기가 사랑스런 두 줄의 이를 가지고 있는 걸 세상이 다 볼 수 있을 것이다. 소는 저녁 식사를 마치고도 사촌에게 윗니를 돌려주지 않고 슬그머니 말이 공연하고 있는 곳으로 갔다.

소는 뽐내며 공연장 앞까지 걸어가 자리에 앉았다. 무대 위에서 말이 춤을 추자 동물들은 박수 갈채를 보냈다. 말이 곡예를 부리며 익살스러운 시를 낭송하자 동물들은 배꼽을 움켜쥐고 웃어 댔다. 소는 일부러 입을 크게 벌리고 웃었고, 말은 소의 이를 보았다. 두 줄의 상아빛 이가 정말 근사해 보였다. 말도 윗니가 없는 신세였기 때문에 멍청해 보이는 소가 윗니를 가지고 있는 걸 보자 샘이 났다.

공연이 끝나고 말은 박수 속에 파묻혔다. 동물들은 말에게 찬사의 말을 퍼부었다.

"오! 말 선생! 당신은 정말 최고예요!"

"친애하는 여러분! 누군가 저에게 윗니를 빌려 주신다면, 저는 더 좋은 익살과 노래로 여러분께 보답해 드릴 수 있습니다."

어리석은 소는 이 말에 윗니를 빼서 말에게 건네 주었다. 말은 소에게 고맙다고 인사하고는 몇 분간 휴식을 취했다가 다시 공연을 계속했다.

말이 아주 재미난 노래를 부르자 동물들은 우스워 소리 내어 깔깔 웃었다. 그가 뒤로 재주를 넘자 동물들은 박수 갈채를 아끼지 않았다. 말이 더 높이 재주를 넘어 무대에서 벗어나자 동물들은 더 큰 박수 갈채를 보냈다. 말은 다시 한번 훌쩍 재주를 넘었다. 어느덧 말은 무대와 제법 거리를 두게 되었다.

동물들이 말의 곡예에 환호와 갈채를 보내고 있을 때 말이 갑자기 청중에게 등을 돌리고 전력을 다하여 뛰기 시작했다. 그제야 수

상한 낌새를 알아챈 소가 소리 질렀다.

"멈춰라! 이 도둑놈아! 내 윗니를 돌려주지 못해!"

소가 소리소리 지르며 뒤쫓아갔지만 애석하게도 말은 훌륭한 달리기 선수였다. 말은 눈 깜짝할 사이에 금방 언덕 저 너머로 멀어져 버렸다.

이것이 바로 오늘날 물소가 윗니를 가지고 있지 않은 이유이다. 그래서 물소는 지금도 소만 보면 이렇게 울부짖는다고 한다.

"그건 내 거야! 그건 내 거야!"

그러면 소는 맞장구를 치듯이 이렇게 소리친다고 한다.

"그건 정말 그래! 그건 정말 그래!"

아주 오래전 그때 그 공연에서 얻은 윗니를 아직도 가지고 있는 말은 그때마다 여유 있게 웃으며 대꾸한다고 한다.

"히힝! 히힝! 히힝!"

사슴이 짖는 이유

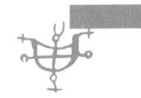

옛날에 수사슴이 있었다. 건장한 몸과 웅장하고 거대한 뿔 때문에 마치 늠름한 군인처럼 보였다. 자신의 모습에 도취된 수사슴은 한껏 우쭐대며 숲을 돌아다니기 시작했다.

"이봐요! 이봐요! 나는 군인과 같아요."

이 모습을 본 작은 사슴이 수사슴을 흉내내며 돌아다녔다.

"이봐요! 이봐요! 나는 군인과 같아요."

마침 그때 나무 위에 높이 앉아 있던 원숭이가 기어다니는 벌레를 가지고 놀고 있었다. 원숭이는 벌레를 보며 이렇게 외치고 있었다.

"밧줄을 둘둘 감아라! 밧줄을 둘둘 감아라!"

그러다 문득 아래를 내려다본 원숭이는 으스대며 숲을 활보하는 작은 사슴을 보고 큰소리로 웃지 않을 수 없었다. 기분이 상한 작은 사슴은 원숭이를 보고 물었다.

"나무 꼭대기에 앉아 있는 이 바보 같은 놈아! 뭘 보고 웃는 거

●──미얀마 민담

야?"

"널 보고 웃었다. 어쩔래?"

원숭이는 작은 사슴이 노려보건 말건 벌레를 향해 계속 외쳐 댔다.

"밧줄을 둘둘 감아라! 밧줄을 둘둘 감아라!"

"너는 밧줄로 나를 잡으려고 생각하고 있니?"

작은 사슴은 분통을 터뜨리며 물었다. 원숭이는 짐짓 사슴을 무시하며 계속 벌레를 가지고 놀았다. 사슴은 얼굴이 붉으락푸르락해졌다.

"이 사악한 놈! 나무를 쓰러뜨려 너를 깔아뭉개고 말 거야."

화가 난 작은 사슴은 자그마한 뿔로 나무를 있는 힘껏 들이받았다. 그러나 나무는 끄떡도 하지 않았다. 오히려 작은 사슴만 나무에 뿔이 박히는 우스운 꼴이 되고 말았다. 가엾은 사슴은 밀고 잡아당기고 별 짓을 다해 보았지만 아무 소용이 없었다.

어느덧 해가 서쪽으로 기울고 어두움이 찾아오자 작은 사슴은 슬슬 초조해지기 시작했다. 원숭이는 여전히 나무 위에 앉아 벌레와 노는 데만 열중하고 있었다.

"밧줄을 둘둘 감아라! 밧줄을 둘둘 감아라!"

주위가 어두워지면서 서서히 표범이 먹이를 찾아 숲을 헤맬 시간이 되었다. 작은 사슴은 원숭이에게 애걸했다.

"원숭이 선생님! 제발 저를 구해 주세요. 표범이 날카로운 눈으로 노려보면서 저를 잡아먹으려고 그래요."

원숭이는 작은 사슴을 가엾게 여겨 마침내 다음과 같이 말해 주었다.

"사슴아! 개처럼 짖어라. 나는 인간처럼 소리칠 테니. 그러면 표범은 사냥꾼과 개가 그를 기다리고 있다고 생각하고 멀리 도망가 버릴 거야."

그래서 작은 사슴은 개처럼 짖었고, 원숭이는 크게 소리를 질렀다. 예상대로 표범은 무서워 멀리 도망가 버렸다.

동이 트자 원숭이는 나무에서 내려왔고 작은 사슴은 자유의 몸이 되었다.

"저는 다시는 허풍을 떨지 않을 거예요. 제가 군인과 같다고 외치지도 않을 거고요. 이제부터는 짖기만 할래요."

작은 사슴은 원숭이 앞에서 맹세한 다음 곧장 집으로 돌아갔다. 가는 도중에도 사슴은 틈틈이 짖는 것을 잊지 않았다.

작은 개구리 처녀

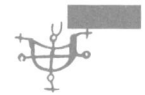

옛날에 작은 개구리 처녀가 살았다. 작은 개구리 처녀는 영리하고 부지런했지만, 이웃에 사는 큰 개구리 처녀는 멍청하고 게을렀다. 그래서 모든 사람은 작은 개구리 처녀를 사랑했다. 큰 개구리 처녀는 작은 개구리 처녀를 몹시 질투하게 되었다.

어느 날 작은 개구리 처녀의 어머니가 말했다.

"애야! 이 대나무 관을 가지고 강에 가서 물을 좀 떠 가지고 오너라."

작은 개구리 처녀는 강으로 내려갔다. 허리를 구부린 채 대나무 관에 물을 채우고 있는데 갑자기 물살이 거세지면서 대나무 관이 강물에 휩쓸려가 버렸다. 작은 개구리 처녀는 대나무 관을 찾기 위하여 강으로 뛰어들었다가 그만 세찬 물살에 휩쓸리고 말았다. 그러나 다행스럽게도 대나무 관은 손에 쥘 수 있었다. 그녀는 대나무 관에 매달려 간신히 목숨을 구할 수 있었다.

강 하류에서 얼마간 떨어진 곳에 살고 있는 한 늙은 괴물이 살고 있었다. 괴물은 인간과 동물을 잡아먹는 습관이 있었다. 괴물은 대나무 관에 매달려 강 하류로 떠내려오는 작은 개구리 처녀를 발견하고는 강가로 끌어내었다. 그러나 작은 개구리 처녀는 하도 몸집이 작아 별로 먹을 만한 가치가 없어 보였다. 괴물은 작은 개구리 처녀를 하녀로 써먹기로 마음먹었다.

괴물은 작은 개구리 처녀를 집으로 데려와 이렇게 말했다.

"이봐! 내 머리에 있는 이 좀 잡아 줘."

그리하여 작은 개구리 처녀는 괴물의 머릿속을 자세히 살피게 되었다. 괴물의 머릿속은 의외로 아주 청결한 상태였다. 하지만 만일 작은 개구리 처녀가 이를 발견할 수 없다고 말하면 괴물은 그녀가 게으르다고 생각할지도 모르는 일이었다.

그래서 그녀는 괴물에게 이렇게 말했다.

"제가 당신의 아름다운 머릿결을 만지기 전에 먼저 부엌에 가서 손을 씻을 수 있도록 해주세요."

"오! 참 청결하기도 하지!"

괴물은 소리쳤다.

부엌에 간 작은 개구리 처녀는 몰래 뒷문으로 빠져나갔다. 그리고 근처에서 자라는 무화과 나무에 올라가 무화과 씨를 가지고 돌아왔다. 그리고 부엌에서 손을 깨끗이 씻은 다음 괴물한테 다시 돌아갔다. 머리 사이를 헤집어 이를 찾는 척 시늉을 한 다음 그녀는 짐짓 놀란 듯 큰소리로 말했다.

"오! 주인님! 주인님 머릿속에 이가 까 놓은 알이 엄청 많이 있어요."

작은 개구리 처녀는 무화과 씨를 보여 주었다. 무화과 씨는 마치 이가 까 놓은 알 다발처럼 보였다. 괴물은 매우 기뻐하며 처녀에게 아주 꼼꼼하다고 칭찬을 해 주었다.

다음 날 괴물은 밖에 볼 일이 있어 외출을 한다며 집을 잘 지키라고 개구리 처녀에게 당부했다. 아울러 혹시라도 자신의 침실을 엿보면 안 된다고 경고했다.

작은 개구리 처녀는 괴물의 뒷모습이 보이지 않을 때까지 기다렸다가 침실 안을 들여다보았다. 그곳에는 인간과 동물의 뼈와 반쯤 먹다 남은 고깃덩이들을 잔뜩 널려 있었다. 작은 개구리 처녀는 깜짝 놀랐지만 가만히 마음을 가라앉히고 조심스럽게 침실 문을 닫았다. 그러고는 마치 아무것도 안 본 것처럼 조용히 앉았다.

이윽고 괴물이 집에 돌아와 작은 개구리 처녀에게 말했다.

"너는 참 착한 아이구나! 우리 집에서 나와 함께 지내지 않을래?"

"오! 주인님! 그것 참 좋아요. 하지만 저는 누가 저의 노모를 보살피고 있을지 늘 생각하고 있답니다. 지금 어머니의 무남독녀가 그분 곁을 떠나 있거든요."

"너는 내가 무섭니?"

괴물은 작은 개구리 처녀가 혹시나 침실의 비밀을 알아챘는지 어쨌는지 알아보고 싶은 마음에서 물어보았다.

"아니오, 무섭긴 뭐가 무서워요. 저는 주인님을 사랑하고 존경해요."

작은 개구리 처녀는 상냥하게 대답했다. 괴물은 처녀의 대답에 매우 만족하면서 금괴 일곱 개를 주었다. 그리고 강둑을 따라서 처녀의 마을까지 걸어다녀도 좋다고 말했다.

마을의 모든 개구리들은 작은 개구리 처녀의 이야기를 듣고서 그녀에게 찬사를 보냈다. 하지만 유독 큰 개구리 처녀만은 질투가 나서 견딜 수가 없었다.

그녀는 대나무 관을 가지고 강으로 갔다. 그러고는 작은 개구리 처녀에게 들은 대로 대나무 관에 걸터앉아 흐름을 따라 하류로 떠내려갔다. 예상대로 괴물은 큰 개구리 처녀를 강가로 끌어내었다. 큰 개구리 처녀는 개구리치고는 몸집이 컸지만 괴물이 먹기에는 너무 작았다. 괴물은 큰 개구리 처녀도 하녀로 고용하기로 결심했다.

괴물은 큰 개구리 처녀를 집으로 데려와 다음과 같이 말했다.

"이봐! 내 머리에 있는 이 좀 잡아 줘."

큰 개구리 처녀는 괴물의 머리를 한번 흘끗 보고는 이가 전혀 없다고 말했다. 그러자 괴물은 큰 개구리 처녀가 너무 게을러빠져서 이를 찾을 수 없기 때문에 거짓말을 하는 것이라고 생각했다.

다음 날 괴물은 밖에 볼 일이 있어 외출을 해야 했다. 괴물은 집을 비울 테니 집을 잘 지켜 달라고 큰 개구리 처녀에게 부탁했다. 그리고 혹시라도 그녀의 침실을 엿보지 말라고 잔뜩 찡그린 얼굴로 경고했다.

괴물이 집을 떠나기가 무섭게 큰 개구리 처녀는 냉큼 침실 문을 열어보았다. 그곳에는 인간과 동물의 뼈와 반쯤 먹다 남은 고깃덩이들이 널려 있었다. 그녀는 무서워 벌벌 떨며 외쳤다.

"엄마! 나 살려 줘! 집에 가고 싶어!"

괴물은 큰 개구리 처녀의 외침을 듣고 서둘러 돌아왔다. 큰 개구리 처녀는 침실 문을 활짝 열어 둔 채 주저앉아 엉엉 울고 있었다. 괴물은 큰 개구리 처녀가 자신의 말을 어겼다는 것을 알았다. 결국 큰 개구리 처녀는 화가 난 괴물에게 잡아먹히고 말았다.

개구리 처녀

옛날에 늙은 부부가 살았다. 그들은 늦도록 자식이 없어 하루하루 근심스러운 나날을 보냈다. 그러던 어느 날 아내가 임신하게 되자 부부는 뛸 듯이 기뻐했다. 그런데 달이 차서 나온 것은 실망스럽게도 인간 아이가 아니라 예쁘장한 개구리였다.

그러나 그 개구리는 인간처럼 말도 하고 행동도 했기 때문에, 그 부모는 물론 이웃 사람들까지 개구리를 사랑하게 되었다. 사람들은 애정을 다하여 개구리를 '귀여운 개구리 처녀'라고 불렀다.

몇 년이 흘러 아내가 죽자 남편은 재혼하기로 결심했다. 그가 선택한 여자는 못생긴 두 딸을 둔 과부였는데, 그들은 귀여운 개구리 처녀가 동네에서 인기를 얻자 매우 질투심을 느끼고 있었다. 세 사람은 매일 매일 귀여운 개구리 처녀를 학대하면서 온갖 심술을 부려 댔다.

어느 날 왕의 네 아들 중 가장 어린 막내 왕자가 세발식(洗髮式)을 치르게 되었다. 임금님은 의식에 온 나라의 처녀들을 초청하면서 의식이 끝날 무렵 그곳에 모인 처녀들 중 한 명을 뽑아 막내 왕자의 부인으로 삼겠다고 발표했다.

그날이 되자 못생긴 두 자매는 가장 좋은 옷을 차려입고 왕자비로 간택될지도 모른다는 기대에 들떠 궁궐로 떠났다. 귀여운 개구리 처녀는 그들을 쫓아가며 자기도 데려가 달라고 애원했다. 두 자매는 크게 웃으면서 조롱하듯 말했다.

"뭐야? 네가 우리를 따라오려고? 초대받은 건 우리처럼 어여쁜 숙녀들이지 너처럼 징그러운 개구리가 아니란 말이야!"

그래도 귀여운 개구리 처녀는 궁궐 입구까지 따라가면서 계속 애원했다. 하지만 두 자매는 끝내 개구리 처녀를 데려가지 않았다.

결국 귀여운 개구리 처녀는 궁궐 문 앞에 홀로 남게 되었다. 하지만 궁궐 문지기들에게 귀여운 목소리로 상냥하게 부탁하자 그들은 개구리 처녀를 궁궐 안으로 들여보내 주었다.

궁궐 마당에 들어가니 백합이 만발한 연못이 있고, 그 주위에 수백 명의 젊은 숙녀들이 모여 있었다. 귀여운 개구리 처녀는 그들 가운데 자리를 잡고 왕자를 기다렸다.

이윽고 왕자가 나타나 연못에서 머리를 감았다. 숙녀들도 저마다 머리를 내리고 의식에 참여했다. 의식이 끝날 무렵 왕자는 숙녀들을 둘러보며 선언했다.

"이곳에 모인 여러분들 모두가 너무 아름답기 때문에 누구를 선택해야 할지 알 수가 없습니다. 그래서 제가 공중에 자스민 꽃다발을 던져 그 꽃다발에 머리를 맞는 숙녀를 왕자비로 삼겠습니다."

그런 다음 왕자는 꽃다발을 공중에 던졌다. 모든 숙녀들은 일제히 기대에 찬 눈으로 꽃다발의 행방을 쫓았다. 그러나 너무나 뜻밖에도, 너무나 당혹스럽게도 꽃다발은 귀여운 개구리 처녀의 머리 위에 떨어졌다.

　가장 크게 놀란 것은 물론 개구리 처녀의 두 언니였다. 왕자 역시 대단히 실망했으나 어쨌거나 약속을 지켜야 한다고 생각했다. 그래서 귀여운 개구리 처녀는 왕자와 결혼해서 왕자비가 되었다.

　그렇게 세월이 흘렀다. 어느 날 늙은 왕은 네 아들을 불러 말했다.

　"왕자들아, 듣거라! 나는 이제 너무 나이가 들어 나라를 다스릴 수가 없구나. 왕위에서 물러나 숲 속으로 들어가 숨어 지내려고 한다. 이제 너희들 중 하나를 후계자로 정해야 하는데 누구를 골라야 할지 모르겠구나. 그래서 내가 너희들에게 과제를 내리겠노라. 그 과제를 성공적으로 완수하는 사람이 내 자리를 차지하게 될 것이야. 과제란 다름이 아니라 바로 오늘부터 이레째 되는 날 해뜰 무렵 나에게 황금 사슴을 가져오는 것이다."

　막내 왕자는 집으로 돌아가 귀여운 개구리 왕자비에게 과제에 대해 이야기했다. 그러자 귀여운 개구리 왕자비가 말했다.

　"아! 황금 사슴 말인가요? 당신은 음식을 드시고 주무시고 평소처럼 지내세요. 정한 날 제가 황금 사슴을 드릴 테니까요."

　그래서 막내 왕자는 세 형이 사슴을 찾으러 숲 속으로 들어간 동안 집에 그냥 머물러 있었다.

　이레째 되는 날 해 뜨기 전, 귀여운 개구리 왕자비는 남편을 깨워 다음과 같이 말했다.

　"여보, 궁궐로 가세요. 여기에 아바마마께 드릴 황금 사슴이 있어요."

　그 말을 들은 막내 왕자는 어리둥절해하며 눈을 비비고 다시 보았다. 그러나 귀여운 개구리 왕자비가 끌고 있는 사슴은 틀림없이 순수한 금으로 이루어져 있었다. 막내 왕자는 황금 사슴을 가지고 궁궐로 들어갔다. 그리고 보통 사슴을 가지고 온 세 형에게는 정말로 미안하게도 왕의 후계자가 되었다.

그러나 세 형은 결과에 승복할 수 없다며 다시 한번 기회를 달라고 간청했다. 왕은 내키지 않아 하면서도 마지못해 수락했다.

그리하여 왕은 다음과 같이 말했다.

"그럼 두 번째 과제를 말하겠노라. 오늘부터 이레째 되는 날 해 뜰 무렵 너희들은 나에게 영원히 묵지 않는 쌀과 영원히 썩지 않는 싱싱한 고기를 가져와야 하느니라."

막내 왕자는 집으로 돌아가서 귀여운 개구리 왕자비에게 새로운 과제에 대해 말했다. 그러자 귀여운 개구리 왕자비가 말했다.

"여보, 걱정하지 마세요. 드시고 주무시고 평소대로 생활하세요. 정한 날 제가 그러한 쌀과 고기를 마련해 드리겠습니다."

그래서 막내 왕자는 형들이 쌀과 고기를 찾기 위하여 돌아다니는 사이 집에 그냥 머물러 있었다.

이레째 되는 날 해 뜰 무렵 귀여운 개구리 왕자비는 그녀의 남편을 깨우며 말했다.

"여보, 이제 궁궐로 가세요. 여기에 아바마마께 드릴 쌀과 고기가 있습니다."

막내 왕자는 귀여운 개구리 왕자비의 말대로 쌀과 고기를 가지고 궁궐로 들어갔다. 오직 잘 요리된 밥과 고기를 가지고 온 세 형을 제치고 막내는 다시 후계자로 뽑혔다.

그러나 세 왕자가 또 다시 기회를 달라고 간청했다. 결국 왕은 다음과 같이 말했다.

"이것이야말로 확실히 마지막 과제다. 오늘부터 이레째 되는 날

해 뜰 무렵 이 세상에서 가장 아름다운 여자를 나에게 데려와야 하느니라."

그러자 세 왕자들은 쾌재를 부르면서 말했다.

"우리 아내들은 매우 아름다워. 우리는 아내를 데려가면 돼. 그럼 우리 중 하나가 틀림없이 후계자로 임명되겠지. 이번에야말로 아무 짝에도 쓸모 없는 동생 놈은 아무도 데려갈 수 없을 거야."

막내 왕자는 형들의 말을 듣고 상심에 잠겼다. 그의 아내는 개구리인 데다가 못생겼기 때문이다. 집에 도착한 왕자는 아내에게 말했다.

"지금부터 나는 이 세상에서 가장 아름다운 여자를 찾아야 하오. 형들은 저마다 자기 아내가 놀랄 만큼 빼어난 미모라고 자랑하며 그들을 데려가겠다고 하오. 하지만 나는 그들보다 더 아름다운 여자를 찾을 것이오."

"여보, 애태우지 마세요. 드시고 주무시고 평소대로 생활하세요. 정한 날 저를 궁궐로 데려가시면 되죠. 제가 이 세상에서 가장 아름다운 여자로 뽑힐 테니까요."

막내 왕자는 어처구니가 없어 귀여운 개구리 왕자비를 쳐다보았다. 하지만 아내의 감정을 상하게 하고 싶지 않았던 왕자는 점잖게 다음과 같이 말했다.

"좋소. 정해진 날 당신을 데려가겠소."

이레째 되는 날 새벽 귀여운 개구리 왕자비는 막내 왕자를 깨우며 말했다.

"저는 아름답게 치장을 해야 하니 밖에서 기다리시다가 떠날 시간이 가까워지면 그때 불러 주세요."

막내 왕자는 왕자비의 요구대로 방을 나갔다. 이윽고 집을 나설 시간이 되자 왕자는 소리쳐 왕자비를 불렀다.

"이제 갈 시간이 되었소."

"잠깐만 더 기다려 주세요. 이제 막 얼굴에 분을 바르고 있는 중이니까요."

잠시 후 막내 왕자는 다시 소리쳤다.

"이제는 정말 떠나야만 하오."

"이제 됐어요. 제가 나갈 수 있도록 문을 열어 주세요."

막내 왕자는 왕자비가 어떤 모습으로 달라져 있을지 내심 기대가 되었다.

'그녀는 황금 사슴도 구했고 썩지 않는 쌀과 고기도 구했어. 그러니 틀림없이 자기 자신도 아름답게 만들 수 있을 거야.'

하지만 막상 문을 열어 보니 왕자비는 여전히 못생긴 개구리 모습 그대로였다. 왕자는 크게 실망했지만 아내의 기분을 생각해 아무 말 없이 그녀를 데리고 궁궐로 갔다.

막내 왕자가 귀여운 개구리 왕자비를 데리고 들어갔을 때, 세 형은 자신들의 부인들을 데리고 이미 그곳에 와 있었다. 왕은 깜짝 놀라 막내 왕자를 쳐다보며 다음과 같이 물었다.

"왕자의 아름다운 여자는 어디에 있는고?"

그러자 개구리 왕자비는 말했다.

"아바마마, 왕자님을 대신하여 아룁니다. 제가 바로 왕자님의 아름다운 여자입니다."

그러면서 개구리 껍질을 홀랑 벗어 던지자 그녀는 비단과 윤기 나는 화려한 옷감으로 단장한 아름다운 여자로 변했다.

왕은 그녀를 이 세상에서 가장 아름다운 여자라고 선언했으며, 아울러 막내 왕자를 그의 왕위 계승자로 선택했다. 막내 왕자는 귀여운 개구리 왕자비에게 다시는 보기 싫은 개구리 껍질을 입지 말라고 요구했다. 귀여운 개구리 왕자비는 그의 요구에 따라 불 속에 그 껍질을 던져 버렸다.

황금 까마귀

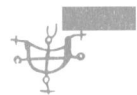

옛날에 매우 가난한 늙은 과부가 살고 있었다. 그녀에게는 딸이 있었는데, 그 딸은 예쁘고 심성이 고왔다.

어느 날 어머니는 쌀을 쟁반에 펴서 볕에 말리면서 딸에게 새를 쫓으라고 했다. 그래서 딸은 쟁반 가까이에 앉아 새들을 쫓았다. 그런데 쌀이 거의 다 말라 갈 무렵 이상한 새 한 마리가 날아들었다. 그 새는 까마귀였는데, 이상하게도 날개가 황금빛이었다. 황금 까마귀는 팔을 휘저어 대는 소녀를 비웃으며 끄떡도 않고 쌀을 쪼아 먹었다. 소녀는 안타까운 나머지 울먹이면서 소리쳤다.

"우리 어머니는 너무나 가난하단 말이야! 우리 어머니는 너무나 가난하단 말이야! 그 쌀이 어머니에게는 얼마나 귀중한 줄 아니?"

그러자 황금 까마귀가 부드러운 미소를 지으며 상냥하게 말했다.

"걱정 마. 내가 쌀값을 치를 테니. 해가 질 무렵 마을 밖 커다란 타마린드 나무_{열대산 콩과의 상록수}로 와 봐. 그러면 내가 뭔가를 줄게."

그러고는 어디론가 날아가 버렸다.

해가 질 무렵 소녀는 까마귀의 말대로 커다란 타마린드 나무를 찾아가 올려다보았다. 그러자 놀랍게도 나무 꼭대기에 황금으로 만든 자그마한 집이 있었다. 그때 황금 까마귀가 소녀를 보고 말했다.

"오! 네가 왔구나! 이리 올라오렴. 먼저 사다리를 내려 줄게. 그런데 너는 금 사다리를 원하니, 은 사다리를 원하니? 아니면 구리 사다리를 원하니?"

"나는 단지 가난한 소녀일 뿐이야. 나에게는 구리 사다리가 가장 좋겠어."

그러나 놀랍게도 까마귀는 금 사다리를 내려주었다. 소녀는 그 사다리를 타고 타마린드 나무 꼭대기에 있는 황금으로 된 집으로 올라갔다. 집으로 들어가자 까마귀는 저녁을 먹으라고 청하며 물었다.

"그런데 너는 식사할 때 금 접시를 원하니, 은 접시를 원하니? 아니면 구리 접시를 원하니?"

"나는 단지 가난한 소녀일 뿐이야. 나에게는 구리 접시가 가장 좋겠어."

그러나 놀랍게도 까마귀는 금 접시를 가져왔다. 금 접시 안에 담긴 음식은 소녀가 일찍이 먹어 본 적이 없는 정말 맛있는 음식이었다.

소녀가 음식을 다 먹자 까마귀가 말했다.

"너는 참 착한 애구나. 계속 나와 함께 여기서 살았으면 좋겠다. 하지만 너희 어머니가 기다리시겠지. 날이 너무 어둡기 전에 돌아가렴."

말을 마친 까마귀는 침실로 가서 상자 세 개를 가지고 왔다. 그러고는 큰 상자, 중간 상자, 작은 상자 중 하나를 골라 어머니께 갖다 드리라고 말했다.

　소녀는 작은 상자를 골랐다.

　"네가 먹은 쌀은 많지 않았어. 그러니 작은 상자만으로 충분하고도 남아."

　소녀는 황금 까마귀에게 고맙다고 인사한 후 금 사다리를 타고 내려와 집으로 갔다. 집에 도착하자마자 소녀는 어머니에게 작은 상자를 보여 주었다. 상자를 연 순간 모녀는 놀라움과 기쁨으로 환호성을 질렀다. 상자 안에는 어마어마하게 비싼 홍보석이 백 개나 들어 있었던 것이다. 모녀는 하루아침에 큰 부자가 되어 호사스럽게 지냈다.

　한편 마을에는 또 한 명의 늙은 과부가 살고 있었는데, 살림이 부유한 편이었다. 그녀에게도 역시 딸이 하나 있었는데, 그 딸은 탐욕스럽고 성질이 나빴다. 두 사람은 부자가 된 이웃 모녀를 시샘하던 끝에 황금 까마귀에 관한 소문을 듣고 똑같이 따라해 보기로 결심했다.

　그리하여 부자 과부는 햇볕 아래 쌀 쟁반을 펼쳐 놓고 딸을 시켜 감시하게 했다. 하지만 부자 과부의 딸인 욕심쟁이 소녀는 매우 게을렀기 때문에 새들이 쌀을 쪼아먹는 걸 멀뚱멀뚱 쳐다볼 뿐 쫓을 생각도 하지 않았다. 그래서 마지막으로 황금 까마귀가 날아왔을 때에는 쌀이 얼마 남아 있지 않았다. 황금 까마귀가 그나마 조금 남은 쌀을 먹으려는데 욕심쟁이 소녀가 버럭 소리를 질렀다.

　"이봐! 까마귀야! 네가 먹은 쌀값을 충분히 치르도록 해!"

　까마귀는 눈살을 찌푸리며 그녀를 쳐다보다가 이내 공손하게 대답했다.

　"소녀야! 내가 쌀값을 지불할게. 해가 질 무렵 마을 밖 커다란 타마린드 나무로 와 봐. 그러면 내가 너에게 뭔가를 줄게."

그리고 까마귀는 어디론가 날아가 버렸다.

해가 질 무렵이 되자 욕심쟁이 소녀는 커다란 타마린드 나무로 갔다. 그러고는 까마귀가 나타나기도 전에 대뜸 고함부터 질렀다.

"이봐! 까마귀야! 약속을 지켜라!"

그러자 까마귀는 창문 밖으로 머리를 내밀고 물었다.

"여기에 올라와야 하는데 너는 어떤 종류의 사다리를 원하니? 금 사다리를 원하니, 은 사다리를 원하니? 아니면 구리 사다리를 원하니?"

"물론 금 사다리지."

욕심쟁이 소녀가 대답했다. 하지만 실망스럽게도 까마귀는 구리 사다리를 내려 주었다. 소녀가 구리 사다리를 타고 나무 꼭대기로 올라가자 까마귀가 말했다.

"소녀야! 나와 함께 저녁 식사를 하자꾸나. 그런데 너는 어떤 접시가 좋으니? 금 접시를 원하니, 은 접시를 원하니? 아니면 구리 접시를 원하니?"

"물론 금 접시지."

하지만 실망스럽게도 까마귀는 구리 접시에 음식을 담아 왔다. 음식은 맛있었지만 양이 너무 적어 욕심쟁이 소녀는 기분이 매우 언짢았다.

그런 다음 까마귀는 큰 상자, 중간 상자, 작은 상자 이렇게 세 상자를 가지고 와서 셋 중 하나를 골라 어머니에게 갖다 드리라고 말했다.

물론 욕심쟁이 소녀는 큰 상자를 골랐다. 그러고는 고맙다는 인사도 없이 큰 상자를 들고 낑낑거리며 사다리를 내려갔다.

집에 도착하자마자 부자 과부와 욕심쟁이 소녀는 한껏 기대에 부풀어 상자를 열었다. 하지만 그 안에서는 소름 끼치도록 징그러운 커다란 뱀이 기다란 혀를 날름거리며 기어나왔다. 뱀은 성난 듯 쉭쉭 소리를 내면서 스르르 집 밖으로 나가 버렸다.

머리님

옛날 옛적에 한 가난한 여자가 아들을 낳았다. 하지만 그 아이에게는 머리만 있고 몸이 없었다. 남편은 아이를 부끄럽게 여겨 그냥 죽이려고 했다. 그러나 아내는 기형아건 정상아건 아이는 다 같은 아이라고 주장하면서 극구 반대했다.

그러자 아이가 이렇게 말했다.

"엄마, 저는 엄마에게 매우 고맙게 생각하고 있어요. 엄마가 나이가 들어 힘이 없어지면 그때는 엄마를 부양하는 귀한 아들이 될 게요."

어머니가 이웃 사람들에게 이 이야기를 들려주자 사람들은 크게 놀라며 아이를 보러 왔다. 그 후 마을 사람들은 모두 아이를 '머리님'이라고 불렀다.

몇 주 후 머리님은 어머니에게 자기를 상인 우두머리에게 데려가 달라고 부탁했다. 그래서 어머니는 그 아이를 상인에게 데려갔다. 머리님은 상인 우두머리에게 말했다.

"아저씨, 은냥 천 개를 저의 어머니께 주시면 제가 아저씨의 노예가 될게요. 그러면 아저씨는 저를 사람들에게 구경시킬 수 있잖아요? 사람들에게 저를 보는 값을 충분히 받을 수 있을 거예요."

상인 우두머리는 크게 기뻐하며 머리님이 제안한 대로 했다. 과연 수많은 사람들이 머리님을 보기 위해 몰려들었고, 상인은 이삼 일 만에 은냥 천 개를 벌어들일 수 있었다.

그러던 어느 날 외국에서 일곱 상인의 배가 왔다. 머리님은 상인 우두머리에게 말했다.

"아저씨, 저는 충성스럽고 헌신적으로 아저씨를 섬겼어요. 이제는 제가 외국을 여행해서 여러 모험도 경험할 수 있도록 해 주세요. 저 외국 상인들에게 저를 은냥 천 개를 받고 노예로 파세요."

상인 우두머리는 머리님이 매우 마음에 들고 정도 들어서 헤어지고 싶지 않았다. 하지만 머리님을 기쁘게 하기 위하여 은냥 천 개를 받고 일곱 척의 배 가운데 한 배의 선원에게 머리님을 팔았다.

얼마 후 일곱 척의 배는 항해를 시작했다. 그런데 항구를 떠난 지 두세 시간 만에 무시무시한 폭풍이 불어와 머리님이 탄 배가 다른 배들과 떨어지게 되었다. 폭풍이 사흘 내내 몰아치다 자고 나자 배는 그 자리에 멈추어 버렸다.

선원들은 기형아가 탔기 때문에 배에 재앙이 닥쳤다고 생각하고 머리님을 밖으로 던져 버리려고 했다. 그러자 머리님이 말했다.

"뭐라고요? 저를 배 밖으로 던진다고요? 아저씨들, 조금만 참으세요. 대신 저를 돛대 꼭대기에 매다세요."

선원들은 머리님 말대로 그를 돛대 꼭대기에 매달았다. 머리님이 한번 훅 입김을 불자 배는 미끄러지듯 전진하기 시작했다. 선원들은 머리님에게 매우 고마움을 느껴 더 이상 그를 노예라고 생각하

●──미얀마 민담

지 않았다. 머리님은 쉬지 않고 바람을 불어 배는 마침내 한 쾌적한 섬에 다다랐다.

　머리님은 그 섬이 매우 마음에 들어 그곳에서 며칠 머무르자고 말했다. 하지만 선원들은 생각이 달랐다. 그 섬은 그들의 고국에서 별로 멀리 떨어져 있지는 않지만 괴물들이 득실거리고 있어 언제나 피해 다니던 곳이었다. 선원들은 머리님에게 배를 멈추지 말아 달라고 간곡하게 부탁했다.

　하지만 머리님은 괴물들이 전혀 무섭지 않았다. 그때 마침 신선한 바람이 불기 시작하자 머리님이 말했다.

　"이제 아저씨들은 저 없이도 항해할 수 있어요. 그러니 저를 여기에 남겨 두고 아저씨들만 떠나세요."

　그래서 선원들은 머리님을 해변에 남겨 둔 채 고국으로 돌아가 버렸다.

　섬에 혼자 남은 머리님은 참을성 있게 기다렸다. 해가 질 무렵 드디어 섬에 사는 괴물들이 목욕을 하러 바다로 내려왔다. 머리님은 괴물들에게 인사를 하고 상냥하게 말을 걸었다. 다행히 괴물들은 머리님에게 호감을 가졌다. 그 덕에 그는 괴물들과 함께 행복하게 몇 달을 지냈다. 그 동안 괴물들은 머리님을 매우 사랑하게 되어 그에게 요술 부리는 방법까지 가르쳐 주었다.

　하루는 머리님이 옛날 자기가 탔던 배가 섬 근처를 항해하는 것을 발견하고 크게 소리를 질렀다. 선원들은 머리님의 목소리를 알아채고 섬으로 배를 몰았다. 선원들은 괴물들을 보고 매우 무서워했으나, 머리님은 괴물들이 그들을 해치지 않을 것이라고 안심시켰다. 머리님이 고향으로 돌아가고 싶다고 말하자 그들은 선선히 그를 배에 태워주었다. 괴물들은 그들의 귀여운 친구인 머리님에게 작별 인사를 고하고, 이별의 선물로 한 바구니의 홍보석을 주었다. 배가 고향에 이르자 그는 보석을 모조리 선원들에게 나눠 주면서 이렇게 말했다.

"만일 아저씨들이 제 사람들이 된다면, 제가 아저씨들에게 더 많은 보석을 드릴게요."

이 말을 들은 선원들은 머리님에게 충성을 맹세했다.

머리님은 선원들에게 자신을 왕이 사는 궁궐로 안내하도록 명령했다. 그는 궁궐 문에 도착하자 사람을 시켜 다음과 같은 말을 왕에게 전하게 했다.

"만약 나 머리님을 공주와 결혼시켜 나라를 물려주지 않는다면 나는 여기 있는 이 사람들과 함께 궁궐을 파괴해 버릴 것이오."

왕의 대신들은 침입자가 누구인가를 보러 궁궐 문으로 나왔다가 머리님을 보고 한바탕 웃음을 터뜨렸다. 그들은 머리님을 손끝으로 툭툭 건드리며 비아냥거렸다.

"아니! 너는 몸도 없이 머리만 있는 기형아에 불과하지 않느냐? 그리고 네 부하들이란 배에서 나온 불량배들에 지나지 않고 말이야."

바로 그때 머리님은 코담배갑을 꺼내어 괴물들이 가르쳐 준 대로 요술을 부렸다. 그러자 즉시 코담배갑에서 완전무장을 한 수천 명의 마법 병사들이 차례로 나타나 궁궐을 완전 포위했다. 왕은 변변히 저항도 못해 보고 항복할 수밖에 없었다. 이리하여 머리님은 공주와 결혼하여 나라를 다스리게 되었다.

성대한 결혼식이 치러졌다. 사람들이 벌떼처럼 모여들었다. 그리고 결혼식이 끝났을 때, 놀라운 일이 벌어졌다. 머리님은 더 이상 기괴한 불구자가 아니었다. 어느새 훌륭한 몸을 가진 멋있는 청년으로 변해 있었던 것이다.

●──미얀마 민담

큰 거북이

고기잡이 부부가 살고 있었다. 부부에게는 아주 예쁜 딸이 하나 있어 이름을 아웅애조웅(가장 어린 여주인)이라고 했다. 그런데 어머니는 딸을 끔찍이 위한 반면 아버지는 조금 무관심했다.

아웅애조웅의 아버지 어머니는 어느 날 배를 타고 물고기를 잡으러 나갔다. 몇 시간 동안 여기저기 그물을 내려 보았지만 아무것도 잡히지 않았다. 성격 급한 아버지는 얼굴이 붉으락푸르락했다. 한편 어머니는 딸에게 줄 생선 요리도 못 만들게 되면 어쩌나 하는 근심이 앞섰다. 온갖 고생 끝에 물고기 한 마리가 잡히자 어머니는 대뜸 소리 질렀다.

"이건 딸 줄 거예요. 팔면 안 돼요."

얼마 후 또 물고기가 잡히자 어머니는 다시 소리쳤다.

"이건 딸 몫으로 남겨 놓아야 해요!"

그러고 나서 또 다른 물고기가 잡히자 또 한 번 소리쳤다.

"이것도 내 딸 거야! 어느 누구도 손 못 대요!"

순간 남편은 벌컥 화가 치밀어 배 젓는 노로 아내를 내리쳤다. 그녀는 바다에 빠져 커다란 거북으로 변해 버렸다. 아내가 익사했다고 생각한 어부는 마을로 돌아와 사람들에게 아내가 물에 빠져 죽었다고 덤덤하게 말했다. 모든 사람들은 사고라고 생각하고 어부를 위로했다.

세월이 얼마 흐르자 어부는 슬슬 재혼해야겠다는 생각이 들었다. 그런데 아내로 고른 여자가 하필이면 늙고 못생긴 과부로서 실은 마녀였다. 이 여자한테는 첫 번째 결혼에서 얻은 딸이 있었는데, 못생긴 데다가 얽은 자국까지 있는 심술궂은 소녀였다.

아웅애조웅이 아름답고 상냥했기 때문에 계모와 의붓자매 모두 그녀를 시기했다. 그래서 둘은 그녀를 매우 구박하고 못살게 굴었다. 집안일이란 집안일은 모두 아웅애조웅에게 시키고, 그것도 모자라 조금이라도 실수를 하면 무섭게 꾸짖고 때리기조차 했다. 하지만 어부는 아웅애조웅에게 무관심했고 집안일은 아내와 의붓딸이 하는 대로 내버려두었다.

어느 날 오후 아웅애조웅은 몰래 집을 빠져나와 해변으로 나갔다. 그녀는 모래 위에 주저앉아 하염없이 눈물을 흘렸다. 자기 신세가 너무 불쌍하고 처량해서 견딜 수가 없었다.

그때 늙은 거북 하나가 그녀를 향하여 헤엄쳐 왔다. 그런데 놀랍게도 그 거북은 그녀와 마찬가지로 울고 있었다. 그녀는 그 늙은 거북을 어머니라고 생각하고 두 팔로 꼭 껴안았다. 거북은 물론 말은 할 수 없었지만 아웅애조웅과 함께 있는 것을 매우 기뻐하는 것 같았다. 그 후로 날마다 오후만 되면 아웅애조웅은 해변으로 나와 땅거미가 질 때까지 거북이와 함께 시간을 보냈다.

며칠 후 계모와 계모의 딸은 웬일인지 아웅애조웅이 예전보다 밝아졌고 날마다 오후만 되면 집에서 사라진다는 사실을 알아차렸다. 그래서 그들은 해변으로 나가는 아옹애조옹의 뒤를 밟았다.

그들은 아옹애조옹이 거기서 거북이와 다정하게 이야기하는 것을 보고 화가 치밀어 어쩔 줄 몰랐다. 아옹애조옹이 친구를 가지고 있다는 사실조차 못마땅해서 견딜 수가 없었던 것이다. 계모와 계모의 딸은 급기야 아옹애조옹에게서 그 작은 행복마저 빼앗기로 마음먹었다.

다음 날 아침 의붓어머니는 바삭바삭한 과자와 마른 전병을 듬뿍 만들어 침대 밑에 놓아 두었다. 오후가 되어 일을 나갔던 남편이 돌아오자 의붓어머니는 몹시 아픈 척 침대에 누워 있었다. 그녀가 이쪽저쪽으로 몸을 뒤척일 때마다 밑에 놓인 빵과자들이 자연히 바삭바삭 소리를 냈다. 그녀는 그 소리에 맞추어 계속 신음을 내뱉었다.

이쪽으로 뒤척여도 바작바작
저쪽으로 뒤척여도 바작바작
부서진 뼈 때문에 내가 죽는구나.

남편은 매우 걱정이 되어 급히 밖으로 나가 마을 의사를 데리고 왔다. 사실 의사는 이미 의붓어머니에게 사전에 매수를 당한 터였다. 그는 환자를 진찰하고 매우 심각한 병이라며 다음과 같이 처방을 내렸다.

"환자에게 즉시 거북이 고기를 먹이도록 하세요. 그러면 금방 좋아질 거예요."

"오! 불행 중 다행이구나! 내 딸아이가 말하기를 날마다 오후만 되면 커다랗고 살찐 거북이가 해변으로 온다고 했어. 내 남편이 가서 쉽게 즉시 그 거북이를 잡을 수 있을 거야."

 그런 다음 의붓어머니는 기다렸다는 듯이 남편을 아웅애조웅이 거북이를 두 팔로 안고 이야기하던 곳으로 데리고 갔다. 아웅애조웅이 불쌍한 거북이를 해치지 말라고 눈물로 호소했지만 어부는 들은 체도 안 하고 거북이를 잡아 버렸다. 그러고는 한 술 더 떠서 그녀에게 의붓어머니를 위하여 거북이를 요리하라고 명령했다.

 가여운 아웅애조웅은 부엌에서 거북이 고기로 의붓어머니의 저녁을 준비하면서 울고 또 울었다. 거북이는 드물게 보는 큰 것이었기 때문에 요리된 고기를 모두 담기 위해 백 개도 넘는 접시를 닦아야 했다.

 마침내 식사 준비가 모두 끝나자 의붓어머니는 냄새만 맡아도 병이 낫는 것 같다며 침대에서 벌떡 일어났다. 의붓어머니는 식사를 같이 하자며 남편과 딸을 불렀다. 그리고 아웅애조웅도 불렀으나 그녀는 몸이 불편하다며 거절했다.

 생각보다 거북이 고기가 많았기 때문에 의붓어머니는 이웃들에게 고기를 한 접시씩 돌리기로 마음먹었다. 평소에 착한 아웅애조웅을 학대하는 일로 이러쿵저러쿵 말이 많은 줄 계모도 잘 알고 있었던 것이다. 계모는 이 기회에 선심을 쓰고 생색이나 내 보자는 생각으로 아웅애조웅을 시켜 집집마다 한 접시씩 거북이 고기를 돌리게 했다.

 마을 사람들은 고기를 받으면서 아웅애조웅에게 물었다.

 "우리가 어떻게 해야 네가 행복할 수 있겠니?"

 아웅애조웅은 그때마다 다음과 같이 대답했다.

 "고기는 먹되 뼈는 버리지 마세요. 아주머니 댁 처마에 뼈를 모아 두세요. 그렇게만 해 주시면 제가 와서 살짝 거두어 갈게요."

그날 밤 늦게 그녀는 집집마다 돌아다니며 처마에서 뼈를 거두어 가져왔다. 그녀는 집 문 밖에 뼈들을 묻고 소원을 빌었다.

"내가 진정으로 나의 어머니를 사랑한다면, 이곳에 어머니의 무덤 표시로 금 나무와 은 열매가 자라기를 원하노라."

다음 날 아침 일찍 이웃 사람들은 어부의 집 앞 오른쪽에 어제까지만 해도 볼 수 없었던 기이한 나무가 자란 것을 보고 깜짝 놀랐다. 나무는 정말 은으로 된 열매가 주렁주렁 맺히고 줄기는 금으로 된 기이한 나무였다. 이웃 사람들이 주위에 둘러서서 입을 딱 벌리고 그 나무를 멍하니 바라보고 있는데 마침 코끼리 사냥을 나왔던 임금님이 그 앞을 지나가게 되었다.

"이렇게 외딴 마을에 금과 은으로 된 나무라니! 이 나무의 주인은 과연 누구인고?"

임금님의 물음에 의붓어머니는 집에서 나와 대답했다.

"전하, 이 나무는 제 딸아이의 것입니다."

"그렇다면 너의 딸을 이리로 불러오너라."

임금님이 명령하자 계모의 딸이 앞으로 나섰다. 임금님은 못생긴 언니를 보고는 믿을 수 없다는 듯이 물었다.

"이 나무가 정말 네 것인고?"

"전하, 그렇습니다."

"그렇다면 열매를 따서 가져와 보아라."

못생긴 소녀는 나무 위로 올라가서 온 힘을 다하여 잡아당겼지만 열매를 딸 수 없었다.

"네가 정말 이 나무의 주인이냐? 나는 믿을 수가 없구나. 과연 이 나무의 진짜 주인은 누구란 말이냐?"

임금님은 얼굴을 찡그리며 말했다. 그러자 그 자리에 있던 마을 사람들이 입을 모아 말했다.

"전하, 이 나무의 진짜 주인은 아웅애조웅입니다."

임금님은 아웅애조웅을 앞으로 불러 그녀가 나무의 진짜 주인인지를 물었다. 그러자 아웅애조웅은 나무 아래에 앉아 기원했다.

"만일 이 나무가 나의 것이라면 모든 열매가 나의 무릎 위로 떨어지기를 원하노라."

그녀의 기원이 끝나자마자 나뭇가지에 달려 있던 열매들이 모조리 그녀의 무릎 위로 떨어졌다.

임금님은 크게 기뻐하며 그녀를 코끼리에 태워 궁궐로 데려가 왕비로 삼았다. 의붓어머니와 그 딸은 약이 올라 부득부득 이를 갈았다. 결국 그들은 분을 못 이겨 그 나무를 썩둑 베어 버렸다.

너더댓 달이 지나 의붓어머니와 그 딸은 아웅애조웅의 목숨을 빼앗으려고 음모를 꾸몄다. 그리하여 그들은 아웅애조웅에게 편지를 보내 지난날 자신들이 저지른 나쁜 짓에 대하여 용서를 구하며 아울러 그녀와 몇 주 동안 같이 지내고 싶으니 고향으로 오면 좋겠다고 말을 전했다.

착하고 남을 의심할 줄 모르는 아웅애조웅은 그들의 말을 그대로 믿어 버렸다. 그래서 그녀는 남편인 임금님의 허락을 받아 두세 명의 시녀만 데리고 고향 마을로 갔다. 그리고 친정에 도착하자 그 시녀들도 바로 궁궐로 돌려보내 버렸다. 마을 사람들과 옛 친구들에게 거만해졌다는 인상을 주고 싶지 않았던 것이다. 아웅애조웅은 한 달 후에 데리러 오라고 하고는 시녀들을 돌려보냈다.

의붓어머니와 의붓언니는 겉으로는 아웅애조웅에게 매우 상냥하게 대했지만 속으로는 호시탐탐 그녀를 해칠 기회를 노렸다. 어느 날 식구들이 한자리에 모여 저녁을 먹을 때, 의붓어머니가 부엌 바닥에 난 구멍 속으로 밥 먹던 숟가락을 떨어뜨렸다. 아옹애조옹은 계모가 잘못해서 떨어뜨린 줄로만 알고 주우러 내려갔다. 그러나 계모는 아옹애조옹이 바로 밑에 왔을 때 냄비에 든 끓는 물을 확 쏟아 버렸다. 가엾은 그녀는 하얀 들새가 되어 어디론가 날아가 버렸다.

한 달 후 시녀들이 돌아왔다. 하지만 그들 앞에 나타난 것은 아옹애조옹의 화려한 옷으로 단장한 사악하고 심술궂은 언니였다. 시녀들은 놀라고 화가 나 소리쳤다.

"아니! 너는 우리 왕비 마마가 아니잖아!"

"아니야! 나야! 너희들이 없는 동안 나는 심한 천연두에 걸려서 얼굴이 이렇게 추하게 되었어. 그래서 너희들이 나를 몰라보는 거야."

못생긴 언니가 대답했다. 시녀들은 의심을 하면서도 할 수 없이 그녀를 호위해 궁궐로 돌아갔다. 궁궐에 도착하자 임금님이 계모의 딸을 보고 화가 나서 외쳤다.

"얼굴의 마마 자국으로 보아 넌 절대 아옹애조옹이 아니야. 아옹애조옹의 얼굴은 백합처럼 깨끗했단 말이야."

"전하! 소첩은 심한 천연두에 걸렸다가 나은 것입니다. 전하는 소첩의 잘못도 아닌 단지 병에 걸렸다는 이유 하나만으로 소첩을 버리려고 하십니까?"

"너는 절대로 아옹애조옹일 수 없어. 너의 이마는 짱구이고 몹시 보기 흉하거든. 아옹애조옹의 아름다운 이마와는 아주 딴판이란 말이야."

"전하! 소첩은 전하를 너무나도 그리워한 나머지 마루에 이마를 짓찧으며 자주 울었습니다. 그래서 지금 이렇게 이마가 부어오른 것입니다."

"그래도 너는 절대 아웅애조웅일 수 없어. 너의 코는 너무 길고 몹시 보기 흉해. 아웅애조웅의 아름다운 코와는 딴판이란 말이야."

"전하! 소첩은 전하가 너무나도 그리워서 날마다 울었습니다. 그때마다 얼마나 자주 코를 훔쳤는지 모릅니다. 소첩의 코가 이렇게 길어진 것은 당연한 결과입니다."

하지만 왕은 여전히 의심스러웠다. 아웅애조웅은 베짜기에 아주 뛰어났다. 그래서 왕의 옷도 모두 그녀가 짠 것이었다. 왕은 못생긴 의붓언니를 시험해 볼 생각으로 자신을 위해 옷을 짜라고 명령했다. 언니는 마지못해 베 짜는 방으로 갔지만 거짓말한 것이 탄로날까 봐 두려움에 벌벌 떨며 손만 만지작거리고 있었다.

새로 변해 궁궐로 날아온 아웅애조웅은 이 모습을 지켜보고 있다가 창문을 통해 베 짜는 방으로 들어갔다. 자신이 겪은 억울한 일보다도 남편에게 좋은 옷을 입혀야겠다는 생각이 먼저였다. 그리하여 그녀는 부리로 베틀 북을 물고 아주 훌륭한 모양의 옷을 짰다. 언니는 옷이 다 짜질 때까지 가만히 보고 있다가 이윽고 옷이 완성되어 북이 땅에 떨어지자 그것을 주워 힘껏 들새에게 던졌다. 북을 맞은 들새는 그만 땅에 떨어져 죽고 말았다. 의붓언니는 죽은 들새를 주운 다음 요리사를 불러 새를 요리하도록 명령했다.

저녁이 되어 왕이 방으로 들어오자 의붓언니는 뻔뻔스럽게 옷을 내보이면서 말했다.

"전하! 하얀 들새가 날아와 소첩이 옷 짜는 것을 방해하지만 않았어도 더 좋은 옷을 만들었을 것입니다."

왕은 옷이 잘 짜였다는 건 인정했으나 여전히 의구심을 풀 수가 없었다. 왕의 마음은 어둡기만 했다.

그날 저녁 왕이 저녁 식사를 하려고 자리에 앉자 하인이 구운 들새 고기를 가지고 왔다.

"이게 무엇인고?"

"그게 바로 소첩을 방해했던 들새입니다. 소첩이 그것을 잡아 전하를 위하여 특별히 굽게 한 것이옵니다."

"뭐라고? 이 불쌍한 작은 새를! 나는 먹고 싶지가 않구나. 못 먹겠다."

왕은 하인에게 도로 새를 가져가라고 명령했다. 하인 역시 들새를 가엾게 여겨 먹지 않고 부엌 뒤에 고이 묻어 주었다.

다음 날이었다. 부엌 뒤에 어제까지만 해도 볼 수 없었던 커다란 마르멜로 나무 한 그루가 서 있었다. 의심스러운 생각이 든 언니가 조심스럽게 물어보았으나, 어떻게 해서 그곳에 그런 나무가 있게 되었는지 설명할 수 있는 사람은 아무도 없었다. 어젯밤 들새 고기를 묻었던 하인만이 그 나무가 어쩌면 들새와 관련이 있지 않을까 추측할 뿐이었다. 하지만 하인은 언니가 두려워서 아무 말도 하지 않았다.

마침 늙은 부부가 장작을 내다 팔기 위하여 궁궐 부엌으로 오게 되었다. 장작을 다 판 부부는 마르멜로 나무 아래에서 잠깐 지친 다리를 쉬고 있었다. 그때 커다란 마르멜로 열매 하나가 늙은 아내의 무릎 위에 떨어졌다.

"머리 위에 떨어지지 않은 것이 천만 다행이야!"

늙은 부부는 허허 웃었다. 그들은 저녁에 먹을 생각으로 열매를 챙겼다. 하지마 막상 집에 도착해서 보니 아직 덜 익어서 먹기에 적당치가 않았다. 그래서 늙은 아내는 며칠 두었다가 먹으려고 열매를 토기 항아리에 넣어 두었다.

다음 날 아침 일찍 부부는 평소대로 장작을 주우러 밖으로 나갔다. 그러고는 여느 때처럼 아침 식사 시간 때가 되어 집으로 돌아왔다.

그런데 그들은 집에 들어서는 순간 집 안이 달라진 것을 발견하고는 깜짝 놀라지 않을 수 없었다. 집 안이 구석구석 깨끗이 청소되어 있는 데다가 김이 모락모락 나는 따뜻한 식사까지 준비되어 있었던 것이다. 부부는 집 안 구석구석을 자세히 살펴보았으나 선행을 베푼 친절한 이방인의 흔적은 어디에서도 발견할 수 없었다. 똑같은 일이 다음 날 아침에도 벌어졌다. 그날 밤 늙은 남편은 잠자리에서 아내의 귀에 조용히 속삭였다.

"나한테 생각이 있어. 내일은 꼭 이 수수께끼를 풀자고."

다음 날 아침 남편은 새벽빛이 비치기도 훨씬 전에 잠자리에서 일어났다. 그러고는 아내를 팔꿈치로 한번 슬쩍 찌르며 소리쳤다.

"이런 늙은 게으름뱅이! 빨리 일어나! 어서 일어나지 못해! 더 많은 장작을 주우려면 평소보다 일찍 출발해야 한단 말이야!"

그러자 늙은 아내는 금세 남편의 의도를 눈치 채고 맞장구를 쳤다. 누군가 숨어 지켜보고 있다면 자신들이 외출한다고 생각하게 만들고 싶었던 것이다.

"당신이야말로 게으름뱅이예요. 저는 이미 출발 준비가 다 되었단 말이에요."

그들은 싸움이라도 하는 양 연신 고함을 질러대며 집을 나섰다. 잠시 밖을 돌아다니던 부부는 어둠을 뚫고 살금살금 집으로 들어가 문 뒤에 숨어 동정을 엿보았다. 이윽고 해가 떠오르자 아주 작은 한 소녀가 토기 항아리 속에서 나와 부엌으로 들어갔다.

"아니! 저건 열매 소녀 아냐? 나는 저 소녀를 어떻게 잡는지 알아."

　노파는 속삭이곤 잽싸게 치마 한 장을 꺼내다가 그것을 펼치고 항아리 옆에 섰다. 그러고는 작은 열매 소녀를 놀라게 하기 위하여 커다랗게 소리를 질렀다. 열매 소녀는 깜짝 놀라 단숨에 항아리를 향하여 달려왔다. 노파는 그때를 놓치지 않고 치맛자락을 펼쳐 열매 소녀의 머리를 휙 덮어 쌌다. 다음 순간 놀라운 일이 벌어졌다. 아응애조웅이 바로 그들 앞에 우뚝 서 있는 것이 아닌가!
　"아니! 왕비 마마가 아니십니까? 소인들은 전하께 왕비 마마를 모시고 가야 합니다."
　처음 아응애조웅은 늙은 부부의 청을 거절했다. 그녀의 의붓언니가 곤란해지는 것을 원치 않았기 때문이다. 하지만 한편으로는 남편을 몹시 다시 만나보고 싶기도 했다. 결국 그녀는 부부의 말을 따라 궁궐로 향했다.
　아응애조웅이 늙은 부부와 궁궐에 들어갔을 때 왕과 언니는 신하들을 접견하고 있었다. 왕은 아응애조웅을 다시 보자 몹시 기뻐했으나 그다지 놀라지는 않았다. 안 그래도 언니가 사기꾼이 아닌지 의심하고 있었기 때문이었다. 언니는 동생을 보자 펄펄 뛰며 소리를 질러 댔다.
　"아니야! 내가 아응애조웅이란 말이야! 이 여자는 사기꾼이야. 아니, 마녀가 분명해. 마법으로 자기가 나인 양 행세하는 거야."
　"그녀가 진짜 아응애조웅이야!"
　늙은 부부가 정색을 하며 말했다. 그들은 어떻게 아응애조웅을 발견하게 되었는지 그 과정을 차근차근 설명했다. 그러자 아응애조웅도 그녀가 처음에 어떻게 들새로 변했다가 다시 열매 소녀로 변하게 되었는지 그 경위를 소상히 설명했다. 아응애조웅의 설명이 끝나자 언니는 의기양양하게 소리쳤다.

"그렇다 하더라도 난 이 나라의 관습을 따라야 한다고 생각해. 그러므로 결투 재판을 강력히 주장하겠어."

옛날에는 결투 재판이라는 관습이 있어서 송사의 당사자들이 검을 가지고 결투를 벌여 시비를 가르곤 했다. 그런데 피고는 철검으로 싸울 것이 허용되는 반면 원고는 나무 칼을 사용해야만 했다. 왜냐하면 원고에겐 자기 주장을 입증할 의무가 있기 때문이다. 만일 원고의 고소가 정당하다면 나무 칼을 들고 싸워도 이길 수 있었다.

하지만 배다른 언니의 속셈은 다른 데 있었다. 그녀는 결투 재판의 정의를 아예 믿지 않았다. 그래서 철검을 쥐어 단칼에 아웅애조웅을 죽일 작정이었던 것이다.

왕과 신하들은 언니가 사기꾼이라는 사실을 확신했고 아웅애조웅이 결투 재판에 회부되는 것을 원치 않았지만, 어쩔 도리가 없었다. 왜냐하면 아무리 왕이라고 해도 관습을 무시할 수 없었고 언니의 요구는 법적으로 정당했기 때문이다.

그리하여 왕은 두 개의 검을 가져오도록 명령을 내렸다. 아웅애조웅에게는 나무 칼이 주어졌다. 그녀가 원고인 까닭에 증거의 부담을 안고 있었기 때문이다. 아웅애조웅은 언니를 보며 기원했다.

"만일 내가 진정으로 아웅애조웅이라면, 나의 언니의 검이 나에게 아무런 해를 끼치지 않기를 원하노라."

결투가 시작되었지만 아웅애조웅은 나무 칼을 사용하지 않았다. 언니가 그녀를 찌르고 토막 내려고 철검으로 온갖 공격을 해 와도 그 자리에 못 박힌 듯 가만히 서 있었다. 그런데 어찌된 일인지 철검은 그녀의 몸에 닿을 때마다 우단처럼 부드럽게 변하는 것이었다. 그래서 아무리 칼을 맞아도 아웅애조웅의 몸에는 상처 하나 생기지 않았다. 신기한 일은 거기서 그치지 않았다. 아웅애조웅의 손에 들렸던 나무 칼이 저절로 미끄러져 빠져나가더니 어느새 언니의 머리를 싹둑 자르는 것이 아닌가!

이로써 모든 사실이 명백하게 밝혀졌다. 결투가 끝나고 아웅애조웅은 왕에게 어머니라도 용서해 달라고 간청했다. 하지만 왕은 의붓어머니도 역시 당연히 처벌을 받아야 한다고 생각했다. 왕은 언니의 시체를 조각 내어 항아리에 넣어 절이라고 명령했다. 그런 다음 왕비가 손수 절인 생선 젓갈이라고 하며 항아리를 의붓어머니에게 보냈다.

늙은 의붓어머니는 왕실이 하사한 특별 선물을 받자 우쭐해져서 남편을 불러 같이 맛을 보자고 했다. 그녀는 젓갈을 그릇에 떠 담으면서도 끊임없이 왕비가 된 딸 이야기를 떠들어 댔다. 결국 참지 못한 남편이 버럭 소리를 질렀다.

"여보! 쓸데없는 말 좀 그만하고 먹기나 해!"

그런데 숟가락으로 항아리를 휘젓던 의붓어머니가 갑자기 기겁해 비명을 질렀다.

"이건 인간의 손가락 같아! 아니, 내 딸 손가락 같아!"

노한 남편은 또다시 소리쳤다.

"쓸데없는 말 그만하고 먹기나 하란 말이야!"

하지만 잠시 후 그녀는 또다시 떠오른 뭔가를 보고 빽 소리 질렀다.

"이건 인간의 발가락 같아! 아니, 내 딸 발가락 같아!"

"쓸데없는 말 그만하고 먹기나 하라니까!"

의붓어머니는 항아리 속에 뭐가 남아 있는지 살펴보려고 머리를 들이밀었다가 항아리 바닥에서 마마 자국이 난 딸의 얼굴을 보고 말았다.

"이건 내 딸 아냐? 이건 정말 내 딸이야!"

그녀는 통곡하며 울부짖었다. 그러자 남편은 일어나서 엉터리 같은 말 좀 그만하라며 마구 두드려 팼다. 계모는 얻어맞으면서도 좀처럼 울음을 그치지 않았다.

비구름 악어

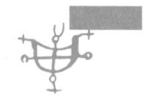

옛날에 늙은 어부 부부가 살았다. 어느 날 두 사람은 고기를 잡다가 그물에서 악어 알을 하나 발견했다. 그들은 집 뒤에 있는 작은 연못에 악어 알을 넣어 두었다.

얼마 후 알이 부화하여 새끼 악어가 탄생했다. 마침 자식이 없던 어부 부부는 새끼 악어를 마치 친자식인 양 정을 담뿍 주며 길렀다. 악어에게 비구름이라는 이름까지 지어 주었다.

몇 달이 지났다. 비구름은 무럭무럭 자라 연못 속에 살기에는 몸집이 너무 커졌다. 어부는 집 가까이에 있는 강 한구석을 울타리로 막고 그곳에 악어를 넣어 두었다. 한두 해가 지나자 비구름이 너무 몸집이 커져 울타리로 가두어 둘 수 없게 되었다.

어부는 악어를 쓰다듬으며 이렇게 말했다.

"오, 아들아! 이제 울타리를 허물 테니 네가 가고 싶은 곳으로 가려무나. 그러나 매일 정오에 내가 큰소리로 부르면 반드시 강둑으로 와 음식을 받아가야 한다. 그리고 언제라도 네가 잘 있다는 걸

내가 확인할 수 있게 해 다오."

그리하여 매일 정오만 되면 어부는 어떤 때는 혼자, 어떤 때는 아내와 함께 강가로 나와 악어를 불렀다.

"비구름아! 비구름아!"

그때마다 악어는 강 저쪽에서부터 헤엄쳐 와 어부에게서 음식을 받아갔다. 이런 일이 여러 달 동안 계속되었다. 그 사이 비구름은 작은 강의 주인이 되었고, 그 강은 '비구름 나리의 개울'이라고 알려지게 되었다._{그 강은 오늘날까지도 같은 이름으로 불리고 있다}

그러는 사이에 비구름은 점차 자만에 빠져 거칠어졌다. 어느 날 늙은 어부와 그의 아내는 음식을 가지고 강둑으로 가서 비구름을 부르는 것을 깜박 잊어버렸다. 자만에 빠진 악어는 부모가 주는 음식을 사랑의 선물이 아니라 신하가 대왕에게 바치는 공물로 보았다. 그래서 어부가 나타나지 않자 몹시 화가 났다. 다음 날 어부는 혼자 가서 악어를 불렀다.

"내 아들, 비구름아!"

그러자 악어는 어부에게 헤엄쳐 와 돌연 그의 다리를 물었다.

"아니! 애야! 어찌된 일이냐?"

"당신은 어제 나에게 공물을 가져오는 것을 게을리했어. 그래서 당신을 지금 잡아먹어 버리려는 거야."

"애야! 내가 너의 아버지였다는 사실을 기억해라!"

늙은 아버지가 간청했지만 거만한 악어는 무례하기 짝이 없는 태도로 대꾸했다.

"그래도 나는 당신을 잡아먹어 버릴 거야."

"애야! 정 그렇다면 나에게 기도할 시간을 좀 다오."

마지못해 악어가 허락하자 어부는 다음과 같이 기도했다.

"신이시여! 저는 죽을 만한 죄를 짓지 않았습니다. 신이시여! 만일 제 말이 사실이라면, 제가 선한 마술사로 다시 태어나 은혜와 감사를 모르는 이 악어를 죽일 수 있도록 해 주소서."

기도가 끝난 어부가 준비가 다 되었다고 말하자, 악어는 어부를 잡아먹었다.

그 후 비구름은 개울을 위아래로 돌아다니면서 닥치는 대로 사람을 잡아먹어 그 수가 수백 명에 이르렀다. 그래서 비구름 악어는 서서히 사람들의 머릿속에 공포의 대상으로 자리하게 되었다.

그러나 세월이 흐르자 그 거만하던 비구름도 성질이 많이 부드러워졌다. 그러면서 어부 부부와 행복했던 어린 시절의 기억을 떠올리게 되었고, 마침내 늙은 어부를 잡아먹은 일에 심한 양심의 가책을 느끼게 되었다.

그리하여 그는 인간들을 찾아가 친구가 되었고, 인간들도 그를 사랑하고 신뢰하게 되었다. 세월이 흐를수록 악어는 더더욱 인간을 사랑하게 되었다. 그래서 심지어 아뇨라는 이름의 암컷 악어가 사랑을 고백해 왔을 때 서슴없이 경멸을 표하여 그녀를 적으로 돌려버리기까지 했다.

이제 비구름은 나이가 백 살이나 되어 인간의 모양을 취할 수 있게 되었다. 그래서 그는 상인이 되어 에야와디 삼각주 위아래를 돌아다니며 장사를 시작했다. 그러던 어느 날 그는 어느 마을에서 아름다운 처녀를 만났고, 그녀와 사랑에 빠져 결혼했다. 그렇게 악어는 행복하기 그지없는 나날을 보냈다.

바로 그때 늙은 어부가 다시 태어났다. 그는 열여섯 살이 되자 선한 마술사가 되었다. 그 당시 에야와디 삼각주는 어디를 가나 막강한 비구름 악어 이야기로 들썩이고 있었다. 사람들은 비구름이 인간으로 변한 줄은 몰랐기 때문에 그가 오랫동안 나타나지 않자 매우 의아해하고 있었다.

어부의 환생인 선한 마술사는 어느 날 마술 지팡이의 능력을 시험하고자 강둑으로 갔다. 그는 마술 지팡이를 가지고 물을 한번 치면서 명령했다.

"비구름 악어야! 즉시 이리로 올지어다!"

그때 비구름은 그곳에서 몇 마일 떨어진 자신의 집에 있었다. 그는 마법사의 명령을 들었고, 복수심에 불타는 어부의 환생이 자신을 죽일 것이라는 사실을 대번에 깨달았다. 그래서 그는 아내에게 자신이 바로 비구름 악어였다는 사실을 고백하고 선한 마술사로 다시 태어난 어부의 손에 이제 죽게 될 것이라고 말했다. 그러고는 마지막으로 아내에게 자신을 따라와서 시신을 수습해 달라고 부탁했다.

얼마 후 선한 마술사가 두 번째로 물을 치면서 명령했다.

"비구름 악어야! 즉시 이리로 올지어다!"

불쌍한 비구름은 가장 사랑하는 사람인 아내에게 눈물을 흘리면서 작별을 고했다. 그러고는 본래의 악어 모습으로 돌아가 급히 강을 내려갔다. 선한 마술사는 마술 지팡이로 세 번째 물을 치며 다시 명령했다.

"비구름 악어야! 즉시 이리로 올지어다!"

그리하여 마침내 비구름은 선한 마술사의 발 아래에 나타나 복종을 표시했다. 마법사는 추호도 망설이지 않고 지팡이로 비구름을 쳐서 일격에 죽여 버렸다. 그러자 물 속에 잠겨 있던 비구름 악어 몸의 절반은 순금으로, 육지에 나와 있던 또다른 절반은 홍보석으로 변했다.

악어를 죽인 순간 선한 마술사는 양심의 가책과 회한에 사로잡혀 어찌할 바를 몰랐다. 그리하여 마침내 금과 보석에는 손끝 하나 대지 않고 어디론가 떠나 버렸다.

 나중에 이곳으로 찾아온 비구름의 아내는 죽은 남편을 안고 슬프게 울었다. 그 후 그녀는 가장 사랑했던 사람이 남긴 유일한 유산인 금과 보석 위에 아름다운 탑을 세웠다.

무지개

　옛날에 시리암이라는 왕비가 살았다. 어느 날 아이를 출산하던 왕비는 진통중에 숨을 거두고 말았다. 사람들은 왕비의 시체를 화장하기 위해 장작더미 위에 올려놓고 불을 붙였다. 그런데 기이하게도 장작에 막 불이 붙으려는 순간 아이가 태어났다. 여자아이였다. 아버지인 왕은 아이에게 뭬늉이라는 이름을 지어 주었다.

　하지만 아이는 성 안으로 들어가지 못했다. 사람들이 묘지에서 태어난 그녀가 불행을 가져올 거라고 믿었기 때문이다. 그래서 왕은 묘지 가까이에 공주가 거처할 집을 지어 주었다. 공주의 집 주위에 한 채 두 채 집이 들어서서 세월이 흐름에 따라 마을이 생겨났다. 그 후 공주의 집은 '달라'라고 불리게 되었다.

　강 하구 건너편에 밍갈라동 왕국이 있었다. 밍갈라동 왕의 아들인 난다 왕자는 달라 공주를 만나 사랑에 빠지게 되었다. 하지만 밍갈라동 왕과 백성들은 달라 공주를 인정하려 들지 않았다. 마찬가지로, 묘지에서 태어난 공주가 왕국에 불행을 가져올 거라는 믿음 때문이었다. 그래서 왕은 사공들에게 아들을 배에 태워 달라에 건네 주어서는 안 된다고 추상같은 엄명을 내렸다. 물론 아들을 불러 강을 건너가서는 안 된다고 단단히 주의를 주는 것도 잊지 않았다.

밍갈라동 성은 비구름 악어가 살았던 개울과 매우 가까웠다. 하루는 왕자가 강 건너편을 슬픈 표정으로 물끄러미 바라보고 있는데 비구름이 우연히 옆으로 헤엄쳐 왔다. 비구름 악어는 왕자에게 다가가서 시중을 들었다. 왕자는 고맙게 생각했으나 여전히 얼굴에 서린 슬픈 기색을 떨쳐 낼 수는 없었다.

"왕자마마! 소인이 마마를 위해서 아무것도 할 수 없습니까?"

"비구름아! 너는 나를 도울 수가 없단다. 누가 나의 아버지 몰래 강을 건네 주어 내가 가장 사랑하는 사람에게 갈 수 있도록 도와 주겠느냐?"

그러자 악어는 자신이 왕자를 입 안에 물어서 강을 건네 주겠다고 제안했다.

"날이 어두워지면 아무도 왕자님을 볼 수 없을 것입니다. 그러니 궁궐에 계시는 전하도 왕자님이 명령을 어기셨다는 사실을 전혀 모르실 것입니다. 더욱이 소인은 무척 빨리 헤엄치기 때문에 왕자님은 잠깐 동안만 소인의 입 안에 계시면 됩니다. 따라서 숨이 막혀 돌아가실 염려는 전혀 없습니다."

비구름은 자세히 설명했다. 왕자는 그의 제안을 기쁘게 받아들였다. 그래서 왕자는 매일 밤 비구름 악어의 도움으로 강을 건너 사랑하는 공주 곁으로 갈 수 있었다. 왕자는 밤이 새도록 공주와 사랑의 밀어를 속삭이다가 다음 날 새벽에 돌아오곤 했다.

어느 날 아뇨라는 이름의 암컷 악어가 비구름을 깊이 사랑하게 되었다. 그러나 비구름은 그녀의 사랑을 경멸하고 수치로 여겼고,

결국 둘은 철천지원수가 되었다. 어느 날 그녀는 비구름이 매우 자랑스럽게 뭔가 귀중한 것을 입 안에 물고 강을 건너가는 모습을 보고 질투를 느꼈다.

아뇨는 나이가 백 살이 다 된 악어였기 때문에 인간이 될 수 있었다. 그녀는 여자의 모습으로 변해서 공주의 시녀가 되었다. 그녀는 매우 교활하고 잔꾀를 잘 부렸기 때문에 이내 공주의 총애를 사서 이윽고 막역한 친구 사이가 되었다.

하루는 그녀가 공주에게 물었다.

"마마! 밤에 왕자마마가 오시면, 마마는 왕자마마의 오른쪽에서 주무십니까, 아니면 왼쪽에서 주무십니까?"

아무것도 모르는 공주는 순진하게 대답했다.

"마마의 왼팔을 내 베개 삼아 마마의 왼쪽에서 잔단다."

"마마! 그것은 왕자마마가 마마를 지극히 사랑하고 계시지 않다는 증거입니다. 만일 왕자마마가 마마를 진정으로 사랑하신다면, 왕자마마는 마마가 왕자마마의 오른팔을 베개 삼아 오른쪽에서 주무시도록 할 것입니다."

아뇨 악어는 교활하게 말했다.

"물론 왕자마마는 내 소원대로 해 주실 거야."

공주는 분개하며 대답했다.

"마마! 그렇다면 오늘밤 시도를 해 보소서. 왕자마마의 오른팔을 마마의 베개 삼아 왕자마마의 오른쪽에서 주무시게 해 달라고 요청해 보소서."

교활한 악어는 만일 여자가 영웅이나 왕자의 오른팔을 베개 삼아 잠을 자게 되면 그 영웅에게 불행이 찾아온다는 것을 알고 있었기 때문에 그런 말을 했던 것이다. 물론 아뇨는 왕자에게 적의를 가진 것은 아니었지만 비구름의 도움으로 왕자가 강을 건너는 동안 무슨 일이 생긴다면 비구름과 밍갈라동 왕 사이에 분란이 일어날 게 틀림없다고 생각했다.

그날 밤 왕자가 평상시대로 공주를 찾아왔다. 공주는 왕자를 보기가 무섭게 왕자의 오른팔을 베개 삼아 오른쪽에서 잘 수 있도록 해 달라고 졸라 댔다.

"사랑하는 공주여! 만일 당신이 나의 오른팔을 베개 삼아 잔다면 나에게 불행이 찾아온다는 사실을 공주는 정녕 모른단 말이오?"

그러나 공주는 왕자가 자신을 사랑하지 않기 때문에 그저 변명만 늘어 놓고 있는 거라고 생각했다.

"마마는 이 몸을 진정으로 사랑하시지 않습니다."

결국 왕자는 자신이 공주를 진정으로 사랑하고 있다는 것을 증명해 보이기 위해 오른팔을 베개 삼아 자는 것을 허락하고 말았다.

새벽이 되자 왕자는 충성스러운 비구름 악어가 기다리고 있는 해변으로 내려갔다. 왕자가 악어의 입 안으로 들어가자 비구름은 고개를 돌려 밍갈라동 왕국으로 돌아갔다.

그런데 어느 순간 비구름 악어의 마음속에 문득 어떤 생각이 떠올랐다. 악어는 입 안에 왕자가 있다는 사실도 까마득히 잊고 그 생각에 몰두하게 되었다. 그리하여 비구름이 몇 시간이나 강을 위아래로 헤엄쳐 다니는 동안 왕자는 그의 입에 갇혀 그만 실신해 버렸다.

왕자가 갑자기 사라지자 밍갈라동 성은 발칵 뒤집혔다. 왕과 그 신하들은 왕자를 찾으러 온 성을 구석구석 뒤졌다. 왕자에게 불행한 일이 일어났다고는 생각하고 싶지 않았던 궁궐 사람들은 어쩌면 왕자가 사랑하는 사람을 만나러 갔을지도 모른다는 한 가닥 희망을 품고 우르르 강가로 몰려갔다.

비구름은 강둑 위에 서 있는 왕을 보고 나서야 비로소 입 안에 왕자가 있다는 사실을 기억했다. 그는 황급히 강변으로 헤엄쳐 와 왕자를 그의 아버지인 왕의 발 아래 내려 놓았다. 하지만 슬프게도 왕자는 이미 숨을 거둔 뒤였다.

비구름은 비탄에 잠겨 어떻게 해서 왕자가 그의 입 속에 있게 되었는지 설명했다. 그런 다음 비구름은 왕에게 다음과 같이 말했다.

"전하! 소인은 왕자마마를 따라 죽을 준비가 되어 있습니다. 그러니 소인을 즉시 처벌해 주소서."

슬픔에 잠긴 왕은 말했다.

"너는 내 아들의 충성스러운 하인이었느니라. 그러니 과인은 너를 용서하노라. 하지만 너의 죽은 주인을 위하여 공주에게 다시 강을 건너가 이 슬픈 소식을 알리도록 하여라."

비구름은 서둘러 헤엄쳐 가서 공주에게 사랑하는 사람이 죽었다는 소식을 전해 주었다. 공주는 바로 자기가 왕자에게 불행을 가져와 결과적으로 죽음에 이르게 했다고 생각했다. 그녀는 비통에 잠겨 울부짖다가 숨이 다하고 말았다.

그날 해 질 무렵 밍갈라동에서는 왕자의 화장용 장작더미에 불이 붙여졌고, 건너편 달라에서는 공주의 화장용 장작더미에 불이 붙여졌다. 강의 양쪽에서 사람들은 장작더미에서 하늘로 피어오르는 연기를 슬픔에 잠긴 채 바라다보았다. 그때 그들은 두 장작더미에서 피어오르는 연기가 강 위에서 만나 무지개가 이루어지는 경이로운 장면을 보았다.

달 속의 할아버지

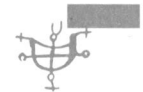

옛날 어느 마을에 할아버지가 살고 있었다. 그는 품을 팔아 남의 타작 일을 도우면서 그날그날 입에 풀칠을 했다. 늙은 토끼 한 마리를 제외하고는 친구도 없었다.

할아버지는 하루종일 일했다. 아침 일찍 일어나 달이 뜰 때까지 종일 타작만 했다. 그러면 늙은 토끼는 그 옆에 쭈그리고 앉아 주인이 던져 주는 쌀겨를 먹었다. 유난히 달빛이 밝은 어느 날 밤이었다. 타작을 하던 할아버지가 혼자 중얼거렸다.

"타작한 후 쌀겨를 체에 쳐서 낟알을 가려내는 일은 완전한 시간 낭비야. 만일 나에게 할망구만 있다면, 낟알 고르는 일도 도와 주고 나와 내 친구 토끼까지 돌봐 줄 텐데."

그때 마침 아래를 내려다보고 있던 달의 여신이 우연히 할아버지의 말을 듣게 되었다. 여신은 그를 매우 가엾게 여겼다.

다음 날 여신은 할머니로 가장하여 할아버지 앞에 나타나 일을 도왔다. 할아버지가 타작을 하는 동안 그녀는 하루 종일 쌀겨를 체로 쳐서 낟알을 가려내는 일을 했다. 그러다 땅거미가 지면 어김없이 하늘로 되돌아갔다.

여신은 날마다 할머니로 변해서 할아버지와 토끼를 친구처럼 대해 주었다. 그러다 땅거미가 지면 어김없이 하늘로 되돌아갔다. 왜냐하면 달이 뜨는 밤에는 가서 달을 돌보아야만 했고, 달이 뜨지 않는 밤에는 할아버지가 어둠 속에서 일을 할 수 없기 때문에 그녀가 도와 줄 필요가 없었기 때문이다.

이렇게 몇 주가 지났다. 마침내 할아버지가 참지 못하고 물었다.

"도대체 당신은 누구십니까? 어째서 땅거미만 지면 그렇게 허둥지둥 가는 겁니까?"

"저는 달의 여신입니다."

"그렇다면 나와 내 친구 토끼를 당신이 살고 있는 달로 데려가 주세요. 그래서 영원히 당신과 함께 그곳에서 살 수 있도록 해 주세요. 이제 우리는 당신 없이는 너무 외로워서 살 수가 없습니다."

그래서 달의 여신은 할아버지와 토끼를 달로 데려가 영원히 달에서 살도록 했다.

오늘날도 보름달이 뜨는 밤 어린아이들이 맑은 눈으로 조심스럽게 달을 바라보면, 달에서 노인이 타작하는 모습과 늙은 토끼가 할아버지가 던져 준 쌀겨를 먹는 장면을 목격할 수 있다고 한다.

월식

옛날에 한 가난한 과부가 병들어 눕게 되었다. 어느 날 때가 되었다고 느낀 그녀는 두 손자를 침대 옆으로 불렀다. 그리고 다음과 같이 말했다.

"애들아! 나는 다른 할머니들처럼 너희들에게 물려줄 금과 은이 없구나. 그렇지만 형에게는 내가 쓰던 절구를, 그리고 동생에게는 내가 쓰던 절구공이를 물려줄까 한다. 둘 다 부엌에 있을 거야."

말을 마친 과부는 이내 숨을 거두었다. 형은 혼자 중얼거렸다.

"절구를 어디다 쓴담? 나는 부엌 하인이 아닌데."

형은 다른 일로 멋지게 성공해 보일 생각에 절구를 놔두고 멀리 떠나 버렸다. 그러나 동생은 이미 고인이 된 할머니의 말을 철석같이 믿었다.

"내가 공이를 가져서 뭔가 좋은 점이 없다면 할머니가 그걸 굳이 남겨 주셨을 리가 없지."

동생은 가는 곳마다 공이를 가지고 다녔다. 그는 장작을 주워다가 마을에 내다 팔아 생계를 유지했다.

그래도 살림은 가난하기만 했다. 어느 날 장작을 줍고 있는데 커다란 뱀이 나타났다. 동생은 겁에 질려 나무 위로 올라가 버렸다. 그러자 뱀이 깜짝 놀라며 말했다.

"나는 너를 해치지 않아! 오직 네 공이를 빌리고 싶을 뿐이야."

"왜 이 공이를 원하는데?"

"내 남편이 방금 죽었단다. 하지만 너의 그 요술 공이를 코에 대면 그는 금방 다시 소생할 수 있을 거야."

"이 공이가 요술 공이라고? 그러면 나는 왜 몰랐지?"

동생이 미심쩍게 묻자 뱀이 대답했다.

"나를 따라와 봐. 그럼 곧 알게 될 거야."

그래서 동생은 뱀을 따라 숲의 다른 방향으로 갔다. 거기에는 죽은 뱀이 누워 있었다. 그가 죽은 뱀의 코에 공이를 대자 뱀은 즉시 숨을 쉬며 살아났다.

"공이의 위력은 냄새에서 나온단다. 네가 누구한테 비밀을 누설하지 않는 한 그 신통력은 사라지지 않아."

동생을 데리고 온 뱀은 그렇게 설명하고 고맙다고 인사를 한 후 어디론가 사라져 버렸다.

마을로 돌아오던 길에 동생은 죽은 개를 발견했다. 그 개는 이미 죽은 지 오래되어 몸에서 썩은 냄새가 진동했다. 하지만 동생이 개의 코에 공이를 대자, 개는 즉시 살아나서 껑충껑충 뛰어올랐다. 동생은 개에게 '악취님'이라는 이름을 붙여 주었고, 개는 충성스러운 하인이자 친구가 되었다.

동생은 이내 죽은 사람까지 살릴 수 있는 위대한 의사로 유명해지게 되었다. 그러나 공이가 신통력을 발휘해서 사람을 살린다고는 그 누구도 상상하지 못했다. 사람들은 그가 단순히 행운의 상징으로 공이를 가지고 다닌다고 여겼다.

세월이 흘러 어느 날 왕의 무남독녀 외동딸이 불의의 사고로 숨지게 되었다. 동생은 왕에게 불려가 공주의 생명을 소생시켰다. 왕은 감사의 표시로 공주를 그와 결혼시켰고, 그는 장차 왕위를 이어받게 되었다. 하지만 후계자가 된 뒤에도 동생은 왕국에 슬픔과 불행이 사라지고 행복만 남을 때까지 죽은 생명을 살리는 일을 계속해 나가기로 마음먹었다.

어느 날 동생은 한 가지 생각을 떠올렸다. 그는 곰곰 생각에 잠겨 혼자 중얼거렸다.

"내 공이는 죽음을 정복할 수 있어. 그러니 틀림없이 나이 먹는 것도 정복할 수 있을 거야."

그래서 그는 시험 삼아 매일 자신의 코에 공이를 대고 공주에게도 똑같이 했다. 공주는 남편의 엉뚱한 행동에 놀라면서도 무슨 이유가 있으려니 하고 그냥 넘어갔다. 몇 주 후 그는 자신과 공주가 전혀 나이를 먹고 있지 않다는 사실을 알아차렸다. 바야흐로 영원한 젊음의 비밀을 발견한 것이다.

그러나 달은 두 사람이 자신처럼 영원히 젊음을 유지한다는 사실에 심한 질투를 느꼈다. 달은 혼자 중얼거렸다.

"심지어 태양까지도 나이를 먹고 있어. 매일 저녁 빨갛게 익으면서 미워지거든."

그래서 달은 호시탐탐 그 놀라운 공이를 빼앗을 기회를 노렸다.

그러던 어느 날, 어쩌다가 공이가 젖어 곰팡이가 피게 되었다. 동생은 쭈그리고 앉아 햇볕에 공이를 말렸다. 그때 이 모습을 본 공주가 말했다.

"여보! 낡은 공이를 햇빛에 말리느라 앉아 있는 모습은 왕위 계승자로서 너무나 보기 흉하고 어울리지 않습니다. 군졸들을 시켜 공이를 지키게 하시지요."

그는 내키지 않았지만 공주가 하도 완강하게 주장하는 바람에 결국 포기할 수밖에 없었다.

"하지만 나는 나의 충성스러운 '악취님'을 제외하고는 그 어느 누구에게도 그것을 지키게 할 수 없어. 그 누구도 절대로 믿을 수 없어."

그리하여 악취님이 쭈그리고 앉아 공이가 마를 때까지 지키고 있었다. 이 사실을 알게 된 달은 마침내 기회가 온 것으로 생각하고 공이를 훔치기 위하여 하늘에서 내려왔다. 때는 마침 대낮이었기 때문에 달빛은 희미해 충성스러운 악취님의 눈에 전혀 보이지 않았다. 하지만 악취님은 침입자의 냄새를 맡고 당황하여 어쩔 줄 몰랐다.

달은 그 틈을 타서 잽싸게 공이를 집어들고 줄행랑을 쳤다. 악취님은 달의 냄새보다도 더 강한 공이 냄새의 인도를 쫓아 계속 달을 추격해 갔다.

그날 이후 악취님은 쉬지 않고 달을 추격하고 있다. 밤에는 달을 보고, 낮에는 공이의 냄새를 따라 달의 뒤를 쫓고 있는 것이다. 악취님은 항상 공이의 냄새를 맡고 있기에 영원한 젊음을 유지하여 죽지 않게 되었다. 가끔 악취님은 달을 붙잡아 입에 물고 삼켜 보려고도 한다. 그러나 달은 악취님의 작은 목구멍에 비하여 너무 크므로 악취님은 달을 삼키려고 애쓰다가 끝에 가서는 결국 달을 도로 토해 낸다. 그리고 나면 다시금 새롭게 쫓고 쫓기는 추격이 시작된다.

이렇게 해서 추격은 오늘날까지 계속되고 있고, 월식이 있는 날이면 미얀마 사람들은 흔히들 이야기를 한다.

"달이 악취님에게 붙잡혔구나."

그리고 월식이 끝나면 이렇게 말한다.

"아이고, 악취님이 달을 토해 냈나 보지?"

세 개의 용 알

　옛날 북쪽 고원에 용 공주가 살았다. 무척이나 아름다웠던 그녀는 우연히 태양 신의 눈에 들었고, 둘은 사랑에 빠졌다. 태양 신은 하늘에서 내려와 얼마 동안 그녀와 함께 살다가 다시 하늘로 올라갔다.
　나중에 용 공주는 세 개의 알을 낳았다. 그녀는 그것들을 정성스럽게 돌보았다. 알이 부화될 때가 다가오자 그녀는 까마귀를 불러 태양 신에게 세 아이가 곧 태어날 것이라고 전해 달라고 부탁했다. 그 당시 까마귀는 눈처럼 새하얀 새였다.
　까마귀는 태양 신에게 날아가서 용 공주의 소식을 전했다. 태양 신은 보물 상자를 열어 왕국 하나를 통째로 살 만한 가치가 있는 귀한 홍보석을 꺼냈다.
　"나의 사랑하는 사람에게 내가 그 아이들을 보러 갈 수 없노라고 전해 다오. 그러나 그녀에게 이 홍보석을 전해 주겠니? 장차 세 아이가 왕국을 다스릴 수 있도록 이 홍보석으로 왕국을 사라고 말해 주렴."

그런 다음 태양 신은 천 조각으로 홍보석을 싸서 까마귀에게 주었다.

그리하여 까마귀는 부리로 보따리를 물고서 미얀마 북쪽 고원을 향하여 날아갔다. 가는 도중 까마귀는 상인들 무리를 보았다. 500명의 상인들이 마침 아침을 먹고 있었고, 수백 마리 새들이 깡충깡충 뛰어다니며 상인들이 던져 준 음식들을 게걸스럽게 먹고 있었다.

배가 무척 고팠던 까마귀는 무리에서 그다지 멀리 떨어지지 않은 곳에 내려앉았다. 그러고는 덤불 아래 홍보석을 숨기고 새들의 무리 속으로 섞여 들어갔다.

그런데 상인 중 한 사람이 까마귀가 뭔가를 숨기는 것을 보고는 몰래 덤불을 뒤졌다. 홍보석을 발견한 그는 보석을 슬쩍 차지하고 대신 까마귀 똥을 넣어 두었다.

배부르게 잔뜩 주워 먹은 까마귀는 홍보석을 도둑맞은 사실은 까맣게 모른 채 보따리를 집어들고 용 공주에게 날아갔다. 공주는 크게 기뻐하면서 보따리를 받아 들었다. 하지만 그 안에는 오로지 까마귀 똥뿐이었고, 그녀의 기쁨은 이내 슬픔으로 변했다. 슬픔에 잠긴 그녀는 마음의 병으로 죽고 말았다.

뒤늦게 슬픈 소식을 듣게 된 태양 신은 홍보석을 잃어버린 벌로 까마귀의 깃털을 그슬려 버렸다. 그날 이후로 까마귀는 새하얀 색에서 새까만 색으로 변했다.

공주가 죽자 돌봐 줄 어미를 잃은 세 개의 알들은 깨지도 못한 채 여러 날 동안 내버려져 있었다. 우기가 시작되어 알들은 에야와디 강으로 휩쓸려 들어가 마침내는 큰 강으로 떠내려갔다.

알들이 물에 떠내려가다 모고욱에 이르렀을 때 그 중 하나가 바위에 부딪쳐 깨졌다. 그러자 안에서 셀 수 없이 많은 홍보석이 쏟아졌다. 이것이 바로 오늘날 모고욱이 홍보석 산지로 유명하게 된 이유이다.

남은 두 개의 알은 미얀마 중부 지방까지 흘러갔다. 그 중 하나가 바위에 부딪쳐 깨지자 그 안에서 호랑이 한 마리가 나왔다. 마지막 알은 미얀마 남부 지방에 도착해 바위에 부딪쳐 깨졌고, 그 안에서는 악어 한 마리가 나왔다.

오늘날에 있는 호랑이와 악어는 용 공주와 태양 신 사이의 아이들이었던 그 호랑이와 악어의 자손들이다.

술고래와 아편쟁이

옛날에 어느 마을에 술고래와 아편쟁이가 살았다. 두 사람은 따돌림을 받는다는 공통점이 있어서 쉽게 친구가 되었다. 그들은 집도 없었기 때문에 마을 이곳 저곳을 돌아다니며 시간을 보내곤 했다. 여기저기 안 다니는 데가 없는 그들도 유독 한 군데만은 피했으니, 그곳은 바로 마을 공동 묘지였다. 사람들은 매일 밤 그곳에 유령들이 나타난다고 믿었다.

그러나 어느 날 저녁이었다. 그날따라 술고래는 평소보다 유난히 술을 많이 마셨다. 그리하여 그는 친구인 아편쟁이가 붙잡고 말리며 겁을 주는 데도 아랑곳없이 공동 묘지에서 밤을 지샐 작정으로 술항아리를 들고 그곳으로 갔다.

술고래는 공동 묘지에 도착하자마자 앉아서 술을 마시기 시작했다. 술에 취하면 취할수록 더 대담해지며 정신이 더욱 또렷해졌다. 전혀 피곤하지도 졸리지도 않았다.

자정이 되자 두세 명의 유령들이 나타났다. 유령들은 그를 보고 인간인지 아닌지 긴가민가했다. 술고래는 그들이 뭐라 말하기 전에 얼른 말을 걸었다.
"오! 친구들, 안녕? 오늘은 늦었네? 아니면 내가 일찍 왔든지."
이윽고 유령들이 줄줄이 나타나 공동 묘지를 꽉 채웠다. 그 중 하나가 주위를 둘러보며 말했다.
"사람 냄새가 나. 엉뚱한 놈이 끼어든 게 분명해."
다른 유령이 제안했다.
"우리를 한번 세어 보는 게 어때?"
그러자 술고래가 즉시 일어서서 소리쳤다.
"하나, 둘, 셋, 넷. 하나, 둘, 셋, 넷. 모두 맞아! 모두 맞아!"
유령들은 그를 믿고 비로소 본격적인 이야기를 시작했다. 한 수다스러운 유령이 말했다.
"어이! 이봐! 너희들은 내가 앉아 있는 곳 아래에 일곱 개의 금항아리가 묻혀 있다는 사실을 알아?"
술고래는 방금 말한 유령이 앉아 있는 곳을 조심스럽게 주시했다. 이야기는 유령들이 모두 떠나는 동틀 새벽까지 계속되었다.
다음 날 술고래는 일곱 개의 금항아리를 파 내어 큰 부자가 되었다. 그는 집을 사서 그의 친구 아편쟁이와 함께 호사스럽게 살았다.
그러나 아편쟁이는 거기에 만족할 수가 없었다. 그는 자신도 일곱 개의 금항아리를 갖고 싶었다. 그래서 그는 친구인 술고래를 설득해서 일곱 개의 금항아리를 어떻게 발견했는지 말하도록 했다.
친구의 이야기를 다 들은 아편쟁이는 공동 묘지에서 밤을 지새기로 마음먹었다. 그런데 막상 묘지에 가서 유령들을 기다리자니 자꾸만 졸음이 몰려왔다. 아편에 잔뜩 취해 있었기 때문에 더욱 견딜 수가 없었다.

그래서 자정이 되어 유령들이 나타날 무렵 그는 이미 절반은 졸고 있는 상태였다. 유령들은 그를 의심스러운 듯 쳐다보았다. 이윽고 유령들이 줄줄이 나타나 묘지에 가득 들어찼다.

문득 유령 하나가 말했다.

"사람 냄새가 나. 엉뚱한 놈이 끼어든 게 분명해."

그러자 또다른 유령 하나가 끼어들어 며칠 전 어떤 사람이 금항아리들을 훔쳐간 사실을 상기시켰다. 이에 세 번째 유령이 일어서서 동료들을 세기 시작했다.

그 동안 아편쟁이는 아무것도 모르고 계속 졸고만 있었다. 줄곧 졸고 있었으니 무슨 대책을 세우려야 세울 틈도 없었다.

무리의 수를 다 센 유령은 하나가 남는다고 보고했다. 처음부터 아편쟁이가 의심스러웠던 유령들은 그를 붙잡고 머리끝부터 발끝까지 샅샅이 훑어보았다.

그리하여 마침내 그가 인간이라는 사실을 확실히 알아차리자, 유령들은 그의 코를 잡아당겨 길게 늘여 놓았다. 그런 다음 아무 이야기도 하지 않고 묘지를 떠나 버렸다.

다음 날 아침 술고래는 친구를 찾으러 묘지로 갔다. 거기서 공포에 질려 반쯤 죽다시피 한 아편쟁이를 발견하고, 그를 부축해서 간신히 집으로 데려왔다.

두 친구가 마을을 통과하여 집으로 돌아오는 동안 마을 사람들은 아편쟁이의 길어진 코를 보고 폭소를 터뜨렸다. 술고래는 친구를 위로했다.

"이봐! 너무 염려하지 마! 너의 길어진 코를 치료할 방법을 찾으러 오늘 밤에 다시 한번 묘지에 가 볼 테니."

밤이 되자 술고래는 술을 많이 마셔 떨리는 가슴을 진정시킨 다음 공동 묘지로 떠났다. 그는 유령이 나타날 때까지 기다렸다가 두세 명의 유령들이 도착하자 기분 좋게 말을 건넸다.

"이봐! 친구들! 나는 인간을 구경하려고 이렇게 일찍 나왔어. 그런데 어젯밤에는 좋다가 말았지. 그 인간에게 너무 많이들 몰려드는 바람에 나한테는 코를 늘일 기회가 없었거든."

그 말에 유령들은 크게 웃으며 그에 대한 의심을 풀었다. 유령들이 모두 모이자 한 유령이 이번에도 인간 냄새가 나니 동료들을 모두 조심스럽게 세어 보아야 한다고 말했다. 그러자 술고래가 지난번처럼 벌떡 일어나 소리쳤다.

"하나, 둘, 셋, 넷. 하나, 둘, 셋, 넷. 모두 맞아! 모두 맞아!"

유령들은 그를 믿고 이것저것 떠들어 대기 시작했다. 도중에 이야기가 잠깐 그치자 술고래는 말했다.

"어젯밤 그 친구의 코 때문에 무척 재미있었잖아. 그런데 말이야, 그 코가 다시 본래대로 돌아갈 수 있나? 거참, 궁금하더라고."

영리해 보이는 유령 하나가 대답해 주었다.

"암! 돌아갈 수 있고말고! 치료법이 있지. 만일 그 친구가 공이를 코끝에 대면 코가 줄어들 거야. 그런 동작을 계속해서 반복하면 얼마 안 가 코는 본래 길이로 돌아갈 거고 말이야."

술고래는 속으로 쾌재를 불렀지만 짐짓 태연한 척하며 냉큼 화제를 바꾸었다. 새벽이 되자 유령들은 모두 공동 묘지를 떠났다. 술고래는 친구인 아편쟁이에게 돌아가서 기쁜 소식을 전했다. 아편쟁이는 공이를 사용해 코를 짧게 했다. 이번에는 너무 짧아질까 봐 극히 조심스럽게 신중을 기했고, 덕분에 아편쟁이의 코는 다시 본래대로 돌아왔다.

아편쟁이와 네 괴물

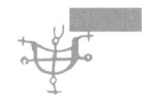

옛날에 어느 마을에 네 마리의 괴물이 나타났다. 괴물들은 마을의 휴식처에 나타나 잠자고 있던 나그네들을 몽땅 잡아먹어 버렸다. 그날 이후로 아무도 그곳에 들어갈 용기를 내지 못했다. 그리하여 그 집은 오랫동안 아무도 살지 않는 흉가로 남았다.

그 마을에 아편쟁이가 살고 있었다. 그는 너무 게을러서 일정한 직업이 없었고, 게다가 행동할 때나 말할 때나 늘 기력이 하나도 없었다. 사실 언제나 반쯤은 졸고 있었다. 그래서 사람들은 그를 소심한 겁쟁이로 여겼다.

어느 날 저녁, 아편쟁이에겐 아편이 다 떨어졌다. 아편을 살 돈이 없자 그는 자신이 마을에서 가장 용감한 사람이라고 떠벌리면서 마을 안을 돌아다녔다. 그러자 마을의 혈기 왕성한 젊은이들이 벌컥 화를 내면서 윽박질렀다.

"그러면 어디 한번 그 유령이 나오는 휴식처에서 하룻밤을 지내 봐."

"그래? 내가 못할 것 같아? 내 아편 곰방대를 가득 채워 주고 저녁만 한 상 푸짐하게 차려 봐. 얼마든지 해 보일 테니."

그의 곰방대는 지체 없이 채워졌다. 게다가 바닷가재 튀김, 삶은 달걀, 대나무 빵과자, 전병이 들어 있는 저녁밥 꾸러미까지 주어졌다. 젊은이들은 아편쟁이를 둘러싸고 휴식처로 데려가 그곳에 홀로 남겨두고 돌아갔다.

자정이 되자 네 괴물이 휴식처에 나타났다. 괴물들이 시끄럽게 발소리를 내며 들어왔지만 아편쟁이는 아편 곰방대를 빠는 데 정신이 팔려서 아무것도 듣지 못했다. 괴물들은 난데없이 나타난 사람을 보고 깜짝 놀랐다. 게다가 그가 무서운 기색도 없이 태연자약하자 더더욱 놀랐다.

괴물들은 아편쟁이 주위에 둘러앉아 커다란 눈을 부라리며 위협했다. 하지만 아편쟁이는 아편에 취하여 눈을 감고 있었기 때문에 무슨 일이 일어나는지 전혀 몰랐다. 괴물들은 자신들을 전혀 개의치 않는 이 인간에게 조금 주눅이 들었다. 게다가 자세히 보니 그는 불을 먹고 있는 것처럼 보였다. 괴물들은 그를 잡아먹어야 할지 아니면 빨리 도망쳐야 할지 갈피를 잡지 못하고 그저 멍하니 바라보기만 했다.

그렇게 얼마간 시간이 흘렀다. 시장기를 느낀 아편쟁이는 눈을 뜨고 가져온 음식 꾸러미를 풀려고 했다. 아편쟁이는 손으로 음식을 더듬으며 혼자 중얼거렸다.

"먹을 게 뭐가 왔노?"

제일 먼저 바닷가재가 만져졌다. 아편쟁이는 혼잣말을 했다.

"구레나룻 님! 구레나룻 님! 당신이 여기 있다니 매우 기쁘군요."

마침 턱이 털로 덮여 있었기 때문에 '구레나룻 님'으로 불렸던 첫번째 괴물은 몹시 두려운 생각이 들었다. 그런 다음 아편쟁이는 삶은 달걀을 만져 보고 또 혼잣말을 했다.

"대머리 님! 대머리 님! 당신이 여기 있다니 매우 기쁘군요."

역시나 마찬가지로 머리나 턱에 털이라고는 전혀 없어서 이름이 '대머리 님'이었던 두 번째 괴물은 덜컥 겁을 먹었다. 다음에 아편쟁이는 대나무 빵과자를 더듬으며 말했다.

"홀쭉이 님! 홀쭉이 님! 당신이 여기 있다니 매우 기쁘군요."

몸뚱이가 얇고 길어서 마침 이름이 '홀쭉이 님'이었던 세 번째 괴물은 가슴이 철렁 내려앉았다. 마지막으로 아편쟁이는 전병에 손을 대고 중얼거렸다.

"둥글이 님! 둥글이 님! 당신이 여기 있다니 매우 기쁘군요."

몸뚱이가 짧고 뚱뚱하고 동그래서 마침 이름이 '둥글이 님'이었던 네 번째 괴물은 자기도 모르게 움찔했다. 그러고 나서 아편쟁이가 혼자 중얼거렸다.

"맨 먼저 구레나룻 님을 먹고, 그 다음에 대머리 님, 그 다음에 홀쭉이 님, 그리고 맨 마지막으로 둥글이 님을 먹어야 되겠구먼."

그러자 네 괴물은 아편쟁이 앞에 무릎을 꿇고 살려만 달라며 싹싹 빌었다. 그제야 겨우 눈을 크게 뜬 아편쟁이는 앞에 무릎꿇은 괴물들을 보았다. 하지만 아편쟁이는 괴물들이 음식을 달라고 애원하는 것으로 착각하고 대뜸 소리부터 질렀다.

"안 돼! 안 돼! 나는 너무 배가 고파 먹어야만 한단 말이야!"

"형님! 제발 우리를 그냥 보내 주세요. 그러면 휴식처 계단 밑에 묻혀 있는 금 항아리 일곱 개를 드릴게요."

아편쟁이는 그제야 겨우 괴물들이 살려 달라고 애원하고 있는 것을 깨달았다.
 "좋아! 금 항아리를 이리 가져와!"
 괴물 넷이 항아리를 파서 아편쟁이에게 주자, 그는 짐짓 인심을 쓰는 척 이제 가도 좋다고 말했다. 괴물들은 그의 말이 떨어지기가 무섭게 그곳을 빠져나가 다시는 돌아오지 않았다. 그 후로 아편쟁이는 엄청난 부자가 되어 평생 호의호식하며 잘살았다.

네 청년

 옛날 한 마을에 네 청년이 살고 있었다. 얼토당토않은 이상한 이야기를 꾸며 내는 것이 그들의 장기였다. 어느 날 그들은 마을 밖 휴식처에서 쉬고 있는 나그네를 발견했다. 나그네는 매우 값비싸 보이는 옷을 입고 있었다. 청년들은 그를 속여 옷을 빼앗으려고 음모를 꾸몄다.
 이윽고 그들은 나그네에게 다가가 말을 걸었다. 한참 이런저런 이야기를 나눈 끝에 네 청년 중 하나가 이렇게 제안했다.
 "우리 내기를 하자. 한 사람씩 자신에게 일어났던 가장 놀라운 사건을 말하는 거야. 그리고 우리 중 누구라도 그 이야기가 거짓일 거라고 의심을 품으면, 의문을 제기한 사람이 이야기한 사람의 노예가 되는 거야."
 나그네는 흔쾌히 그 제안에 동의했다. 청년들은 나그네가 나이만 많이 먹은 어리석은 사람이라고 생각하면서 회심의 미소를 지었다. 그들은 나그네가 자신들보다 말재주가 뛰어날 리가 없다고 자신만만했다. 설사 나그네가 희한한 이야기를 한대도 그저 틀림없다고만 하면 그뿐이었다. 그러면 남은 일은 기상천외한 이야기를 꾸며 내 나그네가 내기도 잊고 의문을 제기하도록 만드는 것이었다. 물론 그들은 나그네의 옷이 탐날 뿐, 진정으로 그를 노예로 만들 생각은 없었다. 그 당시에는 주인은 노예의 몸뿐만이 아니라 그의 재산까지도 소유할 수 있었기 때문이다.

어찌되었든 청년들은 마을로 돌아가 재판관 역할을 담당할 두목을 데려왔다. 이윽고 첫째 청년이 기이한 사건을 이야기하기 시작했다.

"내가 어머니 자궁 안에 있을 때, 어머니는 아버지에게 우리 집 앞에 있는 나무에서 플럼을 좀 따 달라고 부탁했지. 하지만 아버지는 나무가 너무 높아서 올라갈 수 없노라고 대답했어. 그러자 어머니는 이번에는 형들에게 열매를 따 달라고 말했지만 역시 대답은 같았어. 나는 어머니가 딱하게도 잡숫고 싶은 플럼도 못 잡숫고 실망하는 걸 도저히 참고 볼 수가 없었어. 그래서 미끄러지듯 밖으로 빠져나와 나무 위에 올라갔지. 나무 위에 올라간 나는 플럼을 얼마 따서 옷자락으로 쌌어. 그러고는 옷으로 싼 플럼을 부엌에 놓아 두고, 다시 어머니 자궁 안으로 들어갔지. 이렇게 해서 어머니는 맛있게 플럼을 먹을 수 있었던 거야. 어떻게 해서 그곳에 플럼이 있게 되었는지는 꿈에도 모른 채 말이야. 어머니가 다 먹은 다음에도 플럼이 많이 남았기 때문에, 어머니는 집안 사람들과 모든 이웃 사람들에게 플럼을 나눠 주었지. 그래도 아직 플럼이 많이 남아 있어서, 어머니는 문 앞에 플럼을 쌓아 놓을 수밖에 없었어. 너희도 알지? 그래서 지금도 높이 쌓아 놓은 플럼더미 때문에 길에서 문이 보이지 않잖아."

이야기를 마친 첫째 청년은 나그네가 응당 의문을 제기하리라 기대하면서 그를 쳐다보았다. 하지만 나그네는 그저 말없이 고개를 끄덕일 뿐이었다. 나머지 세 청년도 역시 말없이 고개를 끄덕였다.

둘째 청년의 순서가 되었다.

"내가 태어난 지 일주일 되었을 때 일이야. 나는 숲을 거닐다가 잘 익은 열매가 탐스럽게 열린 커다란 타마린드 나무 한 그루를 보았어. 그때 마침 배가 고팠던지라 재빨리 나무 위로 올라갔지. 그런데 배불리 먹고 나자 몸이 나른하고 졸음이 와 나무에서 내려올 수가 없었어. 그래서 마을로 되돌아가 사다리를 가져와 나무에 기대 놓았지. 그런 다음 그 사다리를 타고 나무에서 내려왔어. 내가 마을에서 사다리를 발견한 건 정말 행운이었어. 그렇지 않았으면 나는 아직도 타마린드 나무 위에 그대로 있었을 거야."

이야기를 마친 둘째 청년은 기대에 찬 얼굴로 나그네를 쳐다보았다. 그러나 그는 이야기를 믿는다는 표시로 조용히 머리를 끄덕였다. 나머지 세 청년도 마찬가지로 머리를 끄덕였다.

셋째 청년이 있을 수 없는 일을 이야기하기 시작했다.

"내가 한 살이었을 때 나는 내가 토끼라고 생각했어. 그래서 토끼를 쫓아 수풀 속에 들어갔다가 그곳에서 호랑이 한 마리를 만나게 되었지. 호랑이는 입을 쩍 벌리고서는 금방이라도 나를 집어삼킬 듯이 으르렁거리고 있었지. 그때 나는 내가 쫓는 것은 토끼이지 호랑이가 아니기 때문에, 호랑이의 그러한 행동은 심히 부당한 처사라고 항변을 했던 거야. 그러나 호랑이는 나의 항변에는 일언반구 대꾸도 하지 않은 채 입을 크게 벌리고서 점점 가까이 다가오는 거였어. 그래서 나는 왼팔로 호랑이의 턱을 붙잡고서 홱 잡아당겼지. 그런데 이게 웬일이야! 황당하게도 그 거대한 동물이 두 조각으로 부러져 죽었던 거야."

　이야기를 마친 셋째 청년은 이번만큼은 나그네가 의문을 제기할 거라고 기대하면서 그를 향해 고개를 돌렸다. 하지만 이번에도 나그네는 그저 머리를 끄덕거리고만 있었다. 나머지 세 청년도 역시 마찬가지였다.

　넷째 청년의 순서가 되었다.

　"작년에 나는 배를 타고 낚시를 하러 갔어. 그런데 어찌된 일인지 아무리 기다려도 단 한 마리도 잡을 수가 없었어. 그래서 다른 낚시꾼들에게 물어보니 그들도 역시 한 마리도 못 잡았다는 거야. 그래서 나는 강바닥에서 무슨 일이 일어났는지 조사해 볼 작정으로 강물에 뛰어들었지. 사흘 정도 헤엄친 끝에 강바닥에 닿았어. 거기에서 나는 산만큼 거대한 물고기가 다른 모든 물고기들을 잡아먹고 있는 장면을 목격했던 거야. 냅다 주먹을 휘둘러 그 물고기를 죽여 버렸지. 때마침 아주 시장했던 터라 즉석에서 그 물고기를 구워 먹기로 마음먹었어. 그래서 나는 불을 피워서 그 물고기를 구운 다음 한입에 먹어치워 버렸지. 그런 다음 나는 느긋하게 강바닥 유람을 즐기고 강물 위로 떠올라 배로 돌아온 거야."

　이야기를 마친 넷째 청년은 나그네가 반드시 의문을 제기할 거라는 확신에 차서 돌아보았다. 하지만 이번에도 그는 이야기를 믿는다는 표시로 그저 고개를 끄덕거렸다. 나머지 세 청년도 마찬가지로 역시 머리를 끄덕이고 있었다.

　드디어 나그네의 차례가 되었다.

　"몇 년 전 나는 목화 농장을 하나 가지고 있었지. 그런데 어느 목화 나무 한 그루는 여느 목화 나무와는 달리 아주 크고 밝은 붉은색을 띠고 있었어. 그 나무에는 오랫동안 아무런 잎과 가지가 없었어.

그러다가 나중에야 네 개의 가지가 돋아났지. 그런데 그 가지에는 잎은 없었지만 열매가 하나씩이 달려 있었어. 그래서 네 개의 열매를 따서 잘라 보니 놀랍게도 그 안에 각각 청년들이 한 명씩 들어 있더라고. 그 청년들은 내가 소유하는 목화 나무에서 나왔기 때문에 당연히 법적으로 나의 노예가 되었고, 나는 그들을 내 농장에서 일을 시켰던 거야. 그러나 그 친구들은 게으름을 피우다가 몇 주 후 도망쳐 버렸지. 그 후로 나는 그들을 찾으려고 전국 방방곡곡을 누볐고, 그러다가 지금에 와서야 비로소 그들을 발견하게 되었던 거야. 너희들은 잘 알 거야, 너희들이 바로 내가 오래전에 잃어버렸던 그 노예라는 사실을. 지금 당장 나와 함께 내 농장으로 돌아가자."

나그네의 이야기를 다 들은 네 청년은 이러지도 저러지도 못한 채 머리를 늘어뜨리고 있었다. 만일 네 청년이 나그네의 이야기를 믿는다고 말하면, 자신들이 나그네가 오래전에 잃어버린 노예라고 인정하는 것이나 매한가지였다. 반대로 그 이야기에 이의를 제기해도, 그들은 내기에 따라서 나그네의 노예가 되어야만 하는 상황이었다.

재판관은 청년들에게 나그네의 이야기를 믿는지 안 믿는지 분명히 밝히라고 세 번 독촉했다. 하지만 그들은 눈을 내리깐 채 아무 말 없이 서 있기만 했다. 결국 참다 못한 재판관은 나그네가 내기에서 이겼다고 선언해 버렸다. 도량이 넓은 나그네는 다음과 같이 말했다.

"이제 너희들은 내 노예가 되었으니 너희들이 입고 있는 옷도 당연히 내 것이야. 그러니까 얼른 옷을 벗어서 나한테 줘. 그러면 내 너희들을 불쌍히 여겨 자유의 몸으로 풀어 주지."

그래서 청년들은 그에게 옷을 벗어서 넘겨 주었다. 그러자 나그네는 전리품인 네 청년의 옷을 하나로 묶어서 어깨에 멨다. 그리고는 휘파람을 불며 유유히 그곳을 떠났다.

네 귀머거리

옛날 어느 사원에 어린 귀머거리 사미승이 살고 있었다. 하루는 주지 스님이 그에게 다음과 같이 말했다.

"마을로 내려가 담배 공양을 받아 오너라."

그러나 귀머거리 사미승은 스님이 양념을 받아 오라고 말한 걸로 잘못 알아들었다. 어린 사미승은 마을로 내려가 어느 집에 다다랐다. 집 안에서는 귀머거리 소녀가 갈대로 베를 짜고 있었다. 사미승은 소녀를 보고 말했다.

"애야! 우리 사원에 양념을 좀 공양하지 않을래?"

"뭐라고? 내가 엮는 갈대는 눈금이 삼백이십이나 나가."

"그렇다고 나에게 욕할 필요까지는 없잖아? 그렇게 바쁘면 나 혼자서도 양념을 가져갈 수 있으니까 말이야."

사미승은 곧장 부엌 안으로 들어가 단지에서 양념을 조금 덜어 가지고 사원으로 돌아갔다.

어린 소녀는 빨래를 하는 어머니에게 뛰어가서 일렀다.

"엄마! 엄마! 빨리 가서 주지 스님께 저 버릇없는 사미승 얘길 좀 하세요. 글쎄 뜬금없이 들어와서는 제가 짜는 갈대에 관해 이러쿵저러쿵하지 뭐겠어요? 그러고는 갑자기 부엌으로 뛰어 들어가서는 양념을 가지고 도망쳐 버렸어요."

역시 귀머거리인 어머니가 대답했다.

"어머, 그런 말도 안 되는 소리를 하다니! 너는 결혼을 생각하기에는 너무 어리단 말이야. 네가 결혼하기에 충분한 나이가 되면 그때 엄마가 네 신랑감에 대해서 생각해 볼게."

어린 소녀는 잠자코 베틀로 돌아갔고, 어머니는 하던 빨래를 계속했다. 그런데 어머니는 잠시 후 아무래도 이건 예삿일이 아니라는 생각이 들었다. 그래서 바구니를 만들고 있는 남편에게 뛰어가서 일렀다.

"여보! 여보! 우리 딸이 이상한 망상에 사로잡혀 있어요. 아 글쎄, 아직 머리에 피도 안 마른 어린아이가 결혼을 하고 싶다고 하지 뭐예요. 당신이 그 아이 좀 따끔히 나무라 주세요."

역시 마찬가지로 귀머거리인 남편은 얼굴에 관대한 미소를 띠면서 대답했다.

"여보! 그건 당신이 잘못 생각하는 거야. 체는 물론 다 동그란 모양을 하고 있어. 네모난 건 쌀을 담는 바구니뿐이지."

꼬부라짐 씨와 뒤틀림 씨

어느 날 꼬부라짐 씨가 뒤틀림 씨에게 말했다.
"우리 속임수로 우리 돈을 벌지 않을래?"
그리하여 그들은 마을로 들어가 수소를 훔친 후 그것을 아무도 모르는 곳에 숨겨 두었다. 얼마 후 수소 주인이 잃어버린 수소를 찾기 위하여 온 마을을 헤매고 다녔다. 그러자 꼬부라짐 씨는 그에게 다가가 다음과 같이 말했다.
"주인님! 소문 들으셨어요? 뒤틀림 씨라고, 아주 유명한 점쟁이가 우리 마을에 왔대요. 그 사람이 지금 마을 휴식처에 머무르고 있답니다. 그에게 가서 한번 물어보시는 게 어때요?"
그래서 수소 주인은 뒤틀림 씨에게 가서 점을 보았다. 뒤틀림 씨는 점술 책을 들여다보는 척하다가 이렇게 말했다.
"이 휴식처에서 정동 방향으로 똑바로 가면, 한 그루의 커다란 망고 나무가 나타날 것이오. 그러면 거기에서 오른쪽으로 돌아 커다란 타마린드 나무 한 그루가 나타날 때까지 계속 가시오. 그리고 거기에서 정북 방향으로 똑바로 가면 한 그루의 커다란 벵갈 보리수를 발견하게 될 것이오. 만일 당신이 그곳에서 당신의 수소를 발견하게 된다면, 당신은 나에게 복채로 은 열 냥을 줘야만 하오. 만일 수소를 발견하지 못한다면, 나를 돌팔이 점쟁이로 생각하고 한 푼도 주지 않아도 괜찮소."

수소 주인은 점쟁이가 지시한 장소로 갔다. 물론 수소는 그곳에 있었다. 그래서 주인은 약속대로 뒤틀림 씨에게 은 열 냥을 주었다. 꼬부라짐 씨와 뒤틀림 씨는 쾌재를 부르며 뛸 듯이 기뻐했다. 두 사람이 막 떠나려고 준비하고 있는데 촌장이 찾아왔다.

"나는 당신과 같은 위대한 점술가에게 점을 보고 싶어서 왔소. 잃어버린 수소를 찾아 낸 당신의 점괘가 온 마을의 화제가 되었다오. 사실 나는 어젯밤 애지중지하는 황금 상자를 그만 어떤 도둑에게 도둑맞아 버렸소. 그러니 그것을 좀 찾아 줄 수 있겠소?"

"지금은 시기가 좋지 않아서 별점을 칠 수가 없어요. 아침에 오십시오. 그러면 제가 황금 상자 있는 곳을 알려 드리지요."

촌장이 떠나기가 무섭게 뒤틀림 씨는 그곳을 뜨자고 친구를 재촉했다. 그러나 꼬부라짐 씨는 섣불리 달아나다가 사람들의 눈에 띄기라도 하면 큰일이라며 어두워질 때까지 기다리자고 제안했다. 하지만 막상 밤이 되어 뒤틀림 씨가 떠나자고 하자 이번에는 꼬부라짐 씨가 달이 뜨기를 기다리자고 대답했다.

그런데 하필이면 그때 일이 벌어졌다. 황금 상자를 훔친 도둑은 사실 '운수'라는 이름을 가진 사람이었는데, 그는 어둠을 타고 살금살금 휴식처로 숨어 들어와 점쟁이가 별 점을 쳐서 진실을 밝혀 냈는지 어쨌는지 알아내기 위하여 마루 밑에서 엿듣고 있었다.

뒤틀림 씨가 꼬부라짐 씨에게 말했다.

"어째서 꾸물거리고 있는 거지? 당장 도망쳐야 하잖아. 도둑놈은 도망을 치는 거야."

"나보고 뭐라고 하지 마 운수가 나쁜 거라고! 운수가 나빠!"

그러자 마루 밑에서 둘의 이야기를 듣고 있던 도둑은 '도둑놈' 과 '운수가 나쁘다' 라는 말만 듣고 그들이 자신에 관하여 이야기하고 있다고 생각했다. 무서워진 그는 벌벌 떨며 마루 밑에서 소리를 질렀다.

"점술가 선생님! 황금 상자를 훔친 불운한 '운수' 가 바로 접니다. 그 황금 상자는 공동 묘지 휴식처의 계단 밑에 묻어 두었어요. 제발 저를 촌장님께 넘기지 말아 주세요. 부탁드립니다."

"좋아요! 운수 씨! 당신은 이제 가도 좋소."

뒤틀림 씨가 대답했다. 운수 씨는 고마워하며 이내 종적을 감췄다. 다음 날 아침 촌장이 오자 뒤틀림 씨는 황금 상자가 있는 곳을 알려 주었다. 황금 상자를 찾아낸 촌장은 복채로 은 백 냥을 주었다. 게다가 그는 둘을 집으로 초대하여 아침 식사를 대접하기까지 했다.

아침 식사를 마친 꼬부라짐 씨와 뒤틀림 씨가 막 촌장에게 막 작별 인사를 하고 있는데, 이번에는 왕의 사신이 촌장을 찾아왔다.

알고 보니 왕에게는 다급한 사연이 있었다. 보석을 가득 실은 일곱 척의 보물선이 그날 아침 왕도에 도착했는데, 그 선단의 주인이 왕에게 내기를 걸어 왔던 것이다. 그는 작은 강철 상자 하나를 왕에게 보여 주며 말했다.

"만일 오늘부터 이레째 되는 날 전하의 왕국에 있는 점술가가 이 작은 강철 상자 안에 무엇이 들었는지 알아맞힌다면, 소인은 전하께 이 모든 보석과 배 일곱 척을 다 드리겠습니다. 하지만 전하의 점술가 중 어느 누구도 그걸 맞추지 못한다면, 전하의 왕국을 소인에게 넘겨 주셔야 합니다."

왕은 그 정도는 궁전 점술가도 쉽게 풀 수 있을 거라고 생각하고 내기를 받아들였다. 하지만 뜻밖에도 궁전 점술가는 그 상자 안에 무엇이 있는지 알아낼 능력이 없다고 난색을 표했다. 난감해진 왕은 유능한 점술가를 찾기 위하여 전국에 사신들을 보낸 것이다.

사신의 이야기를 다 들은 촌장은 기쁘게 소리쳤다.

"뒤틀림 씨를 왕에게 데려가십시오. 그가 분명 그 상자 안에 무엇이 들어 있는지 밝힐 수 있을 겁니다."

그리하여 꼬부라짐 씨와 뒤틀림 씨는 사신을 따라서 왕에게 가게 되었다. 뒤틀림 씨는 상자 안에 무엇이 들었는지 밝혀 내겠다고 큰소리를 쳐서 왕을 안심시켰다. 왕은 몹시 기뻐하며 뒤틀림 씨에게 많은 하인과 맛있는 음식, 그리고 훌륭한 집을 선물로 주었다. 두 사기꾼은 아무 생각 없이 맛있는 음식을 먹으며 실컷 즐겼다.

드디어 내일이면 약속한 그날이었다. 밤이 되자 꼬부라짐 씨는 뒤틀림 씨에게 말했다.

"우리는 그 사이 마음껏 즐기면서 왕처럼 살았어. 이제는 도망갈 수도 없고, 게다가 내일이면 망신을 톡톡히 당할 거야. 그러니 차라리 우리 바다에 빠져 죽자."

그러자 자살을 탐탁지 않게 여겼던 뒤틀림 씨가 항변했다.

"안 돼. 우리는 헤엄을 칠 수 있잖아."

"어쨌든 일단 바다로 나가자. 나가서 지칠 때까지 계속 헤엄을 치는 거야. 그런 다음 물에 빠져 죽자."

그리하여 두 사람은 비장한 각오로 바다로 나가서 물에 뛰어들었다. 공교롭게도 그들은 일곱 척의 보물선 중 한 척 근처를 지나 헤엄치게 되었다. 그때 배에서 어린아이가 떼쓰며 외치는 소리가 들렸다.

"할아버지! 할아버진 이 배의 요리사지요? 할아버지는 확실히 그 비밀을 알고 있을 거란 말이에요."

"애야! 상관도 없는 일을 왜 그렇게 알려고 하느냐?"

"알고 싶단 말이에요. 알고 싶어요. 할아버지가 말해 줄 때까지는 절대로 자러 가지 않을 거예요."

"이런! 돼먹지 못한 애 같으니라고!"

"제발 말해 주세요. 말해 달란 말이에요."

결국 할아버지는 어린아이의 성화에 포기한 듯 한숨을 내쉬며 말했다.

"애야! 정 그렇다면 잘 들어라. 그 강철 상자 안에는 놋쇠 상자가 들어 있단다. 놋쇠 상자 안에는 은 상자가 들어 있고 말이야. 그리고 은 상자 안에는 황금 상자가 들어 있지. 마지막으로 황금 상자 안에는 1온스의 최고급 향수가 들어 있단다. 이제 됐지? 그럼 이제 가서 그만 자거라."

그들의 이야기를 듣고 있던 꼬부라짐 씨와 뒤틀림 씨는 소리없이 환호 작약 하며 도로 해변으로 헤엄쳐 갔다.

다음 날 아침 뒤틀림 씨는 강철 상자 안에 무엇이 들어 있는지 정확하게 맞혔다. 먼저 내기를 제안했던 상인은 꼼짝없이 보물선 일곱 척을 왕에게 넘겨 줘야만 했다. 뒤틀림 씨는 궁정 점술가로 임명되었고, 또한 왕의 말동무로서 궁궐에서 살게 되었다.

꼬부라짐 씨는 왕이 준 선물을 한아름 안고 뒤틀림 씨를 궁궐에 남겨 둔 채로 집으로 돌아왔다. 하지만 좋은 집에서 며칠을 보내던 그는 무슨 생각에서인지 집에 불을 지르고 일부러 손을 그슬리기까지 했다. 그런 다음 그는 궁궐로 달려가 뒤틀림 씨 앞에 엎드려 말했다.

"주인님! 저를 용서해 주십시오. 주인님의 책들이 모조리 불에 타 버렸답니다. 집에 큰불이 났거든요. 주인님의 귀중한 책들을 구하려고 온갖 노력을 다 기울였지만 소용이 없었습니다."

그 소식을 듣고 있던 뒤틀림 씨는 눈물을 흘리면서 가슴을 치고 머리털을 쥐어뜯었다.

"아! 아! 나의 점술 책들을 다 잃어버렸으니 앞으로 어떻게 점을 칠 수 있단 말인가!"

그는 온 궁궐에 다 들리도록 큰소리로 울부짖었다. 보다 못한 왕은 뒤틀림 씨를 달래기 위해 그를 대신으로 삼겠다고 말했다. 그러고는 고개를 돌려 꼬부라짐 씨의 불에 덴 손을 보고 부드럽게 말했다.

"너 같이 진실하고 충성스러운 하인은 보기 드물다. 주인의 책을 구하기 위하여 생명까지 걸다니. 나에게는 너 같은 신하가 정말 필요하구나."

그리하여 왕은 꼬부라짐 씨를 왕실 군대 사령관으로 임명했다. 대신과 사령관이 된 두 사람은 그 후로 아무 근심 걱정 없이 행복하게 잘살았다.

에나웅 왕자와 풋사바 공주

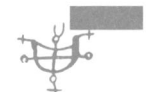

옛날 옛적에 왕이었던 두 형제가 살고 있었다. 두 형제 중 형은 티하푸라의 왕이었고, 동생은 라타나푸라의 왕이었다. 티하푸라의 왕에게는 아주 외모가 수려한 에나웅 왕자라는 아들이 있었다. 그리고 라타나푸라의 왕에게는 풋사바 공주라는 딸이 있었다. 그런데 풋사바 공주는 너무나도 아름다워서 사람들은 그녀가 인간이 아니라 여신 같다고들 했다. 아름다운 공주는 라타나푸라의 자랑이었다.

어느덧 공주가 결혼할 나이가 되었다. 왕과 왕비는 그녀를 사촌인 에나웅 왕자와 결혼시키기로 마음먹었다. 왕자야말로 공주에게 둘도 없는 짝이었다.

혼사를 준비하기에 앞서 풋사바 공주의 부모는 공주의 초상화를 에나웅 왕자 쪽으로 보냈다. 그러나 꿈에서라도 생각지 못했던 일이 일어났다. 공주의 미모를 질투한 짓궂은 사랑의 신이 초상화를 주름살투성이의 늙은 노파의 그림으로 바꿔 버렸던 것이다.

공주의 초상화를 본 왕자는 크게 노했다. 그것을 명백한 모욕으로 받아들인 것이다. 그리하여 그는 초상화에 침을 뱉고 라타나푸라로 다시 가져가라고 사신에게 명령했다. 그리고 이렇게 추한 여자를 결혼 상대자로 추천하다니 매우 불쾌하다고 말했다.

라타나푸라의 왕은 이 소식을 듣고 노발대발했다. 그리고 전에 공주에게 청혼한 적이 있는 인도 왕자에게 사신을 보내 공주에게 구혼해도 좋다는 의사를 전했다. 이 소식을 들은 인도 왕자는 뛸 듯이 기뻐하며 서둘러 라타나푸라 왕국으로 떠났다.

풋사바 공주는 에나웅 왕자가 자신의 초상화에 침을 뱉고 못생긴 노파라고 불렀다는 소식을 듣고 몹시 분개했다. 그녀는 비록 인도 왕자가 그다지 탐탁지 않긴 해도 에나웅 왕자가 준 모욕을 되갚기 위해 꼭 그와 결혼해야겠다고 결심했다. 그래서 인도 왕자가 많은 수행원들과 함께 귀한 선물들을 한아름 싸들고 나타나자 기꺼이 결혼을 허락했다.

라타나푸라에서 성대한 약혼식이 베풀어졌다. 두 왕가의 모든 친인척들이 약혼식에 초대받았다. 그 가운데에는 티하푸라의 왕과 에나웅 왕자도 포함되어 있었다. 에나웅 왕자는 못생긴 사촌 누이가 인도 왕자의 신부가 된다는 사실에 매우 흡족했다. 그런데 공주를 실제로 보고 그녀가 빼어난 미모의 소유자라는 사실을 안 그는 뒤늦게 자신이 크나큰 실수를 저질렀다는 것을 깨달았다. 그녀의 아름다움에 압도당한 왕자는 그만 공주의 발 아래 기절하고 말았다. 이 광경을 지켜보던 공주는 왕자가 고통스러워하는 모습을 보고 내심 회심의 미소를 머금었다. 마침내 의식을 되찾은 왕자는 마음을 진정시키기 위하여 홀로 정원으로 뛰어 들어갔다.

그제야 일이 너무 커졌다는 것을 깨달은 사랑의 신은 이제는 직접 나서야겠다고 생각했다. 사랑의 신은 공주가 좋아하는 친오빠의 모습으로 가장하여 불행한 왕자에게 도움을 주고자 했다. 그리하여 젊은 왕자로 가장한 사랑의 신은 정원에 있는 에나웅 왕자에게 다가가서 걱정스럽게 물었다.

"사촌, 도대체 어떻게 된 건가? 무슨 걱정거리라도 있어? 내가 도울 수 있으면 좋겠구나. 안색이 너무 창백하고 초췌해 보이는 게 심상치가 않은걸."

"응, 그래. 나는 지금 굉장히 괴로워. 만일 사촌이 내게 호의를 베풀어 준다면 그것만이 유일하게 나를 구할 거야."

"그렇다면 내가 해야 할 일을 말해 보렴."

"사촌의 아름다운 여동생 풋사바 공주에게 가서 나의 고통을 덜어 줄 치료법을 좀 가르쳐 달라고 말해 보겠어?"

이 말을 들은 젊은 왕자는 여동생의 처소로 급히 달려가 지금 에나웅 왕자가 이름 모를 병으로 고통받고 있으니 그녀의 손으로 직접 치료약을 줘야 한다고 말했다. 에나웅 왕자가 괴로워하는 진정한 이유를 혼자만 알고 있는 풋사바 공주는 속으로 매우 고소했지만 아직 화가 완전히 풀린 것은 아니었다. 그래서 그런 일로 신경 쓰고 싶지 않다면서 오빠를 돌려보냈다. 젊은 왕자가 다시 한번 여동생에게 간청했으나 아무 소용이 없었다.

결국 왕자는 사촌의 병이 더 악화될까 염려하여 다른 데서 약을 구해 에나웅 왕자에게 가져갔다. 젊은 왕자는 약을 건네면서 거짓말을 했다.

"여기에 내 누이가 손수 건네 준 약이 있어. 사촌이 좀 나아지면 기쁘게 만나 보겠다고 말하더군."

에나웅 왕자는 그 약이 정말 공주가 자신을 위하여 직접 구해 준 약이라고 믿고 기쁨을 감추지 못했다. 에나웅 왕자는 그 약을 먹는 체만 하고 실제로 먹지는 않았다.

그 후로 에나웅 왕자는 사랑하는 사람을 만날 수 있다는 기대감에 허공에 붕 뜬 기분으로 하루하루를 지냈다. 그러나 막상 젊은 왕자와 함께 공주를 만나러 가자 그녀는 기분이 언짢다며 만나기를 거절했다.

공주의 퉁명스런 태도에 더 큰 상처를 받은 에나웅 왕자는 힘없이 정원으로 돌아가 나무 그늘 아래 앉았다. 애써 의연한 척 상처받은 자존심을 숨기려 했지만 쓸쓸한 마음을 감출 수는 없었다. 곁에서 이 모습을 지켜보는 젊은 왕자 또한 마음이 편치 않았다. 에나웅 왕자가 문득 고개를 들어 젊은 왕자에게 말했다.

"내일은 누이의 결혼식 날이구나. 네 누이가 나 아닌 다른 사람, 특히 인도 왕자의 신부가 된다고 생각하니 마음이 쓰리고 아프다. 사촌, 내 부탁 좀 들어 줄래? 공주의 시녀에게 가서 공주의 짐을 꾸리고 내일 정오에 나를 기다리라고 말해 줘. 그러면 나는 내일 정오에 인도 왕자로 변장해서 나타날 테니까."

사촌인 에나웅 왕자가 딱해서 어쩔 줄 몰랐던 젊은 왕자는 기꺼이 그렇게 하겠다고 승낙했다. 그리하여 에나웅 왕자는 신하들을 불러 마차 한 대와 재빠른 말들을 준비해 궁궐 서쪽 문 근처에서 기다리고 있으라고 지시했다. 그들은 인도 왕자로 변장한 에나웅 왕자를 보는 즉시 풋사바 공주를 납치하고 결혼식장에 불을 지를 작정이었다.

다음 날 아침 에나웅 왕자는 인도 왕자의 옷을 입고 풋사바 공주의 처소로 들어갔다. 풋사바 공주는 에나웅 왕자가 변장한 줄은 꿈에도 모른 채, 인도 왕자가 두 팔로 끌어안자 에나웅 왕자가 생각나서 몸부림을 치면서 소리소리 질렀다.

그래도 에나웅 왕자는 그녀를 마차에 싣고 달아나는 데 성공했다. 왕자와 공주를 태운 마차가 궁궐을 빠져나가는 순간 결혼식장에 불길이 치솟으면서 궁궐은 온통 난장판이 되었다. 결혼식 하객들은 놀라 당황하여 어쩔 줄 몰랐고 여기저기서 비명이 올라 하늘을 찔렀다.

에나웅 왕자는 계속 마차를 몰아 한 동굴에 도착했다. 거기서 그는 마차를 멈추고 동굴 안으로 공주를 안고 들어가 한마디 말도 없이 동굴 바닥에 놔둔 채 혼자 말을 타고 다시 궁궐로 돌아왔다. 궁궐에 도착한 그는 변장을 벗고 뒷문으로 들어가 시치미를 뚝 떼고 하객들 가운데 섞였다.

얼마 후 라타나푸라의 왕 부부가 인도 왕자와 함께 그에게 다가와서 물었다.

"너는 결혼식장이 불타고 우리 사랑하는 풋사바가 없어진 사실을 알고 있느냐?"

에나웅 왕자는 무척 당황한 척하면서 천연덕스럽게 그 소식을 들으니 정말 놀랍다고 말했다. 그러나 인도 왕자는 사리 분별이 있어 상황을 어느 정도 눈치 채고 있었다. 하지만 그저 자신과 공주의 사이를 망쳐 놓은 사람을 묵묵히 저주할 뿐이었다. 에나웅 왕자는 인도 왕자의 좌절에 쾌재를 불렀다.

소동이 가라앉자 그는 다시 인도 왕자로 변장한 다음 말을 타고 동굴로 돌아왔다. 그러고는 발소리를 죽이며 입구에 다가가 공주가 어떻게 하고 있는지 몰래 엿들었다. 뜻밖에도 풋사바 공주는 에나웅 왕자의 이름을 애타게 부르고 있었다. 마음속으로 에나웅 왕자를 사랑하고 있던 풋사바는 그가 나타나 자신을 인도 왕자로부터 구해 주기를 간절히 바라고 있었다.

이 모든 것을 들은 에나웅 왕자는 뛸 듯이 기뻐하며 동굴 안으로 뛰어 들어갔다. 아직도 그를 인도 왕자로 오해하고 있는 풋사바 공주는 한 걸음 뒤로 물러났다. 그는 그녀의 손을 잡고서 진정으로 에나웅 왕자를 사랑하느냐고 물었다.

"왜 그런 질문을 하시나요? 저는 언제나 그를 사랑하고 있었어요. 하지만 그가 제 초상화에 침을 뱉고 못생긴 노파라고 불렀을 때는 화가 머리끝까지 치밀어서 견딜 수가 없었지요. 그래서 그에게 앙갚음하려고 당신의 신부가 되겠다고 한 거예요. 그러나 에나웅 왕자가 나중에 실수를 깨닫고 고통스러워하는 모습을 보자, 제 마음도 찢어질 듯 아팠어요. 저는 당신을 도저히 사랑할 수 없어요. 그러니 제발 저를 당신의 손아귀에서 풀어 주세요."

풋사바 공주가 진정으로 자신을 사랑하고 있다는 걸 확인한 에나웅 왕자는 그제야 가짜 콧수염과 턱수염을 떼 버리고 말했다.

"사랑하는 공주! 당신은 나에게 커다란 교훈을 주었소. 나의 상처받은 마음은 이제 완전히 치유되었고, 당신은 나를 이 세상에서 가장 행복한 사람으로 만들었다오. 인도 왕자는 더 이상 생각하지 마시오. 그는 이미 인도로 돌아갔을 것이오."

진정한 사랑을 찾은 공주는 하염없이 기쁨의 눈물을 흘렸다. 그리고 무릎을 꿇고 왕자의 용서를 구했다. 그런 공주를 따뜻하게 안아 주며 에나웅 왕자는 말했다.

"내일 우리는 성스러운 결혼을 통해 영원히 한몸이 될 것이오."

그리하여 두 사람은 궁궐로 돌아왔다. 풋사바 공주의 부모는 에나웅 왕자가 꾸민 연극을 이해하고 선뜻 그를 용서해 주었다.

이윽고 온 국민의 축복 속에 성대한 결혼식이 치러졌다. 라타나푸라의 왕과 왕비는 딸을 사촌인 에나웅 왕자와 결혼시키려고 했던 원래 계획이 성사된 데 대하여 무척이나 만족했고, 누이와 사촌의 행복한 결합을 지켜보는 젊은 왕자의 기쁨 또한 대단했다.

마웅 카카와 마 카카 이야기

옛날에 마웅 카카와 마 카카라는 금슬 좋은 부부가 살고 있었다. 그들은 너무 가난하여 몸을 가릴 옷조차 변변치 못했다. 비록 초라하고 보잘것없는 오두막에서 그날그날 살아가는 처지였지만, 두 사람은 서로에 대한 사랑으로 충분히 행복하게 지냈다.

어느 날 집에 먹을 것이 다 떨어져 아내는 식량을 구하러 밖으로 나섰다. 그녀가 길을 따라 터벅터벅 걷고 있는데 징 소리와 함께 한 남자가 큰소리로 뭔가를 읽는 소리가 들려왔다. 궁궐에서 내려온 포고문이었다.

"공동 묘지에서 곧 책형에 처해질 도둑이 최후의 소원으로 전하가 드시는 음식을 보내 줄 것을 청했노라. 그 청원은 승낙되었으나 도둑에게 음식을 가져갈 사람이 아무도 없다. 공동 묘지로 가는 길에는 무서운 괴물이 있기 때문이다. 해가 지면 그 괴물은 길을 지나가는 사람은 아무나 잡아먹어도 좋다고 허락을 받은 터이다. 그러니 죽어가고 있는 그 도둑에게 음식을 운반할 사람이 나선다면 그게 누구든 천 냥의 상금을 받게 되리라."

　포고문을 들은 아내는 잠시 생각에 잠겼다. 그리고 마침내 가난의 수렁에서 벗어나려면 이 길밖에 없다고 생각하여 도둑에게 음식을 나르는 일에 자원하기로 결심했다. 앞에 나선 그녀를 보고 궁궐에서 나온 관리는 미심쩍다는 듯이 말했다.

　"당신이 정말 할 수 있겠소? 이것은 목숨이 달려 있는 일이오. 신중해야 하오."

　"저는 아무렇지도 않아요. 제 남편이 더 나은 생활을 누릴 수만 있다면 얼마든지 제 자신을 희생할 각오가 되어 있답니다."

　그녀의 헌신적인 사랑에 크게 감동한 관리는 천 냥이 들어 있는 가방을 내주면서 해가 지기 전에 궁궐로 오라고 말했다.

　마 카카는 기쁨과 슬픔이 교차하는 복잡한 심정으로 남편에게 돌아와 천 냥을 건네주었다. 깜짝 놀란 남편은 어리둥절해서 느닷없이 생긴 큰 돈을 쳐다보았다. 이윽고 아내의 여읜 볼에 똑똑 떨어지는 눈물을 본 마웅 카카는 궁금하여 다그쳐 물었다.

　"여보, 이 행운이 도대체 어떻게 된 일인지 나에게 죄다 속 시원히 말해 보구려."

　아내인 마 카카는 왕의 명령을 전하는 관리를 우연히 만난 일과 공동 묘지에서 죽어가고 있는 도둑에게 음식을 나르는 심부름 값으로 돈을 받은 일을 남편에게 소상히 설명했다. 아내의 설명을 들은 남편은 기가 막히고 절망하여 대성통곡을 했다.

　"그 일이 얼마나 위험한 일인지 아시오? 당신에게 그런 위험한 일을 시키느니 차라리 굶어 죽는 편이 낫소. 가서 빨리 돈을 돌려주고 오시오. 우리 전처럼 그렇게 살아갑시다."

　아내는 남편의 손을 잡으며 간곡히 말했다.

"여보, 그것은 불가능해요. 이미 약속을 했는걸요. 저도 당신과 헤어지기 싫어요. 하지만 이제야 당신이 저에게 베풀어 준 사랑에 보답할 기회가 온 거예요. 저는 행복하게 죽을 수 있어요."

이윽고 마 카카가 떠날 시간이 되었다. 그녀는 남편에게 공손히 절을 하고 눈물로 작별 인사를 한 뒤 궁궐을 향해 발걸음을 돌렸다.

마 카카를 본 왕은 연민의 정을 느꼈다. 그래서 그녀에게 어떠한 소원이라도 괜찮으니 한 가지만 말해 보라고 했다. 비록 가난하고 누더기 옷을 입고 있었지만 영리하고 재치가 있던 마 카카는 재빨리 왕에게 왕의 신발과 검, 그리고 하얀 우산을 달라고 청했다. 왕은 흔쾌히 그녀의 부탁을 들어주었다. 그녀는 왕이 하사한 신발을 신고, 검을 차고, 우산을 머리에 썼다. 그리고 죽어 가는 도둑이 지상에서 마지막으로 들게 될 식사를 운반하기 위해 길을 떠났다. 공동 묘지에 가까이 오자 천둥이 온 천지를 울렸다.

"도대체 어떤 놈이 공동 묘지로 가느냐? 이 인간아, 멈추지 못해! 너를 잡아먹고 말 테다."

그 소리는 포효하듯 으르렁거렸다. 이윽고 괴물이 소름끼치도록 흉악한 모습을 드러냈다.

"잠깐만! 전하가 전하의 신발을 신고 있는 인간을 잡아먹어도 된다고 했나요?"

마 카카가 또박또박 따져 물었다. 연약해 보이는 여자가 뜻밖에 당돌하게 나오자 괴물은 순간 당황하지 않을 수 없었다. 하지만 괴물은 쉽게 물러나지 않았다.

"네가 왕의 신발을 신고 있을 수는 있겠으나, 이미 내 나무 그늘 아래 있지 않느냐? 따라서 나는 너를 잡아먹을 수 있느니라."

그러나 마 카카는 이미 대답이 준비되어 있었다.

"아니에요. 천만의 말씀이에요. 저는 전하의 흰 우산 그늘 아래 있는걸요."

마 카카의 용기에 감동받은 괴물은 그녀를 그냥 놓아 주었다. 그리고 나무 아래를 파 보면 거기에서 막대한 금은 보화가 든 커다란 항아리 세 개를 발견할 수 있을 것이라고 넌지시 일러 주었다. 그녀는 괴물에게 진심으로 고맙다는 인사를 했다.

그녀가 공동 묘지로 발걸음을 옮기려는데, 이번에는 괴물이 부탁할 게 있다며 그녀를 붙잡았다. 사연인즉슨 다른 지방에 살고 있는 괴물의 장인을 찾아가서 아내가 아들을 낳았다는 소식을 전해 달라는 것이었다. 마 카카는 그렇게 하겠다고 약속하고 나무 아래에 신발과 우산을 내려놓았다. 그리고 한 손에는 검을, 다른 한 손에는 도둑에게 줄 음식을 들고 캄캄한 공동 묘지로 들어갔다.

숨이 끊어지기 직전인 도둑은 끔찍한 몰골을 하고 있었다. 그의 찌그러진 몰골은 그 동안 그가 겪었을 모든 고통을 말해 주고 있었다. 그러나 도둑은 음식을 든 마 카카를 보자 그녀의 아름다움에 도취된 나머지 온몸을 괴롭히는 끔찍한 고통과 서서히 다가오는 죽음마저 잊어버린 채 그녀의 머리채를 움켜잡았다.

하지만 용감한 마 카카는 이런 일도 미리 예상하고 있었다. 그녀는 가져온 검으로 머리채를 싹둑 잘라 도둑의 손길에서 벗어났다. 도둑은 잠시 후 입에 마 카카의 머리카락들을 문 채 죽어 버렸다.

왕의 임무를 무사히 마친 마 카카는 괴물과 한 약속을 지키기 위해 괴물의 장인이 살고 있는 곳으로 떠났다. 그곳에 도착하여 좋은 소식을 알리자, 괴물의 장인은 크게 기뻐하며 마 카카에게 커다란 항아리 세 개를 주었다. 그 안에는 금은 보화가 가득 들어 있었다. 그녀는 나무 아래 항아리들을 숨기고 왕의 궁궐로 돌아왔다.

마 카카가 너무 오랫동안 소식이 없었기 때문에 왕과 대신들은 그녀가 이미 죽었다고 생각하고 있었다. 그러다가 갑자기 마 카카가 나타나자 사람들은 유령이 나왔다며 겁에 질려 호들갑을 떨었다. 하지만 곧 그녀가 정말 건강하게 살아 돌아왔다는 걸 알아차리고는 무척 반가워하며 앞다투어 질문을 퍼부었다. 마 카카가 모험담을 들려 주자 사람들은 그녀의 용기와 지혜에 칭찬을 아끼지 않았다.

　이어서 마 카카는 왕에게 괴물과 괴물의 장인에게 받은 보물 이야기를 하고 그 보물들을 보관해 놓은 장소도 알렸다. 왕은 즉시 사람을 보내어 보물들을 운반해 오게 하는 한편, 마 카카에게 가서 남편을 궁궐로 데려오라고 명령했다.

　사랑하는 아내가 돌아올 수 없는 길을 떠난 줄로만 알고 있던 마웅 카카는 그때까지도 자신의 운명을 한탄하며 슬프게 통곡하고 있었다. 그런 그의 앞에 마 카카가 행복하게 웃으면서 나타나자 그는 아내의 유령이 나타난 줄 알고 겁에 질려 얼굴을 가렸다.

　마 카카는 놀란 남편을 진정시키고 꼭 껴안았다. 그리고 사랑하는 남편에게 어떻게 해서 죽음을 피했으며, 어떻게 해서 나라에서 제일가는 부자가 되는 행운을 누리게 되었는지 죄다 설명했다. 그런 다음 남편에게 왕이 하사한 화려한 옷을 입혀 그를 궁궐로 데려갔다. 왕은 마웅 카카에게 그의 부에 걸맞는 칭호를 내려 주었다.

　그 후 마웅 카카와 마 카카는 서로를 지극히 사랑하며 오랫동안 행복하게 잘 살았다.

왕의 시련

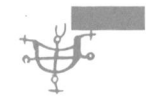

옛날에 마하티리라는 지혜롭고 강한 왕이 살았다. 왕비들과 대신들은 그의 현명한 지혜와 신앙심에 깊이 탄복하여 충심으로 따르고 있었고, 백성들도 그의 통치 아래 매우 행복하게 살고 있었다.

어느 날 밤 왕이 하늘을 바라다보고 있었다. 그런데 갑자기 별 하나가 점점 희미해지더니 마침내 빛을 잃고 하늘로부터 완전히 사라졌다. 왕은 급히 대신들을 불러서 말했다.

"방금 하늘에 있는 별 하나가 희미해져 완전히 빛을 잃었노라. 나의 운명도 그와 같이 시들 것 같다. 앞으로 2년 3개월 동안 나에게 불행이 있을 것이다. 이 나라와 충성스러운 그대들에게 닥칠 재난을 막기 위해 나는 그 기간이 지나도록 나라를 떠나 있으려 하노라. 그 동안 내가 여태껏 해 왔던 대로 나랏일을 처리하기 바란다."

왕을 진심으로 따르던 대신들은 그러한 계획을 듣고 무척이나 슬퍼했다. 운명적으로 찾아올 고난을 맞고자 왕실의 모든 영화를 포기한다는 왕의 발언은 그들을 절망과 낙담에 빠뜨렸다. 그때 한 젊은 대신이 물었다.

"하지만 전하, 어째서 꼭 궁궐을 떠나려고 하시는지요? 저희들의 충성이 모든 재난으로부터 전하를 보호하기에 충분치 않다는 말씀이십니까?"

"아니, 그대들은 충성스럽다, 박식한 대신들이여! 그대들은 최선을 다하여 나를 섬겼도다. 그러나 그 누가 자신의 운명을 거스를 수 있단 말이냐? 내가 현명하고 강하다 할지라도 운명 앞에서는 어찌 할 도리가 없는 것을……."

그리하여 신하들과 작별한 왕은 풀이 죽어 어쩔 줄 모르고 있는 왕비들에게 작별을 고하러 갔다. 한 왕비가 무릎을 꿇고 말했다.

"전하, 대체 어떻게 된 일입니까? 전하의 고통을 나누어 짊어지게 해 주십시오."

왕은 그 별이 어떤 별인지 상세하게 설명한 다음 왕비들에게

2년 3개월이 지나면 돌아올 테니 그때까지 참을성 있게 기다리라고 당부했다.

모든 준비를 마친 그는 화려한 임금의 옷을 벗고 누더기 옷을 걸쳤다. 왕비와 대신들은 나라와 백성을 위해서 스스로 궁궐을 떠나는 왕을 슬픈 마음으로 지켜보았다. 그들의 시야에서 왕의 모습이 완전히 사라진 순간부터 슬픔의 구름이 궁궐 위를 덮더니 도무지 걷히지 않았다.

한편 하염없이 길을 따라 걷던 왕은 슬슬 시장기를 느끼기 시작했다. 잠시 후 작은 오이밭에 다다른 왕은 큰소리로 주인을 불러 배가 고프니 오이를 좀 달라고 청했다. 밭 주인인 노인은 기꺼이 오이를 베풀어 주었다.

허기진 배를 채운 왕은 오이 한 개를 가방 속에 지니고 고된 여행

을 계속했다. 이윽고 날이 저물어 밤이 되자 어느덧 친구인 수타라 왕의 나라에 도착해 있었다.

그때 갑자기 누군가 큰소리로 그를 불러세웠다. 그래서 왕이 잠시 서서 기다리니 웬 사내 하나가 달려와 다짜고짜 그를 붙잡으며 말했다.

"드디어 잡았다! 네가 왕의 염소를 훔친 놈이지? 틀림없어. 그 가방에 뭐가 들어 있지?"

사내는 왕의 가방을 열어 뭔가를 꺼냈다. 그런데 뜻밖에도 사내의 손에 들린 것은 오이가 아니라 염소의 머리였다.

"아니야! 절대 그럴 리가 없어! 내가 가방에 넣은 것이라고는 오이 하나밖에 없어."

마하티리 왕은 일순 당황했지만 곧 차분하게 무죄를 주장했다. 그러나 사내는 마하티리 왕의 말은 듣지도 않고 대뜸 그를 수타라 왕의 궁궐로 끌고 갔다.

수타라 왕은 누더기를 입은 마하티리 왕을 못 알아본 척 외면하면서 신하들에게 염소를 훔친 죄로 그에게 채찍 백 대를 때린 뒤 성문 밖으로 내쫓으라고 명령했다.

마하티리 왕은 의연하게 매질을 견디었으나, 친구의 부당한 취급이 너무도 침통했다. 그러나 그는 지치고 상처입은 몸을 이끌고 여행을 계속해야 했다. 얼마간 걸어가던 왕은 괴로움과 피로를 이기지 못하고 길 옆에 쓰러져 그냥 정신을 잃었다.

간신히 몸을 가눈 왕은 사나흘 후 마침내 여동생이 왕비로 있는 나라에 도착했다. 마하티리 왕은 너무나 지치고 발이 아파 곧장 성문 안으로 들어갈 수 없었다. 그래서 갈증이나 풀며 잠시 쉬었다가 성에 들어가야겠다고 작정한 그는 마침 물이 조금 든 항아리가 눈에 들어오자 통째로 들어서 벌컥벌컥 마셔 버렸다. 너무나 목이 말랐던 터라 항아리 바닥에 무엇이 있는지도 살피지 못했다. 그래서 뱀 한 마리를 물과 함께 삼킨 줄도 미처 몰랐다.

다음 날 왕은 성문 안으로 들어갔다. 마하티리 왕의 누이인 이 나라의 왕비는 아주 신심 깊은 여인이어서 가난한 사람들과 거지들에게 보시를 베풀어 공덕을 쌓는 데 열심이었다. 왕비는 가난한 사람들을 위한 회당을 지어 가난한 사람들은 베풂을 받기 위하여 그곳으로 몰려들었다.

불운한 마하티리 왕도 그 가운데 섞여 있었다. 왕을 본 사람들은 누구나 이곳에 모인 무리 중에서도 그가 가장 은혜를 입을 만하다고 생각했다. 그만큼 며칠 만에 왕의 몰골은 말이 아니게 망가져 있었다.

이윽고 왕비가 나타나 몸소 음식을 나눠 주었다. 마하티리 왕은 손에 밥그릇을 들고 여동생 앞에 나가 친근하게 인사를 건넸다.

"얘, 동생아! 너는 정말 자비롭구나. 넌 복 많이 받을 거야."

이 말을 들은 왕비는 웬 거지가 자신에게 무례하게 말을 걸었다는 사실이 도무지 믿어지지가 않았다. 왕비는 곰곰이 생각했다.

'나보고 동생이라고?'

거지를 자세히 살펴보자 비로소 오빠인 줄 알아볼 수가 있었다. 하지만 왕비 체면에 많은 사람 앞에서 공공연하게 그를 오빠라고 인정할 수는 없었다.

"참 무례하구나! 너는 어찌하여 감히 나를 여동생이라고 부르느냐? 내 오라버니는 힘 있는 왕이지 너처럼 천한 거지가 결코 아니니라."

마하티리 왕은 그 냉정한 말을 듣고 몹시도 마음이 상했다. 그래서 증거로 삼기 위해 땅에 구멍을 파고 받은 음식을 쏟아 부었다. 그러고는 누이를 똑바로 쳐다보며 말했다.

"만일 내가 왕위와 권세를 되찾게 된다면, 이 음식이 다시 파헤쳐진 그때까지도 지금처럼 따끈한 채 김이 모락모락 나기를 원하노라."

하지만 왕비는 야속하게도 몸을 돌려 다른 곳으로 가 버렸다. 여동생을 지극히 사랑했던 마하티리 왕은 마음에 깊은 상처만 입고 그곳을 떠났다.

마하티리 왕은 속절없이 계속 떠돌아다녀야 했다. 설상가상으로 그의 배는 이상하게 부풀어오르며 먹어도 먹어도 더욱 배가 고팠다. 그러던 어느 날 왕은 길가의 탑에 다다라 지치고 피곤한 몸을 쉬었다. 왕은 거기 털썩 주저앉은 채 어떻게 먹을 것을 조금이라도 얻을 수 있을까 생각했다.

잠시 후 한 소녀가 먹음직스런 음식과 꽃을 들고서 탑으로 다가왔다. 왕은 그녀를 붙잡고 음식을 좀 달라고 구걸했다. 마을의 부잣집 딸이었던 소녀는 아름다운 만큼 친절하기도 해서 누더기를 입은 거지를 무척이나 불쌍히 여겼다. 소녀가 왕에게 물었다.

"뭘 원하세요?"

왕은 힘없이 대답했다.

"나는 가난한 거지랍니다. 배가 고프고 목도 무척이나 마르군요. 지금 너무나 지쳐서 더 이상 길을 갈 수가 없어요. 게다가 내 배의 상태가 점점 더 나빠지고 있어 아프기도 하고 두렵기도 하군요."

그러자 소녀는 친절하게 말했다.

"그렇다면 여기 음식이 있으니까 원하는 만큼 드세요. 당신이 여기에 머무는 동안 제가 매일 음식을 가져다 드리겠어요."

궁궐을 떠난 이후 온갖 학대와 고초를 겪었던 마하티리 왕은 소녀의 친절에 속으로 하염없이 감격의 눈물을 흘렸다. 그는 그러한 소녀가 무척이나 사랑스럽고 고마웠다.

소녀는 매일 그에게 음식을 가져다 주면서 상냥하게 보살펴 주었다. 하지만 마을 사람들은 아름다운 소녀가 어디서 왔는지도 모를 거지에게 그토록 살뜰하게 해 주는 것을 참지 못했다. 그들은 소녀의 아버지를 찾아가 충고했다.

"당신의 딸이 길가에 있는 한 비참한 거지를 식사 시중까지 들어주며 떠받들고 있답니다. 지금 길가에 가 보면 당신 딸이 그 거지의 시중을 들고 있는 꼴을 볼 수 있을 거예요."

불행하게도 소녀의 아버지는 사람들의 악의 어린 험담을 그대로 믿고 얼마 후 집으로 돌아온 소녀를 바로 내쫓아 버렸다.

"우리 가문에 먹칠을 해도 분수가 있지! 어서 네가 좋아하는 그 거지한테나 가 버려. 다시는 내 눈앞에 얼씬도 하지 마라."

소녀는 결백을 주장하며 항변했으나 아무 소용이 없었다. 그녀는 서글픈 마음으로 거지를 찾아갔다.

"아버지가 험담꾼들의 이야기만 믿고 저를 집에서 내쫓았어요. 이제 저는 돌아갈 집도 없으니 영원히 당신을 보살펴 드릴 수가 있어요."

마하티리 왕이 안 된다고 열심히 설득했지만 소녀는 좀처럼 말을 들으려고 하지 않았다. 결국 그는 소녀가 함께 있도록 허락할 수밖에 없었다. 그리하여 마하티리 왕과 소녀는 낮에는 함께 돌아다니며 먹을 것을 구걸하고, 밤에는 길가에 지친 몸을 누이며 멀고 먼 나그네길을 함께하게 되었다.

그러던 어느 날 여기저기 떠돌아다니다 지친 마하티리 왕은 길가에 곯아떨어지고 말았다. 소녀는 옆에 지키고 앉아 그를 돌보았다. 그때 갑자기 근처에서 이상한 소리가 들려왔다. 뒤돌아보니 그곳에는 웬 커다란 개구리 한 마리가 울고 있었다.

마하티리 왕이 항아리에서 물을 마실 때 삼킨 자그마한 뱀은 그의 뱃속에서 점점 커져서 이때는 썩 거대한 뱀이 되어 있었다. 개구리 울음소리를 들은 뱀은 개구리를 잡아먹으려고 왕의 입을 통해 밖으로 나왔다. 개구리는 뱀을 보더니 사람처럼 말을 했다.

"이런 뻔뻔하고 무례한, 사악한 뱀 같으니라고! 전하의 배에 들어가 전하께 그렇게 많은 고통을 주다니! 전하가 불행한 별과 함께 하는 시간은 이제 곧 끝날 거야. 하루나 이틀만 지나면 전하께서는 다시 가장 위대한 왕의 자리에 오르실 거란 말이야. 아, 누가 널 죽일 수만 있다면! 야자나무 가까이에 자라는 뿌리가 있지. 만일 전하께서 그것을 드시면 너는 속절없이 죽어서 전하의 몸에서 추방당할 걸."

"거기 서! 잡아먹고 말 테다! 너의 몸 속에 있는 값비싼 돌을 삼키면 난 가장 위대한 뱀이 될 거야."

뱀은 벌컥 화를 냈다. 그러나 이미 개구리는 구멍 속으로 쏙 들어가고 없었다. 개구리를 놓친 뱀은 하릴없이 다시 왕의 뱃속으로 돌아갔다.

개구리와 뱀의 대화를 다 들은 소녀는 거지가 사실은 왕이라는 사실을 알고 깜짝 놀랐다. 그러나 한편으로 고난에 빠진 왕을 헌신적으로 돕고 충성을 다했다고 생각하자 행복하고도 흡족스러웠다.

한참 후 마하티리 왕이 눈을 뜨니 항상 옆에 있던 소녀가 보이지 않았다. 왕은 불안감에 사로잡혔다. 그러나 얼마 지나지 않아 소녀는 손에 웬 나무 뿌리 한 가닥을 들고 돌아왔다. 그러곤 더할 나위

없이 공손하게 말했다.

"전하! 부디 저의 무지를 용서해 주소서. 그 동안 전 아무것도 모른 채 전하를 모셨습니다. 방금 전에야 모든 것을 알게 되었습니다. 이 뿌리를 드시면 전하의 병은 틀림없이 완치될 것입니다."

마하티리 왕은 소녀의 말대로 뿌리를 먹었다. 다음 날 아침 놀랍게도 부풀었던 배는 정상으로 돌아갔고 왕은 예전의 건강을 회복했다.

그날 밤 마하티리 왕은 하늘을 바라다보다가 자신의 별이 다시 금강석처럼 찬란하게 반짝이는 것을 발견했다.

"저 별 좀 보시오! 나는 내일 다시 왕위를 되찾게 될 것이오. 그리고 당신은 나의 왕비가 될 것이오."

다음 날 아침, 두 사람은 긴 행렬이 다가오는 것을 보았다. 그 행렬 한가운데에는 왕을 위한 황금 가마가 있었다. 왕은 신하들이 자신을 맞으러 오는 것을 보고 감격에 겨워 소녀의 손을 꼭 잡았다.

자신들의 군주가 여전히 건강하게 살아 있는 것을 알게 된 신하들의 기쁨은 이루 말할 수 없었다. 대신들과 왕비들은 왕 앞에 엎드려 경배를 올렸다.

마하티리 왕은 온몸을 향수로 씻고 값비싼 기름을 바른 다음 왕의 예복을 갖추어 입었다. 그런 다음 시녀들에게 그의 충성스러운 동반자를 향수로 목욕시키고 화려한 왕비의 예복을 입히도록 일렀다.

이윽고 왕은 금가마에 올라 옆에 소녀를 앉히고 2년 3개월이나 떠나 있던 궁궐로 향했다. 궁궐에서는 왕과 왕비를 환영하는 큰 잔치가 열려 가난한 사람들에게도 많은 음식이 베풀어졌다. 환희의 잔치는 7일 밤낮으로 계속되었으며 그로써 왕의 명성은 더욱 멀리까지 퍼졌다.

하루는 마하티리 왕이 고난을 겪던 중 그를 모른 척했던 수타라 왕과 마하티리 왕의 여동생이 찾아왔다. 마하티리 왕은 수타라 왕에게 말했다.

"오, 친구여! 나를 좀 보게나. 자네는 내 등에 채찍 백 대를 때리고 나를 성문 밖으로 쫓아낸 그날을 기억하고 있는가?"

이 말을 들은 수타라 왕은 파랗게 질렸다. 한참 후에야 떨리는 목소리로 대답했다.

"암, 기억하고말고. 이제 내게 어떤 벌을 내리든 달게 받겠네."

그러나 마하티리 왕은 미소를 지으며 대답했다.

"아닐세. 자네는 나를 무서워할 필요가 전혀 없네. 오이가 염소 머리로 변한 것은 나의 업보일세. 나는 채찍 백 대를 충분히 맞을 만했다네. 그 당시 자네 눈에 나는 어디까지나 도둑이었을 테니까 말이야."

그런 다음 마하티리 왕은 여동생을 바라보며 물었다.

"사랑하는 동생아! 나를 좀 보려무나. 너는 네 오빠가 누더기를 걸쳤다고 해서 모른 척 시치미를 뗀 사실을 기억하고 있느냐?"

마하티리 왕의 여동생은 누더기를 걸친 왕을 본 적이 없다고 잡아뗐다. 마하티리 왕은 사실을 입증해 보이기 위하여 사람을 보내어 예전에 자신이 땅에 묻었던 음식을 가져오게 했다.

그때 누이가 공덕을 쌓으려고 베풀었던 음식은 마치 이제 막 불에서 꺼낸 음식처럼 모락모락 김을 뿜었다. 이 모습을 본 왕비는 놀라고 겁게 질렸다. 그러나 마하티리 왕은 다시는 가난하고 불쌍한 자들을 무시하지 말라고 훈계하고는 사랑으로 누이를 용서해 주었다.

그리하여 위대한 군주 마하티리 왕은 이후 모든 백성에게 칭송을 받으며 나라를 잘 다스려 성군으로 이름을 크게 떨쳤다. 어려운 시절 그를 도왔던 소녀는 그의 왕비가 되어 여러 명의 왕자와 공주를 낳고 서로 아끼고 사랑하며 길이 행복하게 잘 살았다.

태국 민담을 소개하며

● ● ● ● ●

태국의 기원은 타이 족이 13세기 중엽에 인도차이나 반도 한가운데 설립한 수코타이 왕국이다. 그 후 수코타이 왕국은 아유타야 왕국, 톤부리 왕국, 그리고 시암 왕국으로 불리다가 20세기 중엽에 와서 태국이 되었다. 정식 국명은 프라텟타이 즉 '타이 왕국'이며, 우리에게는 소승 불교 국가로 잘 알려져 있다.

지리적으로 보면 태국은 중국 대륙과 인도 대륙의 가운데 위치하고 있어 중국 문명과 인도 문명을 받아들이기 쉬웠다. 이 두 문화는 육로와 해로를 통해 인도차이나 반도에 전파되었으나 육로보다는 해로가, 중국 문명보다는 인도 문명이 앞서 들어왔다. 인도 문화는 동남아에서 불어오는 계절풍을 타고 빈번하게 이루어진 해상 무역을 통해 자바, 말레이, 크메르, 몬, 스리랑카에 전파되었고 이어 인도차이나 반도에 도래하여 그곳 원주민에게 영향을 주었다.

태국은 예부터 힌두 문명의 영향을 직접적으로 받았던 고대 동남아 제국의 변두리에 해당한다. 예를 들어 크메르 족의 한 갈래인 몬 족이 현재의 미얀마 땅 남부에 중심을 두고 발전시켰던 몬 왕국, 수마트라를 중심으로 세력을 형성하였던 힌두 왕국인 스리비자야 왕국, 그리고 앙코르와트를 중심으로 찬란한 힌두 대승 문화를 꽃피웠던 고대 크메르 제국의 변두리에 자리잡고 있는 것이다.

중국의 서남부에 살고 있던 타이 족이 칭기즈 칸의 확장 정책에 밀려 남하한 것이 12-13세기경이었다. 타이 족은 갈래가 많지만 거주지에 따라 둘로 대별하는데, 하나는 인도의 동북부에서 베트남 북부를 잇는 지역의 거주민이며 나머지 하나는 현재의 태국 지역의 거주민이다.

타이 족은 현재 인도의 북동부_{타이 아홈}에서 미얀마_{타이 아이, 산 또는 타이 룡엥과 타이 천}, 중국 남부_{주엉과 타이 느어}, 십성판나_{타이 르}, 태국 북부_{타이 르와 타이 유언}와 동북부_{타이 이산}, 라오스 북부_{타이 라오}, 베트남 북부_{흑(黑)타이와 백(白)타이} 등지에 퍼져 살며 공통적으로 강 유역이나 평지에서 논농사를 짓는다. 이들은 동남아에 있는 네 개의 강을 따라 거주하고 있는데, 타이 아홈 족은 인도의 브라마푸트라 강을, 미얀마의 타이 야이 족은 에야와디 살윈 강을, 타이 유언과 타이 라오 족은 메콩 강을, 그리고 흑타이와 백타이는 베트남 북부의 흑강(黑江)과 홍강(紅江)을 따라 거주한다.

위에서 언급한 타이 야이 족 이후에 인도차이나 반도의 차오프라야 강을 따라 남하한 타이 너이 족은 현재의 태국 북부와 라오스 지역에 치앙샌 왕국, 란나타이 왕국, 치앙마이 왕국, 치앙둥 왕국, 루엉프라방 왕국, 란창 왕국, 샨 왕국, 수코타이 왕국 등 여러 나라를 세웠다. 이들 중 가장 강한 나라가 치앙마이에 수도를 둔 란나타이 왕국과 수코타이에 수도를 둔 수코타이 왕국이었는데, 란나타이에 비해 늦게 형성된 수코타이 왕국은 타이 족이 크메르 세력을 무력으로 축출하고 세운 나라이다.

수코타이 왕국의 람캄행 왕은 스리랑카에서 전래된 소승 불교를 도입하여 국교로 삼고 타이 어에 맞는 문자를 창제하는 등 크메르 문화와 구별되는 타이 족 고유의 문화를 확립하기 위해 노력하였고, 타이 족들이 점령한 지역을 통합하는 데 애썼다. 그의 노력은 실효를 거두어 인근의 타이 족 국가들이 람캄행 왕의 문자를 사용하여 자신들의 역사와 문화를 기록하고 소승 불교를 받아들이기 시작했다.

이러한 민족의 역사적 배경과 지역의 특성 때문에 오늘날 타이 족은 어느 종족이나 공통적으로 갖는 자연 숭배 신앙과 원시 주술적 신앙 외에도 힌두 문화와 불교 문화라는 여러 층의 문화 속에서 살게 되었다. 특히 14세기 중엽에 성립된 아유타야 왕국은 지역적으로 수코타이보다 남쪽에 위치하여 힌두 대승 문화의 중심지인 앙코르와트에 가까웠기 때문에, 건국 초기부터 고대 크메르 제국으로부터 신권 사상과 브라만 문화를 받아들여 태국 상류 지배 계층의 문화로 삼았다. 이후 브라만 문화는 태국의 정치 제도, 점성술, 예술, 문학, 생활 방식 등 거의 모든 방면에 영향을 주었다.

그 후 15세기경 크메르 제국을 공격하여 점령하는 데 성공한 아유타야는 정치적, 경제적 목적에서 앙코르와트의 장인이나 브라만, 왕족 및 백성들을 강제로 태국 영토로 이주시켰고, 이후 크메르 문화는 더욱 자연스럽게 아유타야 타이 족의 문화와 융합하게 되었다. 특히 문학에서는 불교의 문학인 팔리 어 경전과 지배층의 문화인 산스크리트 어 문학이 불교와 함께 전래되어 많은 영향을 미쳤는데, 「라마야나」와 「마하바라타」는 태국인의 일상생활과 가치관에도 많은 영향을 주었으며 특히 「라마야나」가 태국인의 가치관에 끼친 영향은 지대하다. 「라마야나」에서 프라람이 악귀를 물리치고 세상을 평정한 후 세운 나라가 크룽시아유타야인데, 이 국명은 아유타야 왕국의 명칭으로 이어졌고 프라람은 태국의 왕호에 빠지지 않고 등장하는 단어가 되었다. 현왕조에서 왕의 호칭을 영어로 표현할 때 쓰는 '라마 1세', '라마 2세' 등의 '라마' 도 프라람의 '람'과 어원이 같다.

이상에서 살펴본 바와 같이 태국에는 여러 문화가 교차하면서 많은 종류의 구전 문학이 형성되고 전해져 내려오게 되었다. 이 구전 문학과 민담들은 대부분 신에 대한 이야기, 타이 족의 역사나 불교와 관계된 이야기들이고 그 밖에 자연 환경, 태국인의 삶, 그리고 민간 신앙에 대한 이야기도 적지 않다.

태국의 민담은 신들의 이야기가 많이 나온다. 타이 족 고유의 신에 대한 이야기도 많지만 인도의 베다 경전에 근원을 두고 있는 힌두교 신의 이야기도 많다. 지역에 따라 민담도 조금 차이가 있는데, 태국 북부나 동북부 지방에서는 상아사 할아버지와 상아시 할머니, 파야텐, 거인을 등장 인물로 하여 창세와 인류의 기원 등을 이야기하는 타이 족 고유의 민담이 많이 발견되고 브라만 문화의 영향을 많이 받은 중부 지역에서는 비슈누의 현신인 나라이, 브라만의 현신인 프라흐마, 시바의 현신인 이수언, 인드라의 현신인 인트라 등 힌두교에 나오는 신에 대한 이야기나 귀신 또는 신당, 사당 등에 관한 신화가 많다.

그중에도 인트라에 관한 민담이 가장 많은데, 이는 그가 인간과 가장 가까이 있으면서 인간사에 끼어들어 돕기도 하고 해를 주기도 하는 등 태국인과 가장 친숙한 신이기 때문일 것이다. 인트라는 힌두교나 불교와도 관계가 있는 신으로 대범천 또는 제석천으로도 번역된다. 불교에서도 인트라 즉 제석천은 사람들을 돕는 역할을 한다. 불교를 믿는 태국인들은 현생의 모습은 전생의 업보에 따른 결과이며 현생에 어떻게 사느냐에 따라 내생이 달라진다고 믿는데, 이때 제석천이 만물이 이 생에서 쌓은 업의 선악을 판단하고 좋게 되도록 도와주는 것이다. 민담에서 왕자나 공주 또는 주인공이 위기나 어려움에 처했을 때 나타나 음으로 양으로 도와주는 신도 바로 인트라이다.

불교에 대한 설화 또한 셀 수 없을 정도로 많다. 모든 설화 구연자의 의식 맨 밑바닥에는 업보나 윤회 등에 대한 믿음이 자리 잡고 있기 때문이다. 굳이 불전 설화가 아니더라도 많은 이야기가 부처의 본생담과 연관이 있다.

태국이 농업 국가이자 열대 기후에 속한 국가이므로 자연물의 유래나 기원에 대한 민담도 많다. 바다의 신 메칼라나 천둥의 신 라마수처럼 자연 현상과 관련된 신이나 상상의 새 크룻과 반인반조 긴넌, 백조와 같은 천상 동물에 대한 이야기, 벼의 신 매솝 이야기 등이 대표적인데 이것들은 대개 힌두 신화와 관계가 있다. 호수, 논농사나 밭농사, 망고 나무, 연꽃, 오리, 악어, 뱀, 코끼리, 모기, 원숭이 등과 같이 주변의 사물이나 동물과 연관된 이야기도 많다.

태국에는 물이 흔하고 강이 많으며 특히 중앙 저지대에는 여러 개의 강이 거미줄처럼 흐르고 있어서 악어나 물고기 및 뱀과 관련된 이야기가 적지 않다. 땅 밑 물이 흐르는 곳에 있는 바단 왕국과 그곳에 사는 낙이라는 상상의 뱀 이야기도 이런 자연 환경과 무관하지 않다.

　전해 오는 이야기에 따르면 억겁 동안 타오르던 불길이 꺼진 후 세상은 넓고 평평하고 은백색을 띠었다. 그 후 파란 풀들이 돋아나 온 세상이 보석을 깔아 놓은 듯이 아름다워졌고 연못에는 연꽃이 가득 찼으며 덩굴 식물들은 가지각색 꽃을 피웠다. 그 가운데 신들의 정원인 힘마판 산이, 그 지하에는 낙들이 사는 바단 왕국이 생겨났다고 한다. 낙은 태기가 있으면 크룻의 날갯짓에 흔들리는 땅 밑 대양의 물결을 피해 깊이깊이 잠수해 들어갔다가 갠지스, 야무나, 에야와디, 서라푸 등의 큰 강을 지나 크룻이 닿지 못하는 힘마판 산 꼭대기에 있는 동굴로 가서 출산한다. 그런 다음 힘을 길러 다시 왔던 길을 되짚어서 땅 밑 왕국으로 돌아온다.

　힘마판 산은 신들이나 낙 왕, 또는 인간 중에서도 도술을 공부하는 도사나 신선들이 거주하며 도를 닦거나 수행하는 곳이다. 이곳에는 명경수가 흐르는 호수가 있는데, 천상과 지상을 잇는 통로이기도 하다. 수톤이 마노라를 만나러 천상으로 오르는 길도 바로 이 호수이고 마노라를 만나는 곳도 이곳이다. 힘마판 산은 인간이 사는 지상 세계와 나란히 놓여 있지만 인간의 힘으로는 도달할 수 없다. 이곳에 오르려면 신과 대등한 지혜와 힘을 지녀야 하기 때문이다. 만약에 인간이 천상으로 오르려면 천상과 지상을 왕래할 수 있는 동물, 예를 들어 긴넌이나 크룻 같은 동물에 의존해야 한다.

　마지막으로, 타이 족의 용감성과 모험 정신, 우월성과 현명함, 사려 깊음 등을 이야기하는 민담을 빼놓을 수 없다. 이들 민담은 말레이 모슬램들이 거주하는 지역을 제외한 거의 모든 지역에 분포하고 있는데, 대표적인 예로「프라 룩엉」 같은 건국 시조 이야기와 「프라야 콩 프라야 판」, 사이남풍 이야기 같은 타이 족 영웅 이야기를 들 수 있다.

엮은이 김영애

미얀마 민담을 소개하며

∙∙∙∙∙

1960년대만 해도 풍부한 천연 자원을 바탕으로 아시아에서 필리핀과 나란히 경제 대국의 지위를 누리던 미얀마는 1962년부터 1988년까지 26년 간 절대적인 권력을 휘둘렀던 네윈이 버마 식 사회주의라는 이름으로 펼친 고립 폐쇄주의 경제 정책이 실패로 돌아가면서 1987년에는 유엔으로부터 세계 최빈국의 하나로 지정되는 불명예를 얻기에 이르렀다. 네윈 체제 아래에서 미얀마는 경제뿐만 아니라 온갖 부문에서 퇴보를 거듭했는데 문학도 예외가 아니다. 군사 독재 정부의 홍보물이 출판물의 태반을 차지하였고, 군사 정부나 미얀마 군을 선전하고 미화하는 일부 인민 문학 작품들만 활개를 쳤다. 정부의 언론 탄압과 살벌한 감시 아래에서 문학의 순수성은 찾아볼 수 없었다. 영국 식민지 시대까지만 해도 그런대로 발달을 거듭해 온 미얀마 문학이 독립 후 제대로 성장하지 못한 것은 슬픈 아이러니다.

　민담의 발굴과 보존도 같은 운명을 겪었다. 옛날부터 구전되어 온 민담이 선각자 마웅틴아웅에 의해서 영어와 미얀마 어 책자로 정리된 것이 1950년대인데, 오늘날 미얀마 서점에서 미얀마 민담에 관한 새로운 책자가 눈에 띄지 않는 것을 보면 그 뒤로 민담을 정리한 이렇다 할 사람이 없는 것 같다. 그나마 마웅틴아웅의 책도 어쩌다 고서점에서나 찾아볼 수 있는 지경에 이르렀으니 안타까운 일이 아닐 수 없다.

　미얀마 민담을 정리한 마웅틴아웅은 문학자는 아니었으나 한때 영국에 거주하기도 했던 의식 있는 변호사로서 영국으로부터 독립한 후 미얀마 문학의 뿌리를 찾기 위하여 미얀마 민담을 정리하는 데 앞장선 선각자였다. 그는 자비를 들여 수집한 미얀마 민담을 영어로 번역하여 보급하기도 했다. 1951년 옥스퍼드 대학교 출판부에서 『버마 민담선』selections from Burmese Folk Tales을 냈으며 이듬해에는 『버마 이야기 30편』Thirty Burmese Tales을 펴냈다. 특히 『버마 이야기 30편』은 미얀마 민담의 고전과도 같은 책으로서 미얀마 인이라면 남녀노소 모르는 사람이 없을 정도이다.

미얀마에도 현재 개방과 개혁의 바람이 불고 있는 만큼 미얀마 문학도 앞으로 그간의 정체를 일신하고 진척을 이룰 줄로 믿는다. 연애 소설이 등장하는 등 그러한 징조는 이미 나타나고 있으니 향후 미얀마 문학의 새로운 변신을 기대해 봐도 좋을 것이다. 이 책에서 소개한 미얀마 민담을 읽으면서 그들의 삶과 문화를 조금이라도 더 이해할 수 있도록 해설을 빌어 미얀마와 미얀마 인들의 생활 문화를 소개하고자 한다.

불탑의 나라, 불교의 나라 미얀마는 세계인들에게는 아직도 버마라는 명칭으로 더 알려져 있다. 우리에게는 1983년 미얀마 독립의 영웅인 아웅산 묘소에서 벌어진 폭발 테러 사건을 통하여 각인되기도 하였는데, 1988년 아웅산의 딸 수지 여사가 주도했던 민주 항쟁이 실패로 끝나자 신군부가 정권을 잡고 국가 법질서 회복 평의회SLORC를 조직하면서 1989년 6월 버마 사회주의 연방 공화국에서 미얀마 연방Union of Myanmar으로 국가의 공식 명칭을 바꾸었다. 앞서의 국호가 국민의 약 68퍼센트를 차지하는 버마 족만을 가리키는 것이었던 데 반하여 후자는 소수 민족도 포함한 전 국민을 가리키는 것으로서, 개명을 통해 단결과 화합의 의지를 표명하고자 한 것이다.

인도차이나 반도 서북부에 위치한 미얀마는 북쪽으로 중국, 북서쪽으로 인도와 방글라데시, 동쪽으로 라오스 및 태국과 국경을 접하며, 남쪽으로는 인도양에 속하는 벵골 만 및 마르타반 만, 안다만 해와 접하고 있다. 국토 면적은 약 68만 제곱킬로미터로 한반도의 세 배가 넘고, 인구는 약 5200만 명 정도로 추산되고 있다. 인구의 약 90퍼센트가 불교 신자이고, 기독교와 이슬람교가 각각 4퍼센트, 힌두교가 2퍼센트로 추산된다. 수도는 과거에는 '랭군'이라 알려졌던 인구 약 400만 명의 항구 도시 양곤이다. 미얀마의 날씨는 열대 및 아열대 기후대에 위치하고 있어 전반적으로 고온 다습하다. 1년을 세 계절로 구분하는데 3월부터 6월까지는 여름이고, 7월부터 10월까지는 우기이며, 11월부터 2월까지는 겨울이다. 겨울이라고 하지만 한국의 겨울과는 대단한 차이가 있다. 다만 여름에 비해서 다소 온도가 낮은 관계로 이렇게 부를 뿐이다.

　미얀마의 고대 시대는 흔히 다른 나라에서 보는 것처럼 부족 국가 형태를 이루고 발전해 왔다. 티베트 방면에서 티베트어 및 버마어를 사용하는 여러 부족들이 남하하여 9세기 중반까지 할거하고 있었는데, 흩어진 민족들을 통일하여 미얀마 최초의 왕조를 건립한 사람이 바로 아노야타 왕이다. 아노야타 왕은 몬 족을 정복하고 1044년 미얀마 중부에 파간 왕국을 창건하였다. 파간 왕조는 1084년부터 1167년까지 약 80여 년 동안 황금 시대를 구가하였으나 1287년에 원의 침략을 받아 멸망당했다. 그 후 미얀마는 빙야 왕조, 잉와 왕조, 타웅응우 왕조, 나웅양 왕조를 거쳐 코웅바웅 왕조를 마지막으로 1885년부터 1948년까지 영국의 식민지 시대를 겪었다.

　영국으로부터 독립한 후 첫 번째 수상으로 취임한 우누는 1962년 네윈의 쿠데타에 의하여 권좌에서 물러날 때까지 14년 동안 재임하면서 신생국으로서 기반을 잡기 위하여 많은 노력을 기울였으나 지도력의 결핍으로 집권 내내 적지 않은 어려움을 겪었고, 1962년 3월 네윈이 거느린 군대가 쿠데타를 일으켜 우누 정권을 타도하고 혁명 위원회를 구성하여 정권을 장악하였다. 그 후 군에 의하여 조직된 버마 사회주의 계획당[BSPP]이 유일한 합법 정당으로서 군림하고, 1988년 반 네윈 버마 민주 항쟁이 일어날 때까지 버마 식 사회주의를 국가의 정치 이념으로 하는 정치 체제가 확고하게 유지되었다.

미얀마는 예부터 직물 공예가 발달한 나라이다. 특히 통치마 모양의 전통 하의 '롱지'는 오늘날에도 흔히 볼 수 있다. 미얀마 인들은 남녀노소를 불문하고 남자는 '파소'라고 하는 남성용 롱지를, 여자는 '타메잉'이라고 하는 여성용 롱지를 허리에 감아서 하의로 몸에 걸친다. 인도의 영향을 받은 이 의복은 미얀마의 기후에 꼭 적합하며 입는 방법도 상황에 따라서 길게 입든지 짧게 입든지 다양하게 할 수 있다. 여성의 경우 의례에 참가할 때에는 타메잉이 복사뼈까지 닿도록 길게 입고, 일 나가는 사람이나 물건을 파는 사람은 활동하기 쉽도록 복사뼈 위에서 정강이 부근 정도의 길이로 입으며, 육체 노동을 하는 사람은 무릎 정도의 길이로 짧게 입는다. 남성의 경우 힘을 쓰는 육체 노동이나 농사일을 할 때에는 파소의 옷자락을 걷어올려 넓적다리 사이를 지나 허리 뒤쪽에 찔러 넣는다.

다양한 사회적 종교적 의식들도 미얀마 사람들의 정신 세계를 이해하는 데 도움이 될 것이다. 사회적인 의식으로서는 첫째, 아이의 명명식命名式이 있다. 미얀마에서는 생후 1-2주 만에 이루어지는 이름 짓기 의례를 통해 태어난 아기가 처음으로 인간 사회와 접촉하게 된다. 이때 칭붕이라는 나무 열매의 즙을 써서 출생 후 처음으로 갓난아이의 머리를 감기기 때문에 이 의식을 칭붕 탓티라고도 부른다. 둘째, 요람 의식이 있다. 갓난아이를 처음으로 요람에 누이는 의식으로서 '파챗팅아캉아나'라고 한다. 셋째, 소녀의 귓불에 구멍을 뚫는 의식인 천이식穿耳式이 있다. 미얀마에서 소년은 성인이 되기 위해 득도식을 치르고, 소녀는 득도식 대신에 귓불에 귀걸이 구멍을 뚫는데, 이 의식을 미얀마 어로는 '나타밍갈라'라고 한다.

종교적인 의식으로는 첫째 득도식得度式이 있다. 미얀마에서는 남성이라면 일생에 한 번은 불문에 입문하여 수행하는 것이 하나의 불문율로 되어 있는데, 스무 살 미만인 소년이 삭발을 하고 불문에 들어가 일정 기간 동안 부처의 가르침을 받는 사미승이 되기 위해 행하는 순수한 불교적인 의식이 득도식이다. 미얀마 어로는 '싱퓨쐐'라고 한다. 둘째로는 구족계식具足戒式이 있는데, 스무 살이 지난 미얀마 남성이 삭발을 하고 불문에 들어가 일정 기간 동안 227계의 엄한 계율인 구족계를 지키는 비구승이 되기 위해 행하는 종교 의식을 말한다. 미얀마 어로는 '바징캉아캉아나'라고 한다. 그 밖에 승의 증정식僧衣贈呈式도 중요한 종교 의식으로 꼽힌다.

불교 국가인 미얀마에서 승려와 대면할 때나 불교 사원에서 불상에게 절을 할 때 여성은 양 무릎, 양 팔꿈치와 이마를 바닥에 대고, 남성은 웅크리는 자세를 취한다. 또한 사원이나 참도參道에서 행해지는 종교 의식에 참가할 때에는 준비된 돗자리 위에 남성은 책상다리를 하고 앉고, 여성은 무릎을 꿇고 정좌한다.

문화의 이해를 위해 빼놓을 수 없는 것이 식생활일 것이다. 미얀마 인들의 식사는 쌀밥을 국 한 그릇과 몇 개의 반찬과 함께 먹는 식이다. 주식인 쌀은 입자가 길고 찰기가 적은 인디카 멥쌀이 주류이다. 미얀마 북부에서는 한국 쌀에 가까운 자포니카 미도 생산되고 있지만, 미얀마 인들은 인디카 미로 탕취법湯取法, 끓을 때 뜨거운 물을 버리는 취반법을 사용하여 밥을 고들고들하게 짓는 걸 좋아한다.

반찬으로는 미얀마 어로 '힝'이라고 부르는 미얀마 카레가 있는데, 한국에서 말하는 카레와는 상당히 다르다. 우선 미얀마에서 '시비양잭'이라고 부르는, 고기나 생선 등을 기름으로 조린 음식을 다시 삶아 조린 다음 여기에 기름을 듬뿍 넣어 고기, 생선, 새우, 계란 등의 어느 한 종류를 양파, 마늘, 생강 등과 함께 수분이 증발할 때까지 푹 삶는다. 그 결과 처음에 넣은 기름이나 육류의 지방분이 향신료로 채색되어 표면을 덮고 육류는 가라앉아 보이지 않게 된다. 양파, 마늘 등은 걸쭉하게 풀어져서 풀죽 모양으로 침전해 있다. 이것은 바로 맛의 진수라고도 말할 만한 것으로, 고기나 생선이 대량으로 들어 있지 않아도 기름이나 건더기를 흰밥에 넣어 골고루 섞으면 얼마든지 맛있게 밥을 먹을 수 있는 것이다. 미얀마 사람들은 오른손으로 골고루 밥을 섞고, 오므린 손가락 끝으로 재치 있게 입으로 가져간다. 격식을 차리는 자리에서는 왼손에 포크, 오른손에 스푼을 가지고 솜씨 좋게 밥과 반찬을 골고루 섞어 먹는다.

이 외에도 말린 생선 볶은 것, 말린 생선 튀긴 것, 야채 무침, 야채 볶음, 생야채 샐러드, 국, 야채 절임 등의 보존식 등등 다양한 재료와 조리법을 동원해서 만든 반찬들이 많다. 이러한 배경에는 인도나 중국에서 이주해 온 사람들의 영향도 생각해 볼 수 있다. 더운 나라에서는 몸이 기름기를 요구하기 때문에 자연 기름지고 느끼한 요리가 많아진 것이다.

전통적인 미얀마 음식으로는 절여 발효시킨 보존식을 들 수 있다. 각종 반찬들 중에서도 야채 절임이야말로 가장 미얀마다운 반찬이 아닐까 한다. 양곤의 시장에서는 '칭밧'이라는 것이 팔리고 있는데, '맛이 신 채소'라는 이름의 이 음식은 일본식 채소 절임과 아주 흡사하다. 미얀마에서는 일본에서처럼 쌀겨에 절이는 대신 쌀뜨물이나 밥을 지을 때 버리는 뜨거운 물을 이용하여 담그는데, 기후 관계로 발효가 빨라 쉽게 신맛이 나온다.

버마 족뿐만이 아니라 미얀마의 많은 소수민족에게도 인기가 있는 절인 콩, 신맛의 절인 죽순, 신맛의 절인 새우, 신맛의 절인 돼지고기, 신맛의 절인 생선, 라팩(어린 찻잎을 물에 끓인 다음 참기름에 담가 만든 기호 식품), 응아피(소금에 절인 생선, 또는 소금에 절여 물기를 뺀 생선을 햇빛에 말려 절구에 찧어 만든 식품), 응아피예(응아피에서 우러나오는 반 물로, 간장처럼 즉히 사용하는 조미료) 등은 모두 발효시켜 보존한 것이다.

건조 상태의 보존식도 다양하다. 어느 마을이나 촌락에 가도 시장에는 반드시 말린 생선을 파는 가게가 있다. 햇빛에 말린 것 외에 부엌에 매달아 그을음투성이가 된 말린 생선 등도 긴히 쓰인다. 말린 새우도 분말로 으깨어서 조미료나 밥에 뿌려 먹는 식품으로 즐겨 사용한다.

왕조가 끝난 지 오랜 세월이 흘렀기 때문에 인접국인 태국과 같이 호화스러운 궁중 요리는 그다지 많이 전해지지 않고 있지만, 간신히 남아 있는 왕조 시대의 궁중 요리서 『사도책장sadochetkyan』에도 많은 발효 식품, 쉽게 손에 넣을 수 있는 식물의 새싹, 열매, 뿌리, 야채 등의 절인 음식 만드는 방법이 적혀 있다. 이와 같이 보면, 미얀마 요리는 기름기가 많은 느끼한 음식과 산뜻하고 담백한 신맛의 음식을 조화롭게 적절히 배합하고 있다고 말할 수 있다.

미얀마의 전통적인 주생활은 한국의 원두막과 흡사한 고상식高床式 목조 가옥이 대부분이었다. 시골에나 양곤의 뒷골목에는 아직도 대나무나 나무로 지은 집들이 대부분이다. 고상식 가옥은 마루의 높이가 대체로 성인의 키 정도이고 마루 밑에는 소나 돼지를 기른다. "집에서 나가!"라는 욕설이 미얀마 어로는 "에잉가 싱!"인데, 이것을 번역하면 "집에서 내려가!"라는 의미로서, 이렇게 표현되는 것도 마루가 높기 때문인 듯하다.

미얀마는 대나무가 풍부한 나라이기 때문에, 지방 서민의 집에는 미얀마 어로 '때'라고 불리는 대나무 집이 많다. 지붕에는 니파 야자수 잎이 널리 쓰인다. 지붕을 이을 때는 온 마을 주민들이 모여 상부상조한다. 바닥에 까는 것은 암페라방통사니과의 다년초로 엮은 거적이 보통인데, 지역에 따라서는 암페라 거적 틈 사이로 마루 밑이 보이는 경우도 있다.

부농이나 마을 유지들은 목조 가옥에서 살며 지붕도 비에 강한 함석 지붕을 올린다. 서민들은 모두 대나무나 암페라로 지은 집이 아닌 목조나 함석 지붕 집에 사는 것이 소원이다. 거기에다 근처에 대나무나 볏짚으로 지은 집들이 없으면 더 좋다. 매년 발생하는 대화재를 두려워하고 있기 때문이다. 남자들이 알맹이가 곧 흘러나올 것 같은 두꺼운 여송연을 즐겨 피우는데, 이러한 주거 환경이 대화재의 발생과 무관하다고는 말할 수 없을 것이다.

어떠한 집이건 미얀마 가옥에서는 아직도 전통이 지켜지고 있다. 일반적으로 미얀마에서는 집의 현관 쪽을 중시해서, 이곳에 불상을 모시는 불단이 있고 집안의 가장이 자는 방도 입구와 가깝다. 만일 2층이 있으면 불단은 2층이 된다. 어느 누구도 불상이나 불화^{佛畵} 위를 걸어서는 안 되기 때문이다. 깊숙한 안쪽이 취사나 여성들이 화장을 하는 일상의 세속적인 장소가 된다. 화장실은 되도록 안채로부터 멀리 떨어진 별채에 두는데, 한국에서 '뒷간'이라 부르는 것과 마찬가지로 '뒤쪽'이라는 의미를 써서 '나욱페'라고 부른다.

엮은이 최재현

엮은이 김영애

한국외국어대학교 태국어과와 동 대학원 아주지역학과를 졸업하고 태국 줄라롱건 대학교 대학원 국제관계학과와 성신여자대학교 대학원 국어국문학과를 수료했으며 현재 한국외국어대학교 태국어과 교수로 재직 중이다. 옮긴 책으로 전 방콕 시장 잠렁 시므엉의 자서전 『잠렁: 내 삶의 이야기』와 소설 『무죄에 의한 단죄』 등이 있다.

엮은이 최재현

한국외국어대학교 태국어과를 졸업하고, 일본 오사카 외국어대학대학원 버마어과를 졸업했으며, 미얀마 양곤 외국어대학 미얀마어과에서 수학했다. 지금은 부산외국어대학교 동양어 대학 미얀마어과 교수로 있다. 주요 논문으로 「출생부터 죽음까지 미얀마 버마족의 의식에 관한 소고」 등이 있으며, 저서로는 『포켓 미얀마어 회화』, 『기초 미얀마어』 등이 있고, 『동남아 인간과 문화』를 공저하였다. 또한 『지역 연구와 세계 단위론』을 공역하였다.

세 계 민 담 전 집 6
태 국 · 미 얀 마 편

1판 1쇄 펴냄 2003년 9월 15일
1판 4쇄 펴냄 2022년 9월 8일

엮은이 | 김영애·최재현
편집인 | 김준혁
발행인 | 박근섭
펴낸곳 | 황금가지

출판등록 | 2009. 10. 8 (제2009-000273호)
주소 | 06027 서울 강남구 도산대로 1길 62 강남출판문화센터 5층
전화 | 영업부 515-2000 편집부 3446-8774 팩시밀리 515-2007
홈페이지 | www.goldenbough.co.kr

도서 파본 등의 이유로 반송이 필요할 경우에는 구매처에서 교환하시고
출판사 교환이 필요할 경우에는 아래 주소로 반송 사유를 적어 도서와 함께 보내주세요.
06027 서울 강남구 도산대로 1길 62 강남출판문화센터 6층 민음인 마케팅부

ⓒ 황금가지, 2003. Printed in Seoul, Korea
ISBN 978-89-8273-586-8 04300
ISBN 978-89-8273-580-6 (세트)

㈜민음인은 민음사 출판 그룹의 자회사입니다.
황금가지는 ㈜민음인의 픽션 전문 출간 브랜드입니다.